U0533082

李目宏 ◎ 著

历史的岔路口

LISHI DE CHALUKOU
JIASHEN 1644

甲申1644

江西高校出版社

图书在版编目（CIP）数据

历史的岔路口：甲申1644/李目宏著．－－南昌：江西高校出版社，2023.5

ISBN 978-7-5762-3745-0

Ⅰ.①历… Ⅱ.①李… Ⅲ.①中国历史—明清时代—文集 Ⅳ.①K248.07-53

中国国家版本馆CIP数据核字（2023）第032527号

出版发行	江西高校出版社
社　　址	江西省南昌市洪都北大道96号
总编室电话	（0791）88504319
销售电话	（0791）88517295
网　　址	www.juacp.com
印　　刷	江西千叶彩印有限公司
经　　销	全国新华书店
开　　本	700 mm×1000 mm 1/16
印　　张	22
字　　数	318千字
版　　次	2023年5月第1版
印　　次	2023年5月第1次印刷
书　　号	ISBN 978-7-5762-3745-0
定　　价	58.00元

赣版权登字-07-2023-201

版权所有　侵权必究

图书若有印装问题，请随时向本社印制部（0791-88513257）退换

历史是多彩的，感觉有些沉重
——为《历史的岔路口：甲申1644》序
◎方志远

电脑屏幕上显示的，是作者李目宏先生即将出版的书稿《历史的岔路口：甲申1644》。

作者对明朝灭亡特别是对李自成大顺政权"其兴也浡焉，其亡也忽焉"的关注，始于20世纪80年代初阅读姚雪垠先生的长篇小说《李自成》，以及2004年明亡清兴、李自成败亡360年时，阅读郭沫若先生的《甲申三百年祭》，因此有了写作此书的想法。

无独有偶，我早年对"晚明"、对"明亡"的兴趣，也是受到这两个作品的影响，但顺序不同。先是读《甲申三百年祭》，好像是1974年前后，读下来的感觉是"酣畅淋漓"，从此知道了"李岩"和"红娘子"。然后是《李自成》的前三卷，那是在20世纪70年代末，印象最深的是李自成夫妇的"高大全"，以及"孝庄"劝降洪承畴的片段。当然，那个年代使我对"晚明"、对"明亡"产生兴趣的还有金庸的《碧血剑》《鹿鼎记》，特别是顾诚的《李岩质疑》《明末农民战争史》。

把这四位前辈及其著作放在一起，似乎有些不伦不类。郭沫若先生是诗人、学者、社会活动家，顾诚先生是纯粹的明史学家，姚雪垠和金庸二位先生，则是小说家。其实也很正常，史学从本质上说是"人学"，记载人类及其活动，以及与人类活动相关的事物，后来才被上升为"科学"，成为专门的"学问"，于是反倒离"人"远了起来。所以有了史学的大众化问题，即如何通过普及的方式，让正在脱离大众的史学重新接近大众。

我曾经不止一次和朋友交流，我们这一代人最早的"历史知识"，一般是从小说和普及读物中得来的，如《三国演义》《东周列国志》，如《中国历史故事》《世界历史故事》，而关于自然的知识，则是来自《十万个为什么》。所以，当后来把"历史"当作"专业"来学习的时候，一方面是其中的人物、时间、地点、事件，大抵上耳熟能详，另一方面，却又时时犯糊涂。比如，在关于"三国"时期的信息储备中，哪些信息来自陈寿的《三国志》及裴松之的注，哪些信息来自司马光的《资治通鉴》，又有哪些来自《三国演义》？很难分清。所以在撰写并讲述《国史通鉴》的"秦汉三国"时，不得不时时进行核实，以免误将彼"三国"弄成此"三国"。但是，《三国志》及裴松之的注，以及《资治通鉴》就一定符合历史的真实、一定可靠吗？《三国演义》的演绎就一定不可靠、一定不可信吗？这不仅仅是一个历史学者必须思考的问题，更是一种思维习惯和工作方式。

随着社会的开放和学术的普及，学习历史和撰写历史读物，已经成为不少朋友的喜好，民间高手层出不穷。当然，这也不是今天才有的事情，中唐出现的唐人传奇、宋代发生的话本小说，已经开启了历史撰写和解读的"下沉"过程。明朝人更以他们对当代政治的关心而投入到对历史的书写中，我们所知道的著名历史小说，如《三国演义》《水浒传》《东周列国志》，以及不怎么著名的《全汉志传》《北宋志传》《大宋通俗中兴演义》《隋史遗文》《明英烈传》《三宝太监西洋记通俗演义》《皇明大儒王阳明先生出身靖乱录》等等，都是来自那个时代的作品。不但男人喜欢，女人也有不少热衷于此道，所以有"女通鉴"之说。只是由于作者本身的素养不同、性格不同、喜好不同，作品的风格和水平也不一样。

虽然从历史学者的角度，回过头来再读这些曾经读过的小说，几乎一本都读不下去，但是，它们对于大众、对于未入"专业"的爱好者的影响力，却不是所谓"二十五史"以及我们这些"专业"学者的著作可以比拟的。要向大众传播我们认为相对合理、相对正确的历史常识和历史观，只有一条路，那就是史学的大众化，而不是要求大众的史学化。也正是基于这个考虑，我才和"百家讲坛"多次合作，有了《大明嘉靖往事》《万历兴亡录》《王阳明：心学的力量》，以及现在还在持续进行的《国史通鉴》，"B 站"也正在播我录制的《明朝为何说亡就亡了？》和《明朝的悲剧人物》。我想，也正是基于这个情结，我对作者的《历史的岔路口：甲申 1644》有一种亲切感，因为我们都在做同一件事情：史学大众化。

作者告诉我，在撰写这本书的时候，他给自己提出了一系列的问题：

史书上评价崇祯是一个想把国家治理好的皇帝，但为什么偏偏把一个延续了二百多年的庞大明朝给弄得灭亡了？是天灾还是人祸？是内忧还是外患？是官员腐败无能还是崇祯决策失误？

李自成闯王义军浴血奋战十多年终于攻进北京城做了皇帝，他的成功有什么特点？但为什么仅待了四十二天就被打出京城仓皇出逃，最后败死九宫山？是偶然战败还是必然灭亡？

一直偏居东北一隅的清军又是如何趁势而起，以区区十几万军队进入北京，最后清朝迁都北京？一统中原成为新霸主的清朝为什么也亡了，没能走出封建朝代更替兴亡的怪圈？

甲申 1644 年，大明、大顺、大清，三个朝代走马灯似的快速更替，以令人眼花缭乱的形式，完成了延续两千多年的中国封建社会的最后一棒交接，其兴亡历史，对后世产生了怎样的深远影响和值得研究借鉴的经验教训？

1944 年，郭沫若的《甲申三百年祭》在重庆发表后，为什么国民党组织文人写文章打压，而共产党领袖毛泽东看到后极其重视，批转为整风的文件发至全党？

1949年3月，在党中央机关从西柏坡迁至北京时，毛泽东又为何提出"进京赶考""不学李自成"？

进入新时代，习近平总书记又为何多次在重要讲话中重提"赶考"命题？

写历史书应该给当下的读者以怎样的启示？

正是这些问题，推动作者进入到这段历史。他希望从"以史为鉴，可以知兴替"出发，探究这段历史留给后世的疑问、教训、经验。

通读全书，我们可以感受到作者的良苦用心。既非"三分史实、七分虚构"的小说，也非"有七分材料不说八分话"的学术，他是以既灵活又以文献记载为依据的具有穿透力的纪实文学的风格，梳理了明亡清兴之际各种势力特别是"大明""大清""大顺"三个政权之间的生死博弈，描述了诸多的历史人物及其活动与性格，如崇祯帝朱由检、清太宗皇太极、永昌帝李自成，袁崇焕、杨嗣昌、温体仁、范文程、多尔衮、多铎、高迎祥、张献忠、李岩，等等，不仅言之有据，并且提出了不少令人耳目一新的看法，略做摘录：

"朝政腐败已到如此地步，皇上的罪己诏还有用吗？

罪己诏规整的排比句式，转化不成威武雄壮的士兵战阵；

罪己诏婉约回转的遣词造句，根本唤不醒见利就贪婪、遇事就躺平装睡的百官大臣；

罪己诏态度恳切欲哭无泪的诚意，凝聚不了天下民心。

以至于那些曾经被官府逼得揭竿而起、现在锋芒正锐的农民义军听说了皇上的罪己诏，只会嗤之以鼻，丢出一句：甚罪己诏？哄娃呢！

"虽然孟子早就给出了国家体制理想的遵循秩序——'民为贵，社稷次之，君为轻'，但后面的封建王朝统治者都把这个秩序从根本上颠倒了，成为'君为贵，社稷次之，民为轻'。

所以，即便崇祯在位能通过行政手段暂时化解一些局部矛盾，但对于积重难返的社会根本性矛盾，他无法也无意从体制上加以改变，因此，明王朝走向消亡也只是时间问题。

这也是所有封建王朝无解的千年难题。

"闯王李自成进北京城时，从箭囊中抽出三支箭，拔去箭镞，向后面的士兵连发三箭，大声号令，大军入城，'伤一人者斩！'进城后贴出告示：'大师临城，秋毫无犯，敢有掳掠民财者，凌迟处死。'

闯王的官兵们，还有谁记得吗?!

此时的闯王，你自己还记得吗?!

"李自成出身农民家庭，经过一番浴血拼搏，终登皇位。但他最后却死于农民的锄头之下，以这样出人意料的方式，完成了一个从农民生到因农民死的轮回。

李闯王，还算是农民英雄吗？

"多尔衮从马上征战夺得胜利，但治理一个大国不能全靠武力。他下马换车，以这样'止戈'的外部形象，宣示了他的治国基本理念。

这个'下马'的动作很文雅，很潇洒。

多尔衮未必知道老子《道德经》中的'治大国如烹小鲜'这句经典名言，但他清楚，从马背上征战得来的江山，现在需要的是纸面上有条不紊的管理。暂时把战马盔甲收起来吧，在庙堂上施展统揽全局运筹帷幄的智慧韬略。"

因为有"以史为鉴"的使命感，所以，书写的历史和真实的历史同样是多彩的，感觉却有些沉重。没有办法，这是所有有良知的学者在研究、追述那一段历史时共有的心情。

学者总是想通过历史给人们提供经验与教训，作者于此有深厚的情怀，也希望读者能够体谅他的良苦用心。

史学家、文学家能够做的，是尽可能地把历史这面镜子打磨得平整一些，更客观地反映历史的真实。

有朋友批评我为《老城吉安》《青原山志》二书所写的"序"，说"这叫序吗"？我其实并不会"写序"，也不知道"序"有何格式，只是因为作者的盛情、江西人民出版社副总编王一木小友的热情推荐，说说平时的心得和对这本书的"读后感"。

2022 年 10 月 19 日

南昌艾溪湖畔

（方志远，江西师范大学教授、校学术委员会主任，中国明史学会首席顾问。）

目录

序　幕　大棋局：三朝并立逐中原 _001

Chapter 1

第一篇　坍塌的皇宫

一、安放在六道《罪己诏》上的龙椅 _029

二、大厦遍体裂缝：武官厌战，文官不谏 _038

三、皇上的最后时光：杀皇后妃女再自缢 _048

四、崇祯：复杂政局中的矛盾中枢 _066

五、人运·国运 _109

Chapter 2

第二篇　闪现的王朝

一、揭竿于"人相食" _164

二、两个"闯王"的浴血之路 _172

三、目标紫禁城 _177

四、李自成闯王义军在北京的四十二天 _191

五、大顺悲歌 _211

Chapter 3

第三篇　兴起的帝国

一、清军成了那只"黄雀" _233

二、怀柔与铁腕 _240

三、大清崛起之战 _257

四、清初顶梁柱多尔衮 _274

尾　声　余音袅袅：以史为鉴论赶考 _300

参考书目 _336

后　记 _337

序幕
大棋局：三朝并立逐中原

◎十七年春正月庚寅朔，大风霾，凤阳地震。庚子，李建泰自请措饷治兵讨贼，许之。乙卯，幸正阳门楼，饯李建泰出师。南京地震。(《明史卷二十四·本纪第二十四·庄烈帝二》)

这是崇祯十七年（1644）的正月初一，元旦。按照习俗，新年伊始是一个普天同乐的喜庆日子。但《明史》记载，这天北京城是大风霾，后来还传来更不好的消息：同日，太祖故里凤阳守陵官谷国珍快马飞报，凤阳地震。风霾和地震，给这个新年蒙上了一层不祥的阴影。

崇祯皇帝这天起得很早，穿好朝服后准备上朝。按照惯例，新年第一天有隆重的大朝仪式，文武百官都要参加。

来到皇极殿，崇祯四下一望，偌大的皇极殿空荡荡的，天还未大亮，空荡荡的大殿里显得有些阴森、有些阴冷。

皇极殿是明成祖朱棣于永乐十八年（1420）所建，当时命名为奉天殿，明世宗于嘉靖四十一年（1562）改称皇极殿。大殿建成后，凡是涉及社稷大事，如天子大婚、册立皇后、命将出征等，都在此举行隆重仪式。此外，每年的三大节日元旦、万寿、冬至，皇上也在这里接受文武百官的朝贺，并赐宴宗室、大臣，以示辞旧迎新，与天下同乐。

大殿一侧暗处，有一个人在说话。崇祯皇帝定睛一看，从装束上判断是一个值班的锦衣卫士。只听得卫士说:"大臣们没听到钟鼓声,认为圣驾未出,都来得迟了。请皇上再令人敲钟,开启东西门,让钟声远近都能听到,群臣就都会赶紧跑来。"

沉沉的钟声再次响起,从皇宫传出,飘荡在京城上空。尽管皇上下令"钟不歇,门永不闭",一定要把大臣们给召来,但依然是"久无至者"。

作为一国之君,崇祯皇帝遇到这样的事,也是无奈。他想改变一下当天仪式的程序,先去拜谒太庙,然后回大殿接受群臣朝贺。但司礼太监称,皇上出行所用的百匹御马尚未备好,而以皇上万乘之尊用外臣马匹拜谒太庙,是对祖宗的不敬。事情提到这样的高度,崇祯皇帝更是无奈,只能一个人坐在冷冰冰的大殿等候。

皇上独坐金銮殿的消息,伴随着沉沉钟声传了出去,把养成了慵懒习惯的大臣们唤醒,他们从四面八方奔趋而来。这天大风霾,能见度很低,几步之外都难看清楚人。

大臣们冒着风霾与刺骨的寒冷,从东西两门涌入皇极殿,远远看见皇上一个人坐在龙椅上,不怒自威,他们大气不敢出,唯恐被皇上训斥,一个个弓背哈腰,几乎贴着大殿下的台阶溜进殿内,然后垂手肃然站立于自己的位置。正月初一,皇极殿朝贺,本来是一件大喜庆之事,但结果君臣于大殿上如此狼狈表现,前所未有。

甲申年的元旦朝贺,在大风霾的吹奏下,总算是拖泥带水地完成了。朝贺礼毕,勤政的崇祯皇帝顾不上新年放假一天,留下几个内阁大臣议政,商讨如何解决当前面临的财政危机。

崇祯皇帝登极后,国运一直不顺。连续多年有大面积的旱灾、蝗灾,受灾的田园歉收甚至颗粒无收,一些地方的人们吃光了家园四周的树叶、树皮,实在没有东西可吃了,转而挖取地下的泥土、石块充饥。这样的土石,人吃了只能让肚子暂时不饿,但无法消化排泄,几天后会让人涨腹而死。更有甚者，一些饥民已经在吃死人肉了。《明季北略》记载：

……臣见诸臣具疏，有言父弃其子、夫鬻其妻者，有言掘草根以自食、采白石以充饥者，犹未详言也，臣今请悉为皇上言之。臣乡延安府，自去岁一年无雨，草木枯焦。九八月间，民争采山间蓬草而食。其粒类糠皮，其味苦而涩，食之仅可延以不死。至十月以后，而蓬尽矣，则剥树皮而食，诸树惟榆皮差善，杂他树皮以为食，亦可稍缓其死。迨年终而树皮又尽矣，则又掘其山中石块而食，石性冷而味腥，少食辄饱，不数日则腹胀下坠而死。民有不甘于食石而死者，始相聚为盗，而一二稍有积贮之民遂为所劫，而抢掠无遗矣，有司亦不能禁治。间有获者，亦恬不知怪，曰："死于饥，与死于盗等耳，与其坐而饥死，何不为盗而死，犹得为饱死鬼也。"最可悯者，如安塞城西有粪城之处，每日必弃一二婴儿于其中，有号泣者，有呼其父母者，有食其粪土者。至次晨，所弃之子已无一生，而又有弃之者矣。更可异者，童稚辈及独行者，一出城外，便无迹踪。后见门外之人，炊人骨以为薪，煮人肉以为食，始知前之人，皆为其所食。而食人之人亦不免，数日后面目赤肿，内发燥热而死矣。于是死者枕藉，臭气熏天。县城外掘数坑，每坑可容数百人，用以掩其遗骸。臣来之时已满三坑有余，而数里以外不及掩者，又不知其几许矣。……且有司束于功令之严，不得不严为催科。仅存之遗黎，止有一逃耳！此处逃之于彼，彼处复逃之于此，转相逃，则转相为盗，此盗之所以遍于秦中也。总秦地而言，庆阳、延安以北，饥荒至十分之极，而盗则稍次之；西安、汉中以下，盗贼至十分之极，而饥荒则稍次之。(《明季北略》第106—107页)

这篇文章节选自《备陈大饥疏》，是崇祯二年（1629）四月二十六日朝廷官员马懋才疏文中的一段。马懋才，陕西安塞县（今安塞区）人，天启五年（1625）进士。崇祯元年（1628），陕西出现大饥荒，饿殍遍野，马懋才奉命入陕西调查，写成《备陈大饥疏》。该疏文被《明季北略》一书收录。

《明季北略》一书，作者计六奇（1622—1687），字用宾，号天节子，别号九峰居士，江苏无锡兴道乡（今前洲、玉祁一带）人，明末清初史学家。著有《明季北略》和《明季南略》二书。

郭沫若先生在《甲申三百年祭》文中曾引计六奇书中这段记载，并感慨：

> 二年（作者注：指崇祯二年，1629）四月二十六日有马懋才《备陈大饥疏》，把当时陕西的灾情叙述得甚为详细，就是现在读起来，都觉得有点令人不寒而栗。(《甲申三百年祭》第2页）

连续灾荒，农民们濒临饿死，而税赋不减反增。因为朝廷首先考虑的是维持各级官僚机构的运行，大批官员需要俸禄，还有大量宗室人员需要供养，这是必需的，否则，大明江山谁来管理继承？根据《明太祖实录》的记载，朱元璋时期宗室总人数只有五十八人。而到万历二十三年（1595），根据《明神宗实录》的记载，明朝宗室人口总数已经超过了十五万七千人。供养宗室需要多少费用呢？太祖朱元璋在洪武二十八年（1395），将原本的藩王宗室的俸禄待遇降低，并形成了定制，用粮食计量单位计算：亲王每年一万石，郡王每年二千石，镇国将军每年一千石，辅国将军、奉国将军、镇国中尉则逐级递减二百石，辅国中尉、奉国中尉逐级递减一百石；公主及驸马每年二千石，郡主及其仪宾每年八百石，县主、郡君及其仪宾逐级递减二百石,县君、乡君及其仪宾逐级递减一百石。

按照这个制度,即便是最低等的奉国中尉和乡君每年都会有二百石的俸禄。

二百石是个什么概念呢?可以参照一下明朝官员的俸禄进行比较。正七品官员每年的俸禄只有九十石,而据专家考证,明朝一石相当于现在的一百八十斤左右。如此看来,朱元璋对自己的子孙后代的待遇考虑得相当周全,子孙后代们不仅可以坐在家中衣食无忧,而且是锦衣玉食!

按照这样的俸禄定制,崇祯年间仅宗室这一块需要多少粮食?

根据《万历会计录》的记载,万历初年全国每年的田赋总额约两千三百万石,光供给宗室的俸禄就有八百多万石,占去总额的三分之一强!《皇明经世文编》记载:"二省之粮,犹不足供宗室禄米之半。"这里的"二省"指的是产粮大省山西和河南,这两个省的粮食产量,竟然还不够供给宗室俸禄的一半!从这些数字可以看出,从万历年间开始,宗室已经严重拖累了明朝的财政。到崇祯年间又过了约四十年,所以宗室人口数和俸禄数又有大幅的增加,这对农民来说实在是不堪重负。

除了朝廷官员和宗室的巨额俸禄,更重要的还有支撑国家机器正常运转的必要经费、维持"九边"安宁的大量财政支出。由此看来,从崇祯皇帝登极开始,他的这张龙椅就已经架在严重的饥荒、"盗贼"和财政亏损上,猛烈摇晃了。

大面积的灾荒,使得陕西出现了人吃人的恐怖现象,"饥寒起盗心",饥荒引发农民起义暴动的消息不断从各地报上来,势力最大的是闯王率领的义军。

崇祯元年(1628),高迎祥在安塞揭竿而起,自称闯王。崇祯三年(1630),高迎祥与王嘉胤、王自用义军会合进入山西。崇祯四年

（1631），义军首领王嘉胤被杀，陕晋各路义军结为三十六营，高迎祥成为义军领袖之一。崇祯九年（1636），高迎祥挥师西安，在陕西周至县黑水峪遭陕西巡抚孙传庭率官兵伏击被俘，被押往北京处死。高迎祥死后，义军推举他的外甥李自成为闯王。此时，这支号称有步兵四十万、骑兵六十万的百万义军，已攻进西安，正向北京城逼近。京城上下，似乎已听到闯王义军的铁蹄声和呐喊声。

崇祯十六年（1643）春，李自成的农民义军攻陷承天（今湖北钟祥），湖广巡抚宋一鹤自杀，总兵钱中选战死，巡按御史李振声被义军俘虏。正月十八日，义军攻克汉阳府，明将左良玉逃往九江。正月二十一日，李自成回师襄阳，改襄阳为襄京，建立新顺政权。而此时，另一支农民义军张献忠则攻占武昌，建立农民政权，称西大王。

面对严峻局势，崇祯皇帝于四月下令，调集全国各地的武装力量，与农民义军决一死战。五月，崇祯严词勒令陕西总督孙传庭统兵出潼关进入河南同义军作战，并晋升他为兵部尚书，总制三边及豫、楚、川黔各省军务，称"督师"，赐尚方宝剑。八月初一，孙传庭在西安关帝庙举行誓师大会，发兵潼关、雒关；八月十二日，兵至洛阳；九月初八到达汝州；九月十日进攻宝丰。官兵节节胜利，一路推进，义军一路败走，孙传庭松了一口气，崇祯皇上满心高兴。

殊不知，这是李自成"诈败"诱敌深入之计。待到孙传庭攻打宝丰时，天降大雨，官兵粮草未能及时接济，士兵们又冷又饥，军心动摇。此时李自成已退至郏县，他一边派出小股部队向孙传庭挑战，一边派出精锐骑兵阻截官兵粮草。九月十七日，孙传庭被迫率部分官兵回师汝州接应粮草。谁料，他的部分军队一退，便引发全军大乱。李自成乘机率军猛杀过来，势不可当。官兵一路西逃，丢盔弃甲，一直逃到孟津，十万大军只剩下几千人马。孙传庭从孟津渡过黄河，一路辗转逃至潼关。李自成命部将李过率兵尾随追杀孙传庭，自己率十万人马直取潼关，并命令义军大将袁宗第、刘体纯率十万人马攻打陕西商州。十月初六，孙传庭陷入各路农民义军的重兵包围中，激战中被杀。此战，李自成义军不仅打败了官军劲旅，而且杀死了已升为陕西总督的孙传庭，为第一代闯王高迎祥报了仇。十月十一日，义军攻占西安，改西安为长安。

从崇祯十六年（1643）的正月初一，到十七年（1644）的正月初一，才一年光景，李自成率农民起义军从湖北打到陕西，现在已经在西安正式宣布建国了。这一切来得太快，令崇祯皇帝毫无防备。

还有，关外的清军，一直觊觎着大明朝广袤而丰饶的土地，边关烽火连年。趁着这几年明朝年辰不好、内患不断，清军重兵压境，已经快到关外了。农民军和清军两支大军紧逼过来，明军军备吃紧，需要大笔费用，然而连年灾荒，岁银收不上来，明廷国库已无库银拨付军饷。这个问题困扰朝廷良久，已经严重影响到社稷的安危了。

这么大的一笔军费从何而来？大年初一被崇祯皇上留在皇极殿议事的几个大臣真说不上来，也不好怎么说，因为向皇上催要军饷，有大臣付出过沉重代价，这件事给大家心里留下的阴影一直未能消散。现在皇帝又提这个问题，做臣子的怎么说？

朝廷缺经费的问题，已经存在不是一天两天，也不是一年两年了，远的不说，打崇祯登极时就存在了。为这个问题闹得崇祯心里很不高兴的事，就发生在崇祯二年（1629）。

崇祯即位后，于元年七月召见兵部尚书兼右副都御史袁崇焕，问及平辽方略。

袁崇焕初见新皇帝，放胆进言，说：请给我放手去干事的权力，预计五年辽东外患可平，全辽可以收复。过了一会儿，他又补充道：这五年之中，必须事事顺手，首先是钱粮。

崇祯皇帝听到袁崇焕充满自信的建议，立即着代理户部尚书的右侍郎王家桢着力筹办，不得让关辽军中钱粮不足。之后，崇祯皇帝授予袁崇焕大权，并赐尚方宝剑，将辽东军事全权委托给他。

崇祯皇上对边关之事格外上心，是因为边关常有危机。

建州女真首领努尔哈赤在统一了女真各部后，于万历四十四年（1616）建立后金。两年后，万历四十六年（1618），努尔哈赤以"七大恨"祭告天地，宣布不承认与明朝的附属关系，起兵反明，并以突袭方式攻占抚顺城。

努尔哈赤在"七大恨"中说：我的祖、父没有损害明朝边境的一寸草木，但明廷无端在边陲挑起事端，杀害我的祖、父，这是恨一；明朝偏袒叶赫、哈达，欺压我建州，此为恨二；明朝违反双方划定的范围，强令努尔哈赤抵偿所杀越境人命，拘留我广宁使臣纲古里方吉纳，胁迫抓走我十人并杀之边境，此恨三；明朝越境派兵保卫叶赫，使得我下了聘礼的女子改嫁蒙古，此恨四；柴河三岔抚安三路，是我世代分守的地域，明廷不容留获，派兵驱逐我族人，此恨五；明廷偏信其边外叶赫的谎言，对我进行肆意凌辱，此恨六；我屡屡被叶赫侵掠，明皇作为大国之君，即为天下共主，为何独构怨于我国呢？现在却帮助天谴之叶赫，这是违抗天意，倒置是非，此恨七。

努尔哈赤这份祭告天地的文告中，一条条列举明朝对后金的压迫欺凌，字字句句是对明朝廷的血泪控诉。文告最后，努尔哈赤发出誓言：大明朝"欺凌实甚，情所难堪，因此七恨之故，是以征之"。凭着这"七大恨"，对明朝的出兵就师出有名。

此后，后金又改成大清，不断对大明疆土进行袭扰，抢夺大明的人、财、物。辽东逐渐成了明朝的边患。

得到尚方宝剑的袁崇焕信心满满，走马上任。但还未出山海关，就传来了宁远（今辽宁兴城）兵变的消息，兵变的直接导火索就是欠饷。

袁崇焕迅速抵达宁远平息了兵变，并以此为理由，向皇上请求火速发放山海关内外积欠的军饷银七十四万两，以及太仆寺马价银、抚赏银四万两。但皇上的军饷迟迟没来而锦州又发生兵变,军情紧急,袁崇焕不断上疏请求发饷。户部回答他说国库无银,于是,袁崇焕就在上疏中提出"求发内帑"。

"内帑"是什么?是皇帝私家库房的钱。袁崇焕直言不讳,既然国库无银,就请皇上从自己腰包里掏吧。

这话点到了崇祯皇帝的软肋。崇祯虽然尽心勤勉于国事,但他是个小气之人,对自己的钱财看得很重,现在竟然有下臣公开上疏要自己拿私房钱去充军饷,虽然军情紧急情有可原,但心中还是不悦。

其实,袁崇焕也知道,这样言之凿凿逼着要皇帝自掏腰包发军饷,肯定会让皇上处于尴尬地步。皇上要是给,大家会认为,既然皇上有钱,就应该早拿出来救军情之急;不给嘛,前方军情告急,耽误大事,受损的是江山社稷大业,大家会说皇上不顾大局,舍不得几个私房钱。总之,会惹得皇帝左右为难,龙颜不悦。

果然,崇祯皇帝和几位大臣商量如何解关辽前方饷额之困时,见大臣们一个个唯唯诺诺,拿不出什么良策,发脾气说:朕即位以来,孜孜求治,以为卿等当有嘉谋奇策,召对商榷时,朕未及周知者,悉以入告,俱推诿不知,朕又何从知之!一时间龙颜大怒,一顿呵斥,让几位大臣战战兢兢,吓出了一身冷汗。

崇祯怒归怒,但前方饷额不能再拖下去了,否则真要出大事。于是,批准发袁崇焕饷银三十万两,打了个四折。

袁崇焕是个直筒子性格,他认为自己只不过因为前方军情紧急,说了实话而已。他还并不清楚这位新皇帝的性格,这就为一年后崇祯皇帝中了皇太极的离间之计,将他处以凌迟死刑埋下了隐患。

前车之鉴,犹未远矣,现在新年第一天,皇上又把大家留下来商量钱的事,谁又愿作声,谁又敢作声?几个大臣面面相觑,心里在想着如何保住自己的这份家财。

一阵沉默后，大学士魏藻德打破僵局，小心翼翼地提出：唯有倡议让朝廷百官捐银助饷，以解燃眉之急。魏藻德这个建议显然是用心良苦的，既知道国库空虚拿不出银子，又小心绕开"内帑"让皇上掏自己腰包这个敏感话题。做臣子的急皇上之所急，掏自己腰包总是可以的。

大家听魏学士这么一说，还是要让大臣们掏自己的腰包啊，心里不免有些急了。内阁大臣李建泰是出身富庶的大地主家庭，生怕皇上采纳魏学士的建议，急忙说道：库藏久虚，外饷不至，一切边费刻不容缓，所恃者皇上内帑耳。这话说得曲里拐弯，但意思表达得再清楚不过了：国库空虚很久了，边关急需费用，指望从大臣们紧捂的口袋里掏出足够的银子是等不及的，还是得靠皇上您从自己私房钱里拿呀。打头炮的人说了话，剩下的几个大臣如兵部尚书张缙彦、户部尚书倪元璐、工部尚书范景文等赶紧齐声附和李建泰的建议。

崇祯看着这些大臣，沉默良久，才开口说话：如今正是国库有困难拿不出钱才和你们商量这事。说完便大哭起来。

崇祯在位这十几年，治理朝政还是兢兢业业的，每临重要事情还亲力亲为。比如，不止一次为久旱求雨；曾经把宫中多年积攒下来的上好人参拿出来变卖以充军饷。一国之君做到这个份上，让天下人看出其格局之小，但于崇祯来说，也真的实属无奈。

皇上为国有难处而拿不出钱流泪，但臣子们的表现让崇祯龙颜不悦。崇祯心里清楚，这几个大臣不说富可敌国，但哪个不是家财万贯？朝廷没有亏待他们，现在边事告急，要大家拿出一点银子来为朝廷分忧就不肯了？这些年朝政之事步步衰败，朝纲不举，就在于做臣子的私心太重，各自只顾着个人利益。做臣子的，每临大事，各人先盘算自己腰包的盈缩，检点好屋里的细软，看护好自家院内的坛坛罐罐，全然不顾大局，连皇帝的旨意也是推三阻四，都是这样做臣子，皇帝还怎么当，国家机器怎么运转？！

但面对皇帝的眼泪，几位大臣并不感到震惊和奇怪，因为崇祯自即位以来，不止一次因国事有难下"罪己诏"并流泪，做臣子的已见多不怪了。当然，连年灾荒，岁银收不上来，这是事实，但库银是有的，在朝中多待了几年的大臣心里清楚，年辰好时收上来的黄金白银，一锭锭在库房成摞堆着呢！

这个新年，崇祯皇帝过得很不爽。从一大早的朝贺开始，群臣姗姗来迟，到后来与几位大臣商量如何解决朝廷财政危机，做臣子的不肯解囊相助；从一大早的大风霾刮得紧，到后来收到的快马飞报，安徽凤阳发生地震……这一系列的不顺之事搅得崇祯心绪大坏。还有闯王义军、外敌大清，内外作乱，件件都是给崇祯心里添堵的事。

边关告急，军情耽搁不起。崇祯无奈，向镇守山海关的大将吴三桂发出一道紧急诏书，调他率关宁铁骑回师，护卫京城，并安排从内府挤出三十万两白银送去宁远以作军饷。处理完这两件事，崇祯才稍稍松了一口气。关宁铁骑十几天就能到达京师，而眼下李自成率领的义军才刚刚渡过黄河，一个月的时间是打不到北京来的，只要关宁铁骑一到，北京城即可安然无恙。

宁远距山海关二百多里。在那里筑城修建军事要塞，还是当年明朝兵备佥事袁崇焕的建议。袁崇焕本是个文官，万历四十七年（1619）的进士，分配到福建邵武任知县。因他平日关心当时的辽东战局，发表了一些对战事的见解，御史侯恂向朝廷保荐他升为兵部职方司主事，六品官。当时后金军大举进攻，攻占抚顺、开原、铁岭、沈阳、辽阳，一路上灭了明朝数十万军队，直逼山海关。山海关是拱卫北京的最后一道屏障，山海关一失，清兵就可长驱直入攻入北京，因此朝廷上下一片惊慌。

紧要时刻，袁崇焕却不见了。过了几天，他回来向上司详细报告了山海关那边的局势，并称：给我足够的兵马粮饷，我一个人可以带兵守得住山海关！原来，他失踪的这些天是一人单骑跑到山海关考察去了。

上司看中了他的勇气和胆识，便任命他为兵备佥事，监督关内外军队。

山海关作为"天下第一关"，距离北京六七百里，是京师防守的第一大要塞，明军的守御设施都集中在此。但作为一个至关重要的要塞，却没有外围阵地，这是一个致命弱点，敌军攻击，一下就攻到关门前。

袁崇焕看出了这个军事漏洞，向上司提出：将战略纵深防线北移二百里，在宁远筑城建军事要塞，离山海关、北京越远，这两个地方就越安全。这个大胆的想法提出后，经过一番周折，终于获得了朝廷的同意。

天启三年（1623）九月，袁崇焕到达宁远，接任祖大寿筑城。对这段历史，《明史·袁崇焕传》记载："初，承宗令祖大寿筑宁远城，大寿度中朝不能远守，筑仅十一，且疏薄不中程。崇焕乃定规制：高三丈二尺，雉高六尺，址广三丈，上二丈四尺。大寿与参将高见、贺谦分督之。明年迄工，遂为关外重镇。"说的是，袁崇焕接任后，对宁远城定下建筑标准：城墙高三丈二尺，城墙垛口高六尺，城墙基址宽三丈，城墙上宽二丈四尺。筑城工程第二年完工，一座高大的雄关挺立于此，成为关外重镇。

凭借高城、厚墙、重兵，宁远要塞雄踞关外，将后金即此时的清军挡在山海关外已达二十一年。而现在崇祯皇帝将宁远铁骑回调护卫京师，是为解京城燃眉之急不得已为之。

崇祯十七年（1644）一月二十八，崇祯皇帝批准，吏部右侍郎兼东阁大学士李建泰代皇上出征山西。

李建泰自筹军饷率部出征的举动，为崇祯皇帝正月初一筹饷的尴尬挽回了一些颜面，所以，崇祯皇帝亲自在正阳门楼举行隆重的遣将礼为李建泰饯行，以壮军威。这天中午，崇祯登上正阳门楼，众卫士东西排列，从午门一直排到城外，军旗猎猎，刀光闪烁，甚是雄壮威武。内阁、五府、六部、都察院掌印官及京营文武大臣皆肃立送行。现场，崇祯皇帝手持金杯，三次为李建泰斟酒，并出一手敕曰"代朕亲征"。其规格之高、仪式之隆重，无人可及。但这一切，只不过是虚张声势，为自己打气壮胆而已。李建泰清楚，文武大臣们清楚，皇上也清楚，李建泰统率的"讨贼之师"，只不过区区五百人！

李建泰率"讨贼之师"刚一出都门，就得到前锋消息：他的家乡山西曲沃已被义军攻占！

李建泰甘愿以私财饷军，多半也出于免除家乡被农民义军侵害之意，现在刚一出兵，就听到家乡沦陷，惊恐而病。将士均无斗志，行军路上磨磨蹭蹭，每天前进三十里左右，且士卒一路上多有逃亡者。走到保定，正遇上农民义军的先头部队气势如虹地攻打过来，李建泰哪敢接战，只能退守保定城。但区区几百人马又怎能守得住保定城？李建泰见大势已去，此刻心情犹如当年乌江边上的楚霸王，进也无力，无颜见江东父老；退也不能，"代朕出征"的嘱托言犹在耳，无颜见崇祯皇帝，只得弃城自杀，未成，成了义军俘虏。

就在崇祯为李建泰"代朕出征"隆重饯行这一天，南京地震。

又是地震！

正月初一闹新年，新年没过好，闹来了凤阳地震；现在为大臣率军出征饯行，又来一个南京地震！震得真不是时候，也不是地方。

凤阳是什么地方？这是开国皇帝太祖的老家，也是大明王朝朱姓皇族一脉的祖籍呀！什么地方不好震偏偏要震凤阳！

南京是什么地方？大明朝开国的国都啊，虽然永乐年间将国都搬迁到现在的北京，但南京依然保留了一套较为完整的朝廷机构，其象征意义还在。为什么在这里地震？

一个月内，两个重要的时间节点，两个具有象征意义的地方发生地震，难道真有天意？

当然，还有崇祯皇帝万万想不到的：崇祯十七年（1644）也就是甲申年的正月初一，是他过的最后一个新年。

从这一天开始,崇祯皇帝三十四岁的生命进入倒计时;

绵延了二百七十多年的大明王朝的灭亡也进入倒计时。

崇祯如果知道,这个将他和大明朝逼上绝路的李自成曾经是多年前朝廷驿站中因犯法而逃离的一个驿卒,他应该会上吊两次。

天意?人意?

◎怀宗(作者注:清军入关后,以礼将崇祯改葬于明十三陵中的思陵,庙号怀宗)崇祯十七年春正月朔,大风霾,占曰:"风从乾起,主暴兵城破。"凤阳地震。李自成称王于西安,僭国号曰顺,改元永昌。贼掠河东,河津、稷山、荣河、绛州一路俱陷。自成伪牒兵部约战,言三月十日至。(《明史纪事本末·卷七十九》,清·谷应泰撰)

正月初一这一天,西安城完全是一派过年的喜庆气氛,因为又有一个国在这里宣布诞生——大顺国建立。此前,西安已经有十三个王朝在这里建都了。这次为闯王李自成称王,国号大顺,改元永昌,颁布"甲申历"。从这一天开始,大顺国就称其为永昌元年。

不容易啊,从崇祯二年(1629),二十三岁的李自成投入闯王高迎祥领导的农民义军开始,在刀光剑影中拼杀了十五年,于去岁冬攻下了西安城,并控制了陕西全境和甘肃、青海部分地区,今天终于有了这么一个"大顺"的新年,可以坐下来喘口气歇歇脚了。因为现在和当初被朝廷大军追杀得四处逃奔大不一样了。环顾四周,李自成统帅四十万步兵、六十万骑兵共百万雄兵,现在反过来追着朝廷官兵打,所到之处,攻城略地,一路所向披靡。向东北眺望,西安距离北京不远了,等进了北京再正式举行登极仪式。

李自成封了王,接着大封功臣:封宋献策为军师,牛金星为天佑阁大学士;设立六府,各封尚书,宋企郊为吏政府尚书,陆之祺为户政府尚书,巩焴为礼政府尚书,张璘然为兵政府尚书,安兴民为刑政府尚书,李振声为工政府尚书。权将军、制将军封侯，果毅将军以下封伯、子、男。这些年跟随闯王征战的将军中，刘宗敏封为汝侯，田见秀封泽侯，谷黄封蕲侯，李锦封亳侯，刘芳亮封磁侯，张鼐封英侯，袁宗第封绵侯，刘国鼎封淮侯等。伯七十二人，有光山伯刘体纯、太平伯吴汝义、巫山伯马世耀、桃源伯白光恩、武阳伯李佐、文水伯陈永福等。封子爵三十人，男爵五十五人。

同一天，李自成颁发了《登极诏书》。据《永昌遗恨录》记载，《登极诏书》曰：

> 上帝鉴观，实为求瘼。下民归往，只切来苏。命既靡常，情尤可见。粤稽往代，爰知得失之由；鉴往识今，每悉治忽之故。咨尔明朝，久席泰宁，浸池纲纪，君非甚暗，孤立而炀蔽恒多；臣尽营私，比党而公忠绝少。甚至贿通官府，朝廷之威福日移；利入咸绅，闾左之脂膏罄竭。公侯皆食肉纨绔，而倚为腹心，宦官悉龁糠犬豚，而借其耳目。狱囚累累，士无报礼之思；征敛重重，民有偕亡之恨。肆昊天既穷乎仁爱，致兆民爰苦于灾祲。

> 朕起布衣，目击憔悴之形，身切恫瘝之痛，念兹普天率土，咸罹困穷；讵忍易水燕山，未苏汤火。躬于恒冀，绥靖黔黎。犹虑尔君尔臣，未达帝心，未喻朕意。是以质言正告：尔能体天念祖，度德审几，朕将加惠前人，不吝异数。如杞如宋，享祀永延，用彰尔之孝；有室有家，民人胥庆，用彰尔之仁。凡兹百工，勉保乃辟，绵商孙之厚禄，赓嘉客之休声。克殚厥猷，臣谊靡忒。

> 惟今诏告，允布腹心，君其念哉！罔恫怨于宗工，勿陷危于臣庶。臣其慎哉！尚效忠于君父，广贻谷于身家。

永昌元年谨诏。

这份诏书是写给崇祯皇帝和大明王朝看的，是一份讨明檄文。

诏书对崇祯皇帝的评价还不是那么坏，坏的是朝廷这帮臣子："君非甚暗，孤立而炀蔽恒多；臣尽营私，比党而公忠绝少。"皇帝只是被臣子们蒙蔽了，这些臣子尽为自己谋私利，能够忠于朝廷、肯为天下谋利的极少。

李自成在诏书中说，自己是从一个平民百姓走过来的，这些年举目所望，百姓们个个面容憔悴，自己身感切肤之痛；普天之下，都遭遇穷困。阐明自己是感受到天下苍生贫困之痛而举义，是师出有名。诏书最后警告明朝君臣：事到如今，做臣子的不要怨恨皇帝，皇帝也不要将臣民推向危险之地，假如效忠于我，将给大家以生路。

虽还未能最后夺得江山，但李自成以帝王身份君临天下发号施令之气势已跃然纸上。

《明史》记载，李自成是陕西米脂人，二十一岁时被招募到银川驿站当了一个马夫，开始习骑射学刀槊。他性格凶狠又喜欢耍点无赖，多次触犯律法。有一次因为犯了法，知县将他逮捕，要将他置于死地，他逃了出去，当了一个屠夫。从朝廷驿站的一个驿卒，到民间的一屠夫，正式编制没了，他的命运，在这里发生了转折。

崇祯元年（1628），陕西发生严重饥荒，延绥缺额饷一百三十八万，固原守军抢劫了本州仓库，而被盗官员们不敢上报。在这种情况下，白水王二，府谷王嘉胤，宜川王左挂、飞山虎、大红狼等人，都联合起来造反。安塞的高迎祥，是李自成的舅舅，这时也趁机与饥民王大梁聚众响应。高迎祥自称闯王，王大梁自称大梁王。

到了崇祯二年（1629），陕西灾荒还未结束，而朝廷征取的各种名目的税收不断增加，人民的生活愈发困苦。因此，给事中刘懋上疏，建议朝廷裁撤驿站，每年可节省金钱数十万。

明朝从洪武二十六年（1393）起设立水马驿站，驿站备骡马、船只、人夫，供接待朝廷官员公差及地方政府同中央政府的情报、公文传递使用。但时间一长，驿站的功能逐渐增加，人员设施也不断增加，弊端也显现出来了，到嘉靖三十三年（1554），驿站接待的人和事有六十项之多；到万历三年（1575），驿站接待规定进一步细化，按照官员等级，使用的车马、舟船、人夫数量不等，少的可用两匹马、两条船、十个差夫，最多的可用八匹马、二十个差夫；到天启末年，驿站的接待内容进一步增加，援兵往来、征兵、征饷、武官内官等，都要驿站接待。所以，驿站开始借增加工作人员之名，用假冒人员向朝廷骗取饷额，这样一来，驿站每年的经费拨款，成了朝廷的一笔大开支，久而久之，朝廷不堪重负。

刘懋的《请裁驿递疏》中，建议将驿站现有五十一条项目精简为十二项，可谓大刀阔斧。

朝廷一时没有别的好办法，采用了裁撤驿站的建议，以减轻朝廷开支和地方税收的负担。但这样一来，晋陕一带靠驿站粮饷生活的游民失去粮食来源，便纷纷投奔造反的义军，使农民义军的势力由弱转强，成为地方政府和朝廷的心腹之患。

对这件事，《明季北略》有评说：

> 祖宗设立驿站，所以笼络强有力之人，使之肩挑背负，耗其精力，销其岁月，糊其口腹，使不敢为非，原有妙用，只须汰其冒滥足矣，何至刻意裁削，驱贫民而为盗乎！（《明季北略》第99页）

驿站不断扩充，其"妙用"原来如此！只可惜年轻的崇祯皇上未能参透其祖先设立驿站的深层奥秘，简单行事，大幅裁撤驿站人员，"驱民为盗",终于酿成大祸。

兵部郎中李继贞上奏说:"延绥百姓饥馑,将全部为盗,请用库金十万去赈济。"崇祯皇上没有采纳。而此时,王嘉胤这一支义军已经攻破了黄甫川、清水、木瓜三堡,并攻陷了府谷、河曲。且有神一元、不沾泥、可天飞、郝临庵、红军友、点灯子、李老柴、混天猴、独行狼等义军到处起事,或抢掠陕西,或东入山西,屠陷城堡。朝廷官兵东西奔击,按下葫芦起了瓢。虽然,一些小股农民义军在强大的官军追剿下或降或死,但这边灭了,那边会闹得更厉害。此时,延安的义军张献忠聚众占据了十八寨,号称"八大王"。

到崇祯四年(1631),驻守孤山的副将曹文诏在河曲击破农民义军,王嘉胤率一部分主力逃走。后来,王嘉胤又从岳阳突然进犯泽州、潞安府,被左右所杀。他的党羽们推拥外号叫紫金梁的王自用做首领。王自用联合老回回、曹操、八金刚、扫地王、射塌天、阎正虎、满天星、破甲锥、邢红狼、上天龙、蝎子块、过天星、混世王等人以及高迎祥、张献忠共三十六营,二十余万人,聚集在山西,声势浩大。

李自成听闻农民义军的势大神勇,很是向往,于是,在崇祯四年(1631)和他的侄子李过前往山西追随高迎祥。他自持勇气武功超人,号称"闯将",开始了他农民义军的铁血生涯。

从一个村野屠夫,到农民义军的"闯将",李自成的人生道路发生了重要变化。当然,他自己也没想到,他个人跨出去的这一小步,会在十三年后,彻底改变这个国家的历史!

我们稍稍注意一下崇祯元年这段历史,就会有所感慨。

史书记载:崇祯元年,延安饥,十一月,府谷民王嘉胤倡乱,饥民附之。白水盗王二等复合徒众劫掠蒲州、韩城间。时承平久,猝被兵,人无固志。巡抚陕西都御史胡廷宴庸而耄,恶闻盗,杖各县报者,曰:"此饥氓,徐自定耳!"于是有司不以闻。盗侦知之,益恣。(《明史纪事本末·卷七十五》，清·谷应泰撰）因为陕西一带大饥荒，导致饥民群起造反。

本来事情不大，因为饥荒，府谷有个叫王嘉胤的平民号召造反，得到饥民的响应，白水的不法之徒借机纠集群伙打劫。因为太平时间久了，突然派官兵去平息匪徒作乱，官兵竟然没有斗志。巡抚大人老而昏庸，十分讨厌听到"造反作乱"这样的事，遂杖打各县报送信息的县吏，并且说：这些饥民野夫，慢慢就会自己平息。

既然巡抚大人说这事慢慢会自行平息，有关部门就不管这事了。那些造反作乱的饥民、匪徒知道官府的态度后，更加肆无忌惮，恣意妄为。一件因为饥荒而起的局部突发性群体事件，却因为地方官员的不作为、乱作为，蔓延成一件动摇国家安全的颠覆性重大事件！

一场毁灭性大火，始自一粒小火星。

高迎祥，就是响应造反的饥民中的一个。而他的"闯王"名号，由后来投奔他的外甥李自成继承，成了为大明王朝送终的旗帜。

崇祯元年，农民起义蜂起，明朝的掘墓人已经出现，大明王朝灭亡开始倒计时。

崇祯十七年（1644）正月，李自成派出部下携带战书向明朝廷约战，称大军将于三月初十到达。

一颗让明王朝覆灭的钉子，这一年，这件事，从崇祯皇帝的马蹄上脱落！

◎顺治元年（1644）甲申春正月。……摄政和硕郑亲王济尔哈朗集内三院、六部、都察院、理藩院堂官，谕曰：嗣后凡各衙门办理事务，或有应白于我二王者，或有记档者，皆先启知睿亲王，档子书名亦宜先书睿亲王。其坐班次及行礼仪注俱照前例行。（《大清世祖章皇帝实录》卷之三）

崇祯十七年的正月初一。这一天也是清顺治元年的元月初一。上一年的八月，清太宗皇太极暴卒，经过皇室王公们一番权衡，六岁的福临成为新皇帝（即清世祖），年号顺治。

新年的关外盛京（今辽宁省沈阳市）也有一番喜气景象。这是大清国新皇帝爱新觉罗·福临登极的第一个新年，清朝八旗王公、文武大臣齐聚皇宫大殿，顺治皇帝接受了群臣的朝贺。朝贺的王公有礼亲王代善、郑亲王济尔哈朗、睿亲王多尔衮、肃亲王豪格、英亲王阿济格、豫亲王多铎等满洲王公。已归顺的汉军将领有范文程、洪承畴、孟乔芳、张存仁、祖泽远、李率泰等。朝鲜国王特使、外藩蒙古王公使者等也前来朝贺。顺治元年的第一个新年，大清君臣们过得隆重但不铺张。

过了几天，郑亲王济尔哈朗谕部院各官，凡有要事，先向睿亲王禀报，然后再向他禀报。郑亲王的这番特意交代，是有原因的。

太宗皇太极的突然去世，令大家始料不及。

皇太极是清太祖爱新觉罗·努尔哈赤的第八个儿子，出生于万历二十年（1592），史书记载，其"仪表奇伟，聪睿绝伦，颜如渥丹，严寒不栗。长益神勇，善骑射，性耽典籍，谘览弗倦，仁孝宽惠，廓然有大度"。当然，这不排除夸大优点的可能，但他能够从排位居后的皇子当上皇帝，说明他确有过人之处。

天命元年（1616），清太祖努尔哈赤封皇太极为和硕贝勒，与大贝勒代善、二贝勒阿敏、三贝勒莽古尔泰并称为"四大贝勒"。皇太极仅排位第四，称四贝勒。

天命十一年（1626），太祖努尔哈赤去世，当时皇储未定。大贝勒代善和他的两个儿子岳讬、萨哈廉，以皇太极才德冠世为理由，与诸贝勒商议，举荐并请四贝勒皇太极接替汗位。皇太极请辞再三，许久才同意了。

从这一点来看，清皇族在立皇储和是否长子即位这一大事上，是比较开明的。代善为大贝勒，即长公子，而且自己已经有两个儿子，他如果坚持按顺序排位而不让，理由还是比较充分的。但他让了，而且是让四贝勒上位，这除了说明他的大局观念，还说明皇太极的确才华出众，且德才兼备，不仅他，二贝勒、三贝勒也是心服口服。

这个做法，也影响到皇太极去世后，顺治的即位。

皇太极即位时，年方三十四岁，正当壮年。当时的后金实际领地只有吉林、黑龙江、辽宁一带，其特色产品人参、貂皮，因为战争失去了明朝这个大市场，经济收入来源大减；又因为人口少、兵源不断扩充而劳动力资源不足，传统农业生产力低下，农产品自给本来就不足，加上近年天灾导致的饥荒，使军需补给成为一个大问题。如继续与明朝作战，实在是有心无力。

后金与明朝的连年战争，是出于不得已。统治者只是想凭借战争获得的胜利为筹码，巩固既得利益，即让明朝承认当下后金实际控制的疆域、双方进行公平贸易、地位平等、和平共处。所以，后金每一次与明朝的战争获胜后，都希望谈判，让明朝承认现实。

但明朝统治者并不承认后金的合法地位。战争也好，暂时议和也罢，明朝给后金的地位是不平等的：后金是明朝的属地，是君臣关系。在这个前提下，明朝对后金的战略是进攻性的，最终目的是收复所有明朝失地、灭掉后金的政权和军队。就这样，双方因目的不同，始终未能最后达成和解，终止战争。同时，也因为多年的战争，双方都在消耗自己的综合实力。

皇太极对当下的时局看得比较清楚，他做出了一个出乎大家意料的战略决策：攻打朝鲜。朝鲜物产丰富但兵力相对弱小，正是后金可以欺负的对象。打下朝鲜，不仅可以获得朝鲜的丰富物资，还可解除后金与明朝交战时，朝鲜出兵助明的后顾之忧，一举两得。

应该承认，皇太极这一谋略是具有政治家的战略远见的。于是，皇太极先出兵征服朝鲜和漠南蒙古，以解除攻明的后顾之忧。为尽量减少己方战争伤亡和损耗，他接受建议，对明朝官员采取收买、接纳的策略，并重用汉将,以削弱明朝势力。皇太极的战略举措收到了明显成效,后金的实力在皇太极执政的十几年里得到较快增强。

崇德元年(1636),皇太极在盛京称帝,改国号为"清"。崇德七年(1642),在松(山)锦(州)大战中,他生俘明朝大将洪承畴,迫使锦州守将祖大寿开城投降,使明朝关外精锐丧失殆尽,宁锦防线完全崩溃,明朝关防门户大开,清军入关已成定势,皇太极志在必得。清兵大军压境之严峻时刻,崇祯已和诸大臣商定,迫不得已与清军议和。而就在这关键时刻,皇太极猝死。

皇太极去世时才五十一岁,正值盛年时期,谁来接位?又像十七年前那样,成了国之大事。

皇太极生前没有立储,而当时比较合适接位的有两个人:一是皇太极长子豪格,另一个是太祖努尔哈赤的第十四子多尔衮。

豪格英勇善战,天命年间已被封为贝勒,天聪年间晋升为和硕贝勒,成为"四大辅政"之一,担任过户部管部大臣,崇德初年又被封为肃亲王。他是多尔衮的晚辈,但实际年龄比这个叔叔还大三岁。

多尔衮生于万历四十年(1612),与英亲王阿济格、豫亲王多铎为一奶同胞兄弟,而且其母是努尔哈赤的大妃。多尔衮足智多谋,战功不输于豪格,论当时实力也占有优势。清军八旗,豪格得到两黄旗支持,而多尔衮不仅控制两白旗,还得到大贝勒代善家族控制的两红旗支持,实力明显超过豪格。

正因为这两个人各有优势的微妙原因,在一开始讨论皇位继承人时,豪格和多尔衮都未能得到大家通过。

豫亲王多铎提出,论长应该立大贝勒代善。代善连忙表态:多尔衮如果能同意即位,是我国家之福,否则,应该立皇子才是。我年纪大了,哪里能胜任这个重任?多铎的建议和代善的否定,一时让皇位继承人一事陷入僵局。

代善的儿子固山贝子硕讬和孙子多罗郡王阿达礼当然同意多铎的提议,即便自己的父亲、祖父不能即位,也可顺势将多尔衮推上位,因为,多尔衮是多铎的哥哥。出于这个考虑,两人积极谋划让多尔衮上位;而两黄旗的将领坚决要求皇子即位,并且以死要挟。

一场关于皇位继承人的商议,已由皇宫内演化到宫外,将领们意见严重对立,双方剑拔弩张,内讧眼看就要发生。

多尔衮不愧为具有大智慧之人,他审时度势,认为大清取占中原建立宏业已到关键时刻,一切当以此大局为重。他和代善及时发觉了多罗郡王阿达礼、固山贝子硕讬的谋立计划后,当机立断,将二人诛杀,并议定由皇太极第九子福临即位,以和硕郑亲王济尔哈朗、和硕睿亲王多尔衮辅政。这样处理,将一场宫廷内乱消弭于无形之中。几个月后,济尔哈朗和多尔衮改为摄政。福临即位时才六岁,为清世祖,改年号为顺治。这段历史,记载在《清史稿·卷四·本纪四·世祖本纪一》中:

> 八年秋八月庚午,太宗崩,储嗣未定。和硕礼亲王代善会诸王、贝勒、贝子、文武群臣定议,奉上嗣大位,誓告天地,以和硕郑亲王济尔哈朗、和硕睿亲王多尔衮辅政。丙子,阿济格尼堪等率师防锦州。丁丑,多罗郡王阿达礼、固山贝子硕讬谋立和硕睿亲王多尔衮。礼亲王代善与多尔衮发其谋。阿达礼、硕讬伏诛。乙酉,诸王、贝勒、贝子、群臣以上嗣位期祭告太宗。丙戌,以即位期祭告郊庙。丁亥,上即皇帝位于笃恭殿。诏以明年为顺治元年,肆赦常所不原者。颁哀诏於朝鲜、蒙古。

正因为多尔衮在此事上表现出的大局胸怀和果断手腕,展现出一个政治家的优秀品质,所以,尽管郑亲王济尔哈朗排位在前,他还是正式谕示朝廷各部:有政事先禀告睿亲王多尔衮。

皇太极上位和顺治上位，都是在前任突然离世的特殊情况下，经历了不同程度的宫廷波折，甚至流血，最终达成了有利于朝廷内部团结和本国发展的战略共识，没有陷入宫廷争斗导致的内乱，这一点是可圈可点的，其中起关键作用的代善和多尔衮，功不可没。尤其是代善，作为努尔哈赤的长子，可以说两次让贤，并忍痛杀了自己的儿子和孙子，起到关键示范作用。而多尔衮虽说不是让贤，但他的不争，对当时大清局面的稳定，起到决定性作用。后面的事实证明，多尔衮对于清初入主中原，起到了定海神针的作用，奠定了大清帝国入主中原二百多年历史的根基。

在崇祯十七年正月初一的历史天空上，中华版图同时出现了三个国号：明、大顺、清；分别三个年号：崇祯、永昌、顺治。

从综合情况看，明王朝已存在二百七十六年，此时已呈朝纲废弛、国力衰弱之颓势；大顺朝刚刚兴起，还立足未稳，都城仓促建立，没有稳固的后方根据地，同时因连年征战，作为国家的朝纲并未建立，形同漂萍；大清多年与明交战，步步为营，立国的战略思路比较清晰，并历经努尔哈赤、皇太极两位具有战略远见领导人的实践，已积累较为丰富的政治经验，其军队数量虽少但骁勇善战。

三国并峙，各有长短。

都想一统江山，都想成为一代霸主，究竟鹿死谁手？

明、大顺、清，新"三国演义"大棋局，在崇祯十七年（1644），也就是永昌元年、顺治元年正月第一天，在中华大地赫然铺开。

貌似"三国"，但谁也不会甘愿天下成为三足鼎立状。

大明崇祯皇帝第一个不愿意。江山是朕的，这是老祖宗传下来的，岂能分与他人？明朝与"流寇"争斗多年，早已成水火之势，远的不说，就在崇祯十四年（1641）的正月，流寇张献忠军队攻下襄阳城，杀死襄王朱翊铭。而在张献忠杀死襄王的前十三天，李自成的军队攻破洛阳城，亮出"闯王"旗号，正式提出了"均田免赋"的土地政策和"平买平卖"

的商业政策。洛阳城破，农民军俘虏了福王，抄没他的全部财产还事小，还将他当即斩首，并将他的肉剁碎，把他的血混在酒里喝，其情状惨不忍睹！而福王朱常洵的身份非同一般的王，他是万历皇帝的第一个爱子、崇祯皇帝的同胞叔叔。如此深仇大恨，不共戴天！当然，此时崇祯不会去想，不说太祖开国以来杀了多少无辜，灭了多少人家的九族，就说自己登极十几年来杀的人还会少吗？其中有多少是现在那些"流寇"的亲友，谁能说得清楚？明朝刀斧下的冤魂，其惨烈情状比之农民义军所为有过之而无不及。东北面的满洲大清国更是时不时起兵闹事，蚕食大明领地，一步步往南扩张。如果和这些"流寇"、原大明属地边民也能平起平坐，大明皇上权威何在？想想祖宗打下的江山——延绵二百七十多年的天下被别人硬生生割裂成三块，昔日"流寇"、属地边民成为另一国皇帝，成何体统？自己有何脸面去面对列祖列宗和被杀的襄王福王与诸王？

大顺李自成绝对不干。自崇祯四年（1631）李自成投奔舅舅高迎祥加入义军开始，十几年来刀光剑影中出入，皇帝和朝廷文武官员又何时同情、怜惜、理解过这些因饥饿被迫起义的饥民？如不是到了因饥饿而人相食的地步，但凡有一点活路，大家也不会冒着砍头甚至被灭九族的巨大风险走上造反的路，都是被逼的。现在向朝廷妥协，分疆而治，皇上和那一帮朝廷官员能同意？即便是朝廷同意，恐怕此时义军上下也难同意，因为只要大明皇帝还在，这些义军和他们家人的脑袋就保不定哪一天会被取走，这是一个简单的道理，朝廷和皇帝焉能与"流寇"共江山？李自成虽不是读书人，但还是粗粗了解一些历史，知道自古以来农民起义者要么被杀，要么称王。"王侯将相，宁有种乎？"项羽兵败，自刎乌江；刘邦事成，一代汉主。现在，李自成虽然在西安称王，但他和义军将士们明白，只要明王朝还在，朝廷的军队还在，义军兄弟们的项上人头就不那么稳妥，还没有拿下京城坐上龙椅，岂能就此罢手？

大清此时也改变了主意。如果早一两年出现这样的格局，那正是皇太极所希望的，其原因不言而喻。大清世代蜗居东北苦寒地一隅，辖地毕竟太小太偏，物产、人口也少，自身发展受到极大限制。原来皇太极每每领兵与明军打仗，攻陷了一些城池、占领了一些土地、抢夺了一些人口物产都想罢手，提出与明朝谈判，想得到明朝皇帝对所占领城池、土地的认可，分享一些富庶温暖土地上的利益，让本国民众稍稍改善一下生存环境与生活条件。皇太极也算是一位具有战略眼光的统治者，他清楚，大清虽然立国，但其版图、人口、物产等，充其量只能相当于明朝的一两个州府，以这样的综合实力，无法与大明朝进行旷日持久的军事抗衡。只不过明朝这些年因灾害频仍，国力明显衰退，再加上由灾民兴起的农民义军到处攻打城市，让朝廷四处搬兵救急，在这种局势下，明朝才对大清的咄咄逼人之势一时难以顾及。所以，每一次对大明骚扰抢夺后，皇太极都想与明朝讲和，但这样的要求都被大明用武力毫不留情地拒绝，根本就不同你谈判，拒人于千里之外。

皇太极为清太宗，大清皇帝第一人，他同崇祯皇帝几乎是同时分别执政于后金、明朝：皇太极1626年即后金汗位，崇祯十六年（1643）去世，执政十七年；崇祯即位和去世都比皇太极晚一年，在位也是十七年。

皇太极终其一生，都是以向明朝谋取地盘和利益为主要战略目标，在向明朝进攻的战史上，有"五入长城"的骄人战绩。

第一次是在天聪三年（1629），皇太极率领女真八旗和蒙古八旗，由热河攻下长城的大安江和龙井关，进入罗文峪，继而占领遵化，并以遵化城为据点，进军蓟州、三河、顺义和通州，直抵北京城东部与北部。军情危急时刻，明大同总兵满桂、宣化总兵侯世禄、锦州总兵祖大寿，连同驻扎在宁远的督师袁崇焕纷纷率师勤王，保卫京都。皇太极眼见敌众我寡，一边下令撤兵，一边用反间计，伪造袁崇焕通敌的信函，派汉人降将将信函送至崇祯皇帝处。崇祯立即下令逮捕袁崇焕，并以谋叛大罪将袁崇焕判以凌迟处死。这样，皇太极假崇祯之手，成功除掉了后金的一个强劲对手。

第二次是在天聪八年（1634）五月至九月，皇太极发动了进攻明宣府、大同战役，军锋深入至河北西北部、山西中部和北部等长城以内五十多个城镇，抢掠财物无数，直到九月中旬，满载而归。

第三次是在崇德元年（1636）六月，皇太极命阿济格、阿巴泰等率军攻打明朝，从延庆居庸关关北会师进入长城，一共作战五十六次，攻占了北直隶（今河北）十二个城镇，抵达宝坻、文安等县，掠取明朝人畜十几万，收获满满。

第四次是在崇德三年（1638）九月至次年三月，皇太极命多尔衮为大将军，与豪格、巴泰等率部攻明，从迁安县（今属河北）的青山关、密云县的董家口等地进入长城，一直打到山东，攻破济南，共攻下百余个城镇，杀死了奋勇抵抗的明督师卢象昇，把老将孙承忠逼死，俘虏封王济南的德王朱由枢，掠走人口五十多万，战果颇丰。

第五次是在崇德五年（1640）春，皇太极指挥清兵大军围困锦州，锦州守将祖大寿拼死抵抗拒不投降。第二年，皇太极增派郑亲王济尔哈朗、武英郡王阿济格、贝勒多铎等率大批援军加强攻势，并用红衣大炮猛轰锦州城。祖大寿频频向朝廷告急，明朝廷派蓟辽总督洪承畴为经略，率步兵骑兵共十三万出关驰援。洪承畴步步为营，以守为战，接连击败进攻的清军。皇太极闻知前线战事受阻，忧急吐血，他不顾有病，亲赴前线指挥，并将盛京（今辽宁省沈阳市）城中十几岁以上七十岁以下的男丁全部派往战场，誓与明朝决一死战。关键时刻，崇祯皇帝不顾前线战事以守为攻的特点，听信兵部尚书陈新甲的建议，命令洪承畴主动向清军发起进攻，结果，清军在松山和杏山之间的高桥设伏，大败明军。明军战死五万余人，洪承畴退回松山，同祖大寿一起被清军俘虏并降清。此一战，明朝丧失良将精兵，一时无力再战，被迫与清朝议和。皇太极无不得意地说：取燕京如伐大树，须从两边斫削，则大树自仆。朕今不取关外四城,岂能即克山海?今明国精兵已尽,我兵四围纵略,彼国势日衰,我兵力日强,从此燕京可得矣。

长城自秦大规模修筑以来,均为防御异族入侵之用,而皇太极率清军铁骑五进五出,如入无人之境,可见这有形之城墙未必能抵挡住异族强敌的攻击。而皇太极所为,从长远战略考虑,以满洲为大本营,采取持久战的战略,用的是游击战术,每次出击,捞到好处就撤回大本营,保存实力,不断蚕食对方,等待时机与明朝决战。

现在机会来了。大明与李自成、张献忠的农民义军内战多年,打得不可开交,正面临一场生死决战,无论谁赢,都要耗尽全力。而清兵养精蓄锐,国力渐盛,蓄势待发。鹬蚌相争渔翁得利,螳螂捕蝉黄雀在后,这正是大清可遇而不可求的天赐良机!此刻,大清兴奋的目光,已越过满洲、山海关这一大片河山,落在北京紫禁城皇宫内那把龙椅上了!

棋手坐定,势必决出胜负;棋子落地,绝无反悔之机。接下来,就是一番腥风血雨的搏杀。

于是,在历史的同一天,三股政治力量在中国大地上各自重重地布下一枚棋子。棋子方位各异,目标指向都相同:北京,中原!

历史在大明朝不紧不慢地走到了第二百七十七个年头,虽然这条路有过宽敞、弯曲、坎坷、逼仄、险境,但毕竟只有一条路。现在却突然出现了另外两条岔路。历史老人眨眨眼,有点迷惑。既然出现岔路,那就暂且放慢脚步看看吧。

这一年,明朝称之为崇祯十七年,大顺称之为永昌元年,清朝称之为顺治元年。但按中国农历,这一年为甲申年,公元1644年。

一场对中国政治社会格局走向产生重大深远影响的棋局大幕,由历史老人之手轰然拉开。

第一篇
坍塌的皇宫

一、安放在六道《罪己诏》上的龙椅

◎（崇祯十七年）二月辛酉，李自成陷汾州，别贼陷怀庆。丙寅，陷太原，执晋王求桂，巡抚都御史蔡懋德等死之。壬申，下诏罪己。(《明史·卷二十四·本纪第二十四·庄烈帝二》，清·张廷玉等撰)

这个新年崇祯皇帝过得很不好，过完年心情也没好起来，因为，坏消息一个接着一个。

李自成正月初一在西安建立大顺国和他颁发的诏书，崇祯皇帝已经得知了；正月初三，李自成在西安举行讨明誓师大会，并派出大将刘宗敏、李过率两万精锐骑兵为先锋，自己则率二十万大军渡黄河北上；他还派部下向明朝送战书，这人却花银子让别人代替他去送，结果，明朝以为这是个骗局，把送战书的人给杀了。虽然把送战书的人杀了，但战书确实是真的，言之凿凿，说三月初十就要来开战，其势咄咄逼人，这令崇祯皇帝整日为流寇之事忧心忡忡。于是，崇祯紧急召左中允李明睿进殿商议御寇军务。

李明睿职位不高，仅为正六品，但在朝廷官员中，还算是个有头脑的人，所以，崇祯皇帝为国事烦恼的这段时间，几次召他进殿商议。李明睿进殿，崇祯向他询问当下御寇良策。李明睿提出，目前朝廷已无良将和足够精兵，而流寇风头正盛，在这种情况下，只有请皇上连同国都南迁至南京，以避流寇锋芒。朝廷派精兵沿长江设防，将流寇拒之江北，确保江南，待国力强盛兵力强壮，再图收复北方陷落国土。

明朝开国，太祖朱元璋将国都定在南京，到永乐十九年（1421），明成祖朱棣将国都迁到北京，但南京还留有一套朝廷机构作为留都。所以，李明睿建议迁都南京，只需要皇上和大臣们搬到南京去上班，无须耗费巨资大兴土木新建皇宫，在此时不失为一个较为简单可行的权宜之计。

但崇祯皇帝对迁都一事很犹豫，虽然他自己也有此意，但在流寇大举进攻之时，一国之君带着满朝文武迁都，是一种逃跑的可耻之举，丢了祖宗的脸面，会让天下人认为皇帝是懦弱无能的，还有可能引发全面大溃败，一发而不可收。但不迁都，就目前朝廷实力而言，又无法抵挡住流寇的锐势，难道一国之君连同满朝文武官员就只能坐等成为流寇的俘虏？可即便国都南迁，还得想一个冠冕堂皇的理由才是。

于是，崇祯皇帝就迁都一事与李明睿密谋良久，要商量出一个万全之策：既要保全皇上和朝廷不被流寇消灭，又要让外界不认为是皇上带着国都南迁。君臣二人商量已定，末了，崇祯对李明睿交代：国都南迁一事不可泄露。

按照皇帝的意思，李明睿上疏正式提出以下应对策略：以皇上率军亲征流寇为名，带领朝廷臣子们先撤到山东，再徐徐退至南京，这样，给外界一种假象，这不是迁都；皇上的行营可驻扎在凤阳，以等待勤王之师，然后合力西征李自成。这个方案，进退都有充足的理由。

但此方案一提出，即招致朝廷主战派的坚决反对。反对的大臣指出：此方案在敌大军压境时竟然提出弃都而逃，严重动摇军心，应该杀李明睿以稳定军心民心！

见到迁都议案遭到强烈反对，崇祯无奈，此事只得作罢。但心中郁结的块垒未能得以纾解。

进入二月，各地战报接连传来，李自成农民军攻城略地，其势锐不可当：

二月初三，李自成部攻陷汾州，另有一支农民军攻陷怀庆；

几天后农民军攻陷太原，俘虏晋王朱求桂，巡抚都御史蔡懋德等战死；

二月初十，农民军攻克忻州，十一日，又攻克代州。

明朝三关总兵周遇吉死守宁武关，但这次他并没有"遇吉"，在异常惨烈的激战中坚守了二十多天。前方激战时，崇祯派出高起潜、杜勋等十个内臣到十个关口监军。兵部尚书张缙彦深知这些内臣们不懂军事，多喜弄权，到前方只会添乱，因此上书强烈反对：内臣十员监军，不惟空耗物力，且事权分散，使督抚将军难以指挥，恳请撤回！但崇祯皇帝只信得过内臣监军，不同意将他们撤回。

果然，监军到达宁武关，周遇吉的指挥权受到钳制。

周遇吉是明朝对义军作战的一名悍将。李自成率义军进攻山西，周遇吉为明总兵，设防河上。二月初七，太原失守，周遇吉在代州阻击义军，同义军多次交锋，多有斩获，迟滞了义军的进攻步伐，最后战至粮尽援绝，只得退守宁武关。义军追杀到城下，向明朝守军发出最后通牒：五日不降者，屠其城。

见到闯王大兵压境，周遇吉抱定为朝廷战死尽忠之决心，在城中向围城的义军频频开炮，拼死抵抗，打死义军上万，自己也陷入火药将尽的绝境。有人向周遇吉建议，流寇势力强大，我们进攻是否可以缓一缓？周遇吉说：我们和流寇战了三天，打死他们上万，你们怕什么？能打赢他们，我们全军尽为忠义之师；万一抵挡不住，你们将我捆起来交给流寇，你们也就没事了。危机中，周遇吉心生一计，派出一批弱卒出城引诱义军进城，城内设伏，杀义军数千人。

李自成义军加强炮击，将城墙多处轰毁，并根据围城义军人多的优势，采用轮番攻击战术，一波一波潮水般向明军发起进攻。有人向义军献计：我们人多，官兵人少，我们进攻时要让我们的人和官兵区分开来，以十个打一个，轻松就能打赢他们。还要大家脱去帽子，交战时见到戴帽子的人就杀，我们就能够大败官兵。

明朝守军抵挡不住农民义军的疯狂进攻，城破，周遇吉仍坚持在城内巷战，所骑的战马摔倒，周遇吉又在地上腾挪跳跃，挥舞短刀力战，身中数箭，为义军抓获后大骂流寇，终被砍死。文献记载：义军遂屠宁武，婴稚不遗。

李自成目睹周遇吉作战的神勇，不无感叹地说：假如各地的守城将领都像周将军那样，我们怎么能够到得了这里！

李自成率军攻至太原。此时，太原城已无重兵守卫，山西巡抚蔡德懋派出手下的两员骁将牛勇和朱孔训出战，不幸，朱孔训被义军火炮击伤，牛勇冲锋陷阵战死。惨烈激战中，太原守军全部战死。蔡巡抚看到这种状况后知道太原城支撑不下去了，写下遗表，令监纪贾士璋走小路逃回京师将遗表上奏，以表自己为朝廷尽了忠。中军盛应时看到这一幕，知道最后时刻到了，退出回到家中，把自己的妻、子杀掉，誓死杀敌。这天是二月初八，刮起了大风沙，义军趁夜黑风高，登上太原城墙发起攻击，蔡巡抚和盛中军骑马冲向义军，力战而死。城中赵布政、毛副使和城中的府县官员四十六人无一幸免，义军将这些官员的尸体陈列在太原城中。

全国的战况急转直下，崇祯皇帝眼睁睁看着闯王的义军攻城略地，一路北上，锋芒直指北京。明军节节败退，崇祯再无兵可调，无将可遣，实在无奈，又一次下罪己诏。他在罪己诏中说：

……朕为民父母，不得而卵翼之；民为朕赤子，不得而怀保之，坐令秦、豫丘墟，江、楚腥秽。罪非朕躬，谁任其责？

所以使民罹锋镝,蹈水火,血流成壑,骸积成山者,皆朕之过也。使民输刍挽粟,居送行赍,加赋多无艺之征,预支有称贷之苦者,又朕之过也。使民室如悬罄,田尽污莱,望烟火而无门,号冷风而绝命者,又朕之过也。使民日月告凶,旱潦荐至,师旅频仍,疫厉为殃,上干天地之和,下丛室家之怨者,又朕之过也。至于任大臣而不法,用小臣而不廉,言官首鼠而议不清,武将骄懦而功不奏,皆由朕抚驭失道,诚感未孚。终夜以思,局踏无地,用是大告天下,朕自今痛加创艾,深省愆愆,要在惜人才以培元气,守旧制以息烦嚣,行不忍之政以收人心,蠲额外之科以养民力。念用兵征饷原非得已,各抚按官急饬有司,多方劝输,无失抚字。倘有擅加耗羡,朦混私征,又滥罚淫刑,致民不堪命者,立行拿问。其有流亡来归,除尽豁逋赋,仍加安插赈济,毋致失所。至于罪废诸臣,有公忠正直、廉洁干才、尚堪用者,不拘文武,着吏、兵二部确核推用。草泽豪杰之士,有恢复一郡一邑者,分官世袭,功等开疆。即陷没胁从之流,能舍逆反正,率众来归,准许赦罪立功;若能擒斩闯、献,仍予通侯之赏。於戏!忠君爱国,人有同心;雪耻除凶,谁无公愤!尚怀祖宗之厚泽,助成底定之大功。思克厥愆,历告朕意。(《明季北略》第 446—447 页)

崇祯的这篇罪己诏言之凿凿,连用四个"朕之过也",尽显铺陈,将战争、自然灾害、瘟疫给人民带来灾难的责任统统揽到自己身上,而且批评自己用人不当,遣词用句,无不尽显其态度之恳切。末了,他在罪己诏中宣布:有活捉李自成、张献忠者,赏万金、封侯爵。

每遇国有大事,崇祯皇帝找不到解决的办法,就颁布一道罪己诏,这一招在崇祯任上已经用过多次,满朝文武及百姓已不感到新鲜了。

崇祯八年（1635）十月二十八日，崇祯皇帝下了第一道罪己诏。在这年的正月十五元宵节，张献忠率领的农民军攻入中都凤阳，守卫凤阳的几千官兵全军覆没，几万间民房被焚，太祖朱元璋的祖坟和他出家的皇觉寺被烧。崇祯帝听到这消息，又气又急，差点昏过去了，他觉得，皇陵被烧，民变四起是他的责任。随后，他颁发了一道罪己诏。

崇祯十年（1637），明朝遭遇了史上持续时间最长、范围最广、覆盖人口最多的旱灾。灾情遍及二十个省府州，有的地方还爆发了蝗灾和瘟疫。地方官报，甘肃死人达八成以上。大面积的灾情，让崇祯下了第二道罪己诏。他在罪己诏中言称：北方大旱，祈雨不止。自然灾害是客观存在的，但崇祯心里也清楚，存在于朝廷官员中的种种贪腐行为，是一种官场生态灾害，而且不亚于自然灾害。他在罪己诏中痛切指出朝廷官员的这些贪腐行为：

……如张官设吏，原为治国安民，今出仕专为身谋，居官有同贸易。催钱粮先比火耗，完正额又欲羡余。甚至已经蠲免，悖旨私征。才议缮修，趁机自润。或召买不给价值，或驿递诡名轿抬，或差派则卖富殃贫，或理谳则以直为枉。阿堵违心，则敲扑任意；囊橐既富，则解网念工。抚按之荐劾失真，要津之毁誉倒置。又如勋戚不知厌足，纵贪横于京畿；乡宦灭弃防维，肆侵凌于闾里，纳无赖为爪牙，受奸民之投献。不肖官吏畏势而曲承，积恶衙蠹生端而勾引。嗟此小民，谁能安枕？似此种种，足干天和。积过良深，所以挽回不易。（《明季北略》第219页）

罪己诏中列举的这些官场腐败，无疑会增添和加剧社会矛盾，从而引发社会动荡，积重难返，危及朝政。可怜崇祯，躺在充斥社会矛盾和动荡的卧榻上，焉有安枕之日！

崇祯十三年（1640），满洲后金皇太极率领全部军队进攻锦州，五月，崇祯派洪承畴带十三万军队支援锦州。洪承畴凭借锦州的城池坚固，坚守一年后，于次年六月底，在崇祯皇帝的催促下贸然率部出击，中了皇太极军的埋伏，结果全军覆没，洪承畴被俘投降。精兵被灭，强将被俘投降，明朝国防力量遭受重创。崇祯十五年（1642），崇祯皇帝下了第三道罪己诏。

崇祯十六年（1643）五月初一，义军首领张献忠攻陷汉阳，三十日攻陷武昌，于武昌立国，号大西。闯王李自成在襄阳称新顺王，并在河南汝州歼灭孙传庭的主力，不久攻克西安，西北也基本被李自成攻占控制。眼见农民义军势力日盛一日，严重威胁朝廷，崇祯下了第四封罪己诏。

算来，现在这道罪己诏已经是第五道了。

罪己诏救得了明朝吗？

崇祯皇上下第一道罪己诏时，侍读学士倪元璐就向皇上建议：陛下颁罪己诏，非徒空言。今民最苦，莫若催科。倪元璐的话说得很诚恳直白：皇上您下罪己诏，不要只说空话。现在老百姓最苦的，莫过于交税赋了。崇祯对倪学士的话虽然表示赞同，却不发减免税赋之令，反而向百姓增加税赋，以充国库之虚。

为什么会出现加紧向天下百姓增加税赋，而国库却依然空虚的局面？这其中的猫腻，朝廷官员都知道。

崇祯十二年（1639）也有过一次向皇亲筹钱的事。崇祯皇帝先找曾祖母家的武清侯李国瑞，动员他带头交四十万两银子。李国瑞说自己没钱，死活不交，而且还上演了一出变卖家产筹钱的闹剧，拆屋拆房、把家当搬到大路边上变卖，以示家中确实拿不出钱。

皇亲们看到事情闹得有点过了，怕崇祯找到自己要钱，便向皇上替李国瑞求情。

在崇祯看来，找个皇亲出区区四十万两银子做公用，应该是小事一件，何至于拆房卖家当，闹得朝野皆知，好像真的拿不出一样，不仅抹了皇上的面子，还在天下人面前大大丢了皇族的脸！这是做给谁看呢？崇祯皇帝火冒三丈，下令将李国瑞入狱，剥夺其爵位。李国瑞其实只是舍不得这几十万两白花花的银子，想给皇上装一回穷保住这些家财，他万万没想到皇上来真的，不仅夺了自己的爵位，还将自己下了大狱。他哪见过这阵势，没过多久竟担惊受怕吓死了。事情闹到这般地步，外戚们为了保自己的利益，联合起来抵制皇上向大家借钱。

崇祯皇帝傻了眼。钱没借到，还把皇亲们给得罪了。

有官员上疏批评征收练饷为殃民，并要求追究提出征收练饷人的罪责。指出：这样做是小人搜刮敛财，致使民穷祸结，误国良深。为此，崇祯皇帝在文华殿召见内阁大臣和吏部、户部官员，开会议事。

崇祯首先发声说，我提出练饷怎么是聚敛钱财？这只是练兵需要！

见到皇上为此事发怒，大学士蒋德璟小心翼翼地回答：皇上怎么会敛财呢？过去正统年间（1436年至1449年）兵饷不过数万两银子，万历年间（1573年至1620年）也不过三百余万两，而现在兵饷都两千多万两银了，但兵却反而比过去少，这么一大笔钱尽让那些蠹虫们吞掉了！过去京师卫兵有四十七万，畿内卫兵有二十八万，现在兵没有这么多，兵饷都是虚报冒领，大家对国事都已丧失信心了。

蒋德璟说的吃空饷，是一种时弊。司苑局、四骧军勇、神木黑口等厂每年虚耗粮三十万石；卫军造假名册，比实际人数多出近两万人，一个士兵每年支饷粮十二石，虚报的两万士兵则每年多耗粮二十四万石。锦衣卫做官者，每人假托吏役之名虚领十来个人的饷粮，每人一年六七石，一年下来耗饷粮二三十万石。这都是些大的项目，还有许多小的名堂，累计起来也是一个惊人的数字！此时的朝廷，犹如一只千疮百孔的大桶，桶里的白银、粮饷，从蠹虫们钻开的洞眼里哗哗流出，流进了蠹虫们的囊中。

蠹虫不止一只。有个叫文秉的写了一本书《烈皇小识》，书中记载：浙江省直各府每年征派分给部堂、翰林、尚宝、科道等衙门白米一万二千余石，当年使用八千多石，每年多存余四千多石；光禄寺每年由无锡地方上供白米一千三百多石，当年只消耗七百多石，每年可存余六百多石；每年卫所运解漕粮入禄米仓共五百多万石，除了给文武各官发放俸禄米外，剩余粮米被营兵、卫军、衙役私分，这已经是一个半公开的秘密，世人将这三种人称之为"三蠹"。

此时崇祯听到蒋德璟的回答，长叹一声："三十六衙搜刮已尽矣！"

朝政腐败已到如此地步，皇上的罪己诏还有用吗？

罪己诏规整的排比句式，转化不成威武雄壮的士兵战阵；

罪己诏婉约回转的遣词造句，根本唤不醒见利就贪婪、遇事就躺平装睡的百官大臣；

罪己诏态度恳切欲哭无泪的诚意，凝聚不了天下民心。

以至于那些曾经被官府逼得揭竿而起、现在锋芒正锐的农民义军听说了皇上的罪己诏，只会嗤之以鼻，丢出一句：甚罪己诏？哄娃呢！

崇祯皇帝这样大张旗鼓地连连颁发罪己诏为个啥呢？他认为真的有用，还是用来抚慰天下？

明朝张岱在他的著作《夜航船》中记有这样一个故事：宋景公（？—公元前453年）曾观测到火星经过心宿时不动的天文现象，星心对应的地域正好是宋国。这种星象，预示着有刀兵灾祸的凶事要降临宋国。宋景公对此事非常担忧，他向专管占星相的官员子韦询问如何能使国家避免这个灾祸。子韦说："我有办法把这个祸患转移给宰相承受。"宋景公说："宰相是辅佐国家的大臣，怎么可以使他遭受祸患呢？"子韦说："那就转移给老百姓承受吧。"宋景公也不同意，说："百姓们都死了，我做谁的国君呢？"子韦又说："还可以转移到今年的收成上。"宋景公仍然不同意，说："百姓们靠岁收生活，如果农作物收成不好，百姓就要饿死了。"子韦听完景公回答，说："您三次回答都表现出至高德行，火星的灾祸必定会迁徙三次。"后来观察星象，火星果然移动了三座心宿的距离，宋国避免了这次灾祸。

宋景公为国家避免了一次灾祸，是凭借自己的至高德行。崇祯是想学这位宋景公吗？如果是，那他是否掂量过，自己的德行比得上宋景公吗？

孔子为《易经》注释《十翼》，其在《周易·系辞下》有"德不配位，必有灾殃；德薄而位尊，智小而谋大，力小而任重，鲜不及矣"的批注，不知崇祯皇上是否学习过、思考过孔圣人的这段批注？

当然，崇祯皇帝万万没有想到，他还有一道罪己诏要写，这也是他人生的最后一道罪己诏。和以往的罪己诏不同的是，这最后一道罪己诏并非写在纸上，而是写在自己的衣襟上；不是用御笔蘸着墨写，而是咬破自己手指沾着血写的。

看来，皇上的罪己诏并没有感动上天以减轻灾害、解民疾苦、革除朝政弊端，更挡不住农民义军进攻的步伐。

二、大厦遍体裂缝：武官厌战，文官不谏

◎（崇祯十七年）三月庚寅，贼至大同，总兵官姜瓖降贼，代王传㷍遇害，巡抚都御史卫景瑗被执，自缢死。辛卯，李建泰疏请南迁。壬辰，召廷臣于平台，示建泰疏，曰："国君死社稷，朕将焉往？"李邦华等复请太子抚军南京，不听。蒋德璟致仕。癸巳，封总兵官吴三桂、左良玉、唐通、黄得功俱为伯。甲午，征诸镇兵入援。乙未，总兵官唐通入卫，命偕内臣杜之秩守居庸关。戊戌，太监王承恩提督城守。己亥，李自成至宣府，监视太监杜勋降，巡抚都御史朱之冯等死之。癸卯，唐通、杜之秩降于自成，贼遂入关。甲辰，陷昌平。乙巳，贼犯京师，京营兵溃。丙午，日晡，外城陷。是夕，皇后周氏崩。丁未，昧爽，内城陷。（《明史·卷

二十四·本纪第二十四·庄烈帝二》，清·张廷玉等撰）

进入崇祯十七年（1644）三月，从各地汇聚到朝廷的消息，都是些不祥之音。

三月初一，李自成的义军已攻到大同城下，城中有皇亲——代王朱传㷭。代王当然不愿意他的地盘被义军夺走，于是和巡抚都御史卫景瑗商议，抵抗义军，守卫大同城。总兵官姜瓖见明朝大势已去，心中早存降意，朝廷大将周遇吉在宁武关还在与大顺军拼死力战时，作为大同总兵的他，就和宣府总兵王承胤暗地里派人和李自成联系，表示愿意投降。但在大同城中，姜瓖并不是最高领导，他之上有代王和巡抚，他无决策权。于是，他心生一计，私下里向众官兵散布说：卫总兵和李自成是陕西乡党，他们已经串通好了准备投降义军。

此时的大同城，大军压境，义军兵临城下，城内人心惶惶，一片慌乱，各种小道消息夹杂着谣言满天飞。"巡抚大人和义军串通好了准备投降"的消息传到了代王耳中，慌乱中他无法辨识这条消息的真实性，于是，对这位腿脚有毛病、行动不便的卫巡抚产生了怀疑，削减了卫巡抚的一部分职权，将守城的职责交给了姜总兵。这一下正中姜瓖下怀，他乘机利用职权打开大同城门，让义军大部队蜂拥进城。大同城被大顺义军攻陷，代王被杀。巡抚都御史卫景瑗被义军抓获，他自感无活路，自缢而死。

又一座城被攻陷，又一个王被杀！

仅新年以来，李自成的大顺军从西安出征，一路上长驱直入，攻城拔寨，已攻占河东、河西、稷山、荥阳、临晋、绛州、河津、平阳、太原、宁武关等城市和要塞，加上去岁攻陷的城池，被大顺军攻占的城市有几十个之多。

在太原，大顺军抓获晋王朱求桂，连同前几年和这次被杀的襄王、福王和代王，皇族朱家一脉损失四个王了。

大顺义军攻下一座城池，就使明朝廷大厦出现一道裂缝。攻下的城池越来越多，明朝廷大厦上的裂缝就越来越多、越来越深。

大顺义军进攻的马蹄声，明朝大厦墙体的开裂声，深宫里的皇上和大臣们都感受到了，都听到了，不安的骚动情绪在皇宫上空凝聚，越来越浓。

面对大顺义军的猛烈攻势，明朝各地官员投降义军的也越来越多。

大顺军向阳和（今山西阳高县）进军，阳和兵备道于重华开城门迎出十里投降义军，并在城里备好酒肉犒劳大顺军。大顺军长驱直入开进至宣府城下。巡抚朱之冯登上城楼召集将吏商量抵御之策，但无一人理睬附和。朱巡抚又指挥士兵用红衣大炮轰击大顺军，士兵们竟一起向朱巡抚下跪叩头说：愿巡抚大人跟从军民投降，保全一城性命。

朱之冯见大势已去，自己是朝廷命官，可以战死，但何必连累满城无辜军民？望着那些求情士兵们渴望的眼神，朱巡抚心软了，他摇摇头，无可奈何，只得自杀。

这时又传来真定（今河北正定）兵叛投降义军的消息。真定知府丘茂华听闻义军快到城下，先将家人送出城躲避。总督徐标知道此事后，以敌大军将至，此举有动摇全城军心民心之嫌为由，将丘知府抓捕下狱。谁知徐标属下的中军部队也不愿拼死为朝廷卖命打仗，已有投降打算，他们等徐标白天登城守卫时，将他绑到城外杀了，救出知府。于是，丘知府带领全县军民降大顺，义军只派出几个骑兵进城就收服了一座城池。这一下，义军离京城近了三百里，而竟然无人报告！

大军兵临城下，是战是降，这是战争中常遇到的问题，具体怎么做，无标准答案。一般来说，面对异族入侵，当同仇敌忾，勠力同心，保卫家园。但明末朝廷和农民义军的战争，是农民与统治者的矛盾冲突，则又另当别论。千百年来，中国农民恪守的是"耕读传家"，有一个温饱型的基本条件，能够让家庭得以繁衍生息即感到满足了。从李自成统率的这些义军就能看出，他们参加义军跟随闯王造反之前，大部分是在地里刨食的农民，如果不是连年灾荒，连树皮也没得吃，明知土块、石头会吃死人也得吃，甚至连死人肉都吃上了，谁会走上这样一条刀剑丛中求生的路？如果官府对灾区农民体恤一点，拿出一些粮食赈济灾民，或购买一些粮食分给灾民以度过饥荒，让灾民不至于"人相食"，但凡有一线生机，他们也不会冒死或冒着灭族的巨大风险去造反。都是被逼的！所以，面对闯王义军的进攻，官兵们选择投降就能够理解：犯不上为朝廷去卖命，尤其是去与那些因为没有饭吃而起义的农民性命相搏。

大顺国的军队步步逼近北京，形势紧迫，崇祯皇帝又一次召集内阁大臣商议应对措施。

督师大学士李建泰上疏请求皇上南迁，愿意陪着太子先行。崇祯皇帝吸取了上一次和李明睿商议南迁计划却遭到大臣们强烈反对的教训，这次的态度显得比较坚决了，他拿着李建泰的上疏说：李建泰有疏劝我南迁。作为一个国君应当为保卫江山社稷而死，我怎么能一个人南迁！

大学士范景文、左都御史李邦华、少詹事项煜提议先请太子抚军江南。李邦华还列举了太子南迁的好处：皇太子以抚军之名，可以在那里号召东南军民共同消灭流寇，这样，上可以有副二祖的成算，退一步可以稳定江山目前的危局。意思很清楚，即便北京失守，仍可以南京为国都，划江而治，保住东南半壁江山。

这时，兵科给事中光时亨大声说道：奉太子先行，你们是什么意思？难道想再上演一次唐肃宗灵武即位的故事吗？

这个典故大臣们是知道的。唐天宝年间，唐玄宗李隆基宠爱贵妃杨玉环，爱屋及乌，宠信杨贵妃的哥哥杨国忠以及李林甫这样的奸佞小人，以致朝政荒废，酿成一场大祸。天宝十四载（755）十一月，北方四镇节度使安禄山发动叛乱（史称"安史之乱"），数十万铁骑南下侵犯中原，欲与唐玄宗争夺天下。面对安禄山气势汹汹的大军，唐玄宗惊慌失措，指挥出错，以致朝廷军队连连溃败而不可收拾。安禄山叛军直逼唐都长安。玄宗见大事不妙，只好带着杨贵妃、太子李亨等慌忙出逃，往蜀地避难。这时，太子李亨在众百姓的拥戴下，向父皇请求去北方召集军队，誓与叛军一战，为国讨贼。狼狈逃窜的玄宗，此时已无主见，见太子愿挑起挽社稷于危难之中的重担，就答应了他的请求。但玄宗没想到的是，此时的太子竟然趁危难之际打起了父亲皇位的主意。两人分手不到一个月，太子就在北方的灵武宣布登极称帝，自称肃宗。再过一个来月，新皇帝肃宗派出使者到达蜀地，向玄宗传达圣旨，圣旨中称玄宗为太上皇。玄宗看到新皇帝的圣旨，自己的皇位就这样丢了，真是傻了眼。此时玄宗已是众叛亲离，差不多是孤家寡人一个。马嵬坡兵变，玄宗出逃时便有随身的士兵杀死宰相杨国忠和他的儿子，逼唐玄宗让太监将宠爱的杨贵妃勒死的情况。安史之乱期间，玄宗带皇子、皇妃、公主、贵妃和极少数亲信宦官擅自出逃，最大的输家是唐玄宗自己：丢了皇位，逼死了贵妃，留下一段千古遗恨。

现在督学大学士光时亨在大殿上一声断喝，拎出这个历史典故，一时间让几个大臣愣住了：再提皇上南迁这个方案，便有帮助太子篡位之嫌疑，这可是灭九族的罪！想到这一层，几个大臣冷汗都出来了，大气不敢出，哪敢再提什么奉太子南下之事。

崇祯皇帝心里还是想南迁，但嘴上还不松口，他说：祖宗们辛苦百战，才定都此地。现在流寇一来我们就弃城而去，有何理由要求国都的乡绅和父老乡亲们留下守城？怎么向那些因守城不力而获罪的臣子们谢罪？我一个人单独离开，怎么面对祖宗和江山社稷？怎么面对京城的百万生灵？现在流寇虽然猖狂，我如果能够凭借天地祖宗之灵和诸位大臣、先生们辅佐之力，局面或不至于此。国君为社稷而死，义不容辞，我主意已定!

崇祯这一番言不由衷的话说得慷慨激昂。另一个大学士蒋德璟委婉提出：太子监军，不失为一个万全之策。崇祯否定了这个提议，说：我经营天下十几年都还不行，小孩子家能做得什么大事！

尽管崇祯当着几位大臣的面再次否定了南迁建议，其实早在几天前，崇祯便派左懋第前往南方查询舟师装备及兵马数量，并密令天津巡抚在大沽口准备三百艘漕船作为南迁之用。现在他否定太子南迁，是因为如果同意太子南迁，就把自己南迁之路堵死了。所以，在这个关头，他心里还是等待着首辅大学士陈演带头发声，再次请求皇上南迁，让事情有个挽转的机会，自己在朝野可以有个充分的理由交代：你们都看到了，是臣子再三请求，我才同意南迁的。此前，他曾私下里和陈演商量过此事，由陈演提出皇上南迁，崇祯叮嘱他：此事要先生担一下责任。

在和陈演密谋南迁时，崇祯皇上设计出这样一番场景：首先是陈演在廷议时提出建议，请皇上南迁，以权宜之计图谋日后东山再起；这时，皇上起身严词否定这个建议；接着，众大臣纷纷恳请皇上南迁，以暂避义军锋芒，皇上仍然不肯；接下来，大臣们垂泪跪求皇上为皇族社稷安危考虑，速速南迁；此时，皇上表现得犹豫再三，最后不得不勉强接受大臣们的恳请，决定南迁。这样一番表演，台词有了，场景有了，对满朝文武和大明百姓都有个体面的交代：你们都看到了，是大臣们苦苦劝朕南迁的哈，并非朕要逃跑。

现在，按照君臣事先拟好的脚本，皇上在等待陈演首先进言。但此时陈演却装聋作哑起来，一言不发。大家不知皇上心事，自然也不好随便发声。大殿上一片沉默。

崇祯皇上见事先计划的如意算盘卡了壳，又急又恼，愤而叹气，恨恨地说：朕非亡国之君，诸臣尽亡国之臣尔！怒而起身，拂袖而去。

陈演关键时刻装聋作哑，这也难以怪他。在深宫里行走多年，他深知"伴君如伴虎"这句话的含义。有些话皇上不便说,要借你的口说出来;有些事皇上自己不便做,要借你的手去做。尤其是当你知道皇帝的个人机密或隐私,哪怕是皇帝把你作为宠信的心腹大臣亲自告诉你的,那危险也会跟着到来。事成平安,皇帝能私下里给你一点好处,那就谢天谢地了。当然,这事不能公开张扬,只能烂在肚里。事不成,那就麻烦了,皇帝事先交代的"担一下责任"即你要做好准备,好处是皇上的,责任你担着,怎么处置,就得看事情的结果和皇上的心情,罢官免职是轻的,严重的能不能留下项上那颗吃饭的家伙、家人族人是否也牵扯进来问个什么罪,这都难说。说穿了,凡是这类事,经办人都是替罪羊的角色。所以,陈演以他的政治敏感和油滑的官场经验,在皇帝和大臣意见相左的局面下,选择了装聋作哑,虽然背弃了皇嘱,坏了崇祯皇帝的大事,令崇祯皇帝有苦说不出,只得将他罢官以泄心头之恨,但陈演保住了脑袋,就是赢家。

社稷局面如此危艰,兵无良将,军无饷额,皇上召集大臣们廷议,竟无人出良策,崇祯愤怒、沮丧的心情可想而知。

事已至此,崇祯想南迁也走不了,只得做坚守京城的准备。崇祯否决了太子南迁的动议后,当天就颁布了勤王令,号召各地明将领率兵拱卫京师。三月三日,封吴三桂平西伯、左良玉宁南伯、唐通定西伯、黄得功靖南伯。凡是掌握军队、能尽快赶赴京城救急的将领,统统加官晋爵。

面对百万大军围城,要守住京城,一是要足够的将士,二是要充足的军饷。而这两件事于崇祯来说,都是大难事。

因近来义军攻势凶猛,强将都已分赴各地救急,京师已无良将可用,兵力也远远不够。早在一年前,职方郎中赵光抃就提出过放弃关外宁远、前屯卫二城,没有获得通过。现在京城危机,此事再次提出,众臣建议皇上召见吴三桂的父亲吴襄商议此事。

崇祯召见吴襄，就调吴三桂进京一事与之商量。吴襄不同意，理由是：祖宗之地，尺寸不可弃也。

崇祯表示，我这是为国家大计考虑，不是说你们父子弃地。李自成大军压境，考虑到只有你儿子才有谋略、能力制服他。

吴襄回答说，要是李自成前来送死，我儿必生擒他献给皇上。

听到吴襄慷慨之言，要在一年前，崇祯会龙颜大悦，可现在他只有苦笑，说，李自成已经拥有百万之众，要制服他谈何容易？

吴襄说，农民军号称百万，其实不过几万而已。中原的乌合之众，没有遇到过真正的边关强兵。那些战败的朝廷将领，都是见到李自成的军队就溃败，带了五千士兵，实际上给李自成增加五千人；带一万人，则给李自成增加一万人，所以农民军越来越多。现在他屡胜而骄，是没有遇到真正的对手。要是用我儿子的兵和李自成作战，肯定能活捉他！

崇祯见吴襄信誓旦旦，就问他，你们父子总共有多少兵？

吴一边叩头一边回答，臣罪该万死。我的兵在册有八万，实际只有三万。

崇祯问，这三万士兵都是骁勇善战的勇士吗？

吴答，要是三万士兵都能打仗，成功还用等吗？现在臣的士兵不过三千人可用罢了。

崇祯大失所望，摇头说，你区区三千兵卒，怎能抵挡李自成的百万之众？

吴襄答道，这三千人不是士兵，是臣的儿子、臣子的兄弟。臣自受国恩以来，我吃粗粮，这三千人都吃好酒肥羊；我穿粗布衣，而这三千人都穿绫罗绸缎，所以他们能为我卖命。

崇祯听到吴襄的肯定回答，又问，你需要多少军饷？

吴答，要百万银子。

崇祯大惊，为什么要这么多军饷？

045

吴襄回答，这些恐怕还不够。这三千人在关外都有数百两银子的庄田，现在舍弃这些家业入关，拿什么地给他们安家立业？饷额已经欠了十四个月，想什么办法补清？关外还有六百万老百姓，我们一走，不能弃之不理，带他们一同入关，又怎样安排？这都需要银子，臣怎么敢妄言。

崇祯听这么一说，告诉他，内库只有七万两银，加上些金银珠宝，总共也不过二三十万两银而已。

为了解决勤王军队的兵饷，崇祯皇上想出一招：造黄绫册，向百官募集银两，规定以三万两为上等。各省都有捐饷指标，浙江六千两、山西五千两、山东四千两不等。

皇上下令捐银，官员应者寥寥，只有一人捐了五百两银。

崇祯不好发威，只好派太监徐高传谕给周皇后的父亲——嘉定伯周奎，让他拿出个五万十万银子来，带个头。但周奎竟不给皇上面子，一口咬定没有。徐太监哭着苦苦哀求，也没有用，便悻悻然地说：皇亲也如此，国事完了，钱多又有什么用！听到这话，周奎才答应捐银一万两。

崇祯皇上听说了周奎的表现，认为太不像话，生气了，要他至少捐两万。周奎便找女儿想办法说情。周皇后无奈，自己拿出五千两给父亲认捐。周奎收到女儿的银两，又偷偷阴下两千两。

就这样，在皇帝的威严令下，京城的皇亲、百官、太监十分不情愿地抠抠索索总共捐银二十万两。而一个月不到，大顺军打进城后，向明朝官员、皇亲国戚追赃索款，周奎交出了五十二万两。号称京城第一首富的太监王之心交出十五万两，而他捐给崇祯皇帝的，只有一万两。

大厦的裂缝还在不断加大。

李自成的另一路大军从北面攻克了居庸关，明总兵唐通投降。

这位总兵唐通投降也是有原因的，是憋了一肚子怨气的。京师危机时，崇祯封总兵官唐通为定西伯，寄希望他能保卫京师。唐通也感恩皇上，立即率八千精锐入京勤王。崇祯见唐通率精兵前来听命，一高兴，随手就赏了他四十两银子，同时派太监杜之秩做唐通的监军。

见到皇上对自己如此态度，满怀忠勇激情的唐通，顿时像遭遇一瓢冷水迎面泼来，心中顿感莫大侮辱：堂堂定西伯、总兵，在皇上心里的位置，竟然不如一个太监！大明朝皇上，仅赏给一位总兵区区四十两银子，真应了民间一句俗语：打发叫花子呢？我带来的可是八千精兵，一个士兵能分到赏银五厘——皇上的赏银可重着呢！唐通不知道，皇上现在的口袋里是真没钱。唐通心中不快，就说了：敌百万大军围城，我八千兵力寡不敌众，难以护卫京城周全，我还是去居庸关吧，在那里可以凭险御敌。就这样，崇祯皇帝看到唐通率八千精兵呼啦啦前来保卫京都，还没来得及高兴，又眼巴巴看着他丢下京城和皇帝不管，带着精兵扬长而去，心中又是不解，又是无奈。

所以，大顺军一到，唐通便和监军太监杜之秩一同投降了义军。崇祯万万没想到，赏给手下的四十两银子，竟然砸在了自己的脚上，把拱卫京师的一道关隘给砸开了！

大顺权将军刘宗敏签署布告，宣布不日进京。

此时的局面，京城之外，除了有一支李建泰的官兵被义军困死在保定城动弹不得外，闯王李自成统率的大顺军完全形成了对北京城的包围之势！

北京被大顺军包围的消息传入京城，京城上下一片恐慌。

大顺军包围京城，紫禁城内的官员们都听到了明朝帝国大厦崩裂的声音，他们并没有同皇帝一道努力设法修补裂缝、加固墙体基础，而是袖手旁观，或往裂纹处加楔子，助裂纹加深扩大。

明朝大厦遍体裂纹，摇摇欲坠，崩塌已是时间问题。

三、皇上的最后时光：杀皇后妃女再自缢

◎（崇祯十七年三月）甲辰，陷昌平。乙巳，贼犯京师，京营兵溃。丙午，日晡，外城陷。是夕，皇后周氏崩。丁未，昧爽，内城陷。帝崩于万岁山，王承恩从死。御书衣襟曰："朕凉德藐躬，上干天咎，然皆诸臣误朕。朕死无面目见祖宗，自去冠冕，以发覆面。任贼分裂，无伤百姓一人。"自大学士范景文而下死者数十人。丙辰，贼迁帝、后梓宫于昌平。昌平人启田贵妃墓以葬。明亡。（《明史·卷二十四·本纪第二十四·庄烈帝二》，清·张廷玉等撰）

京城的慌乱首先是皇宫内的慌乱。

宫内百官、皇亲国戚都和当今皇上有着直接关系，他们都听命于皇上，服务于皇上。他们同时又是明朝帝国的既得利益者，要改朝换代，他们这些人便面临着自身利益权衡得失的考量。他们中的大部分人对崇祯一朝继续当政信心全失，各自在拨打自己的小算盘。面对摇摇欲坠的帝国大厦和皇上下旨要求大臣捐饷，朝廷官员中有的干脆在墙上题写"此处不留爷，自有留爷处"，打点细软跑了；有的甚至偷偷溜出城去给农民军通风报信，借此改换门庭。目睹慌乱溃败的局面，奉命守城的太监曹化淳发牢骚说：假如魏公公在，事不至于此。

曹太监说的魏公公叫魏忠贤，天启朝得宠的太监，他利用熹宗朱由校喜欢做木工不爱打理朝政的性格特点，逐渐揽权，并搜罗党羽编织权力大网，残酷排斥、打击异己，曾权倾一时，危害朝野，为朝中一害。崇祯即位后，多人状告魏忠贤。有嘉兴贡生钱嘉征上疏弹劾魏忠贤十大罪状：一与皇帝并列，二蔑视皇后，三搬弄兵权，四无二祖列宗，五克削藩王封爵，六目无圣人，七滥加爵赏，八掩盖边功，九剥削百姓，十交通关节。崇祯皇上见到奏折，召见魏忠贤，让内官将弹劾他的奏折内容读给他听。崇祯皇上这样做，明摆着是对魏忠贤的厌弃。这年十一月，崇祯将魏忠贤发往凤阳安置。在去凤阳的途中，魏忠贤仍然带着一群亡

命之徒沿途吃喝玩乐，为所欲为。崇祯得悉此事大怒，命锦衣卫前去捉拿魏忠贤，并押回北京审判。李永贞得知消息，连忙派人密报魏忠贤。魏忠贤自知难逃一死，行到阜城时，与同伙李朝钦在阜城南关客氏旅店痛饮至四更，最后一起上吊自杀。得知魏忠贤自缢而死，崇祯诏令将魏忠贤尸体肢解，悬头于河间府示众，以平民愤。

现在，大明朝遇到空前危机，竟然有人抬出一个在前朝作恶多端、早已被崇祯皇帝处死十几年的太监魏忠贤来说事，而且显然是公开批评崇祯皇帝错杀了一个可以挽狂澜于既倒的人才。可见时局混乱到何种程度！

局势到了这种程度，话说到这种份上，作为一国之君的崇祯皇帝，已经到了无路可走的地步，只要有一点点办法，他就想抓住机会，挽回颓势，就像溺水之人想抓住一根救命的稻草那样。

于是，崇祯顾不上皇帝的尊严，放下身段，下令重新收葬魏忠贤的遗骸，以示对魏忠贤遗党的安抚。

虽然崇祯也感觉到，这大明一朝已经是摇摇欲坠，但大顺军一天没打进都城，作为皇上就得坚守一天。现在到最后时刻了，崇祯亲自部署京城的防务，他下令司礼太监王承恩提督内外京城，掌有生死大权；令内监与各官分守京城九门，给九门守者每个人一百钱，由襄城伯李国祯提督城守；城内所有勋戚无论老少，一齐上阵守城御敌；关闭城门，城内实行宵禁，兵士昼夜巡逻，严查奸细。

三月十六日，大顺军攻陷昌平州，明守备各军都投降，只有总兵李守镢拼死抵抗，他骂声不绝，杀死数个大顺军兵士，众多兵士包围他但无法抓住他。这位李总兵见大势已去，挥刀自刎。大顺军攻入昌平，焚毁明十二陵。

昌平失守的消息传入京城，群臣大为惊恐，崇祯皇帝更是急火攻心，竟然昏倒，从龙椅上跌落。

大顺军加快进攻的脚步，攻下昌平后自西山进至沙河，在沙河遇到明朝京师三大营的数万军队，一战将三大营的军队打败。大顺军兵临北京，在城下结营扎寨，前锋部队数百骑直抵平则门（今阜成门）下，竟夜焚烧抢夺，火光冲天。

此时，京城内外的城堞名义上还配置有十五万多守军，但因为年初开始在兵营中流行的瘟疫使得部队减员，剩下的精锐部队，又让太监调作他用，因此，真正守城的只剩下五六万病弱者和几千太监。这些守军没有炊具做饭，只得用钱买饭吃，而因为欠了很久的军饷，守城者每人只发了百钱，吃饭的钱也不够。饭都吃不饱的人哪有战斗力？所以，这些守城者与大顺军一接战即溃败。

十七日，西直门下有人匆匆跑过来报告守城官员说：远处尘土冲天，流寇大军打过来了！守城的官员忙派出骑兵去打探情况，回来报告说，那只是流寇的小股前哨部队。中午时分，大顺军有五六十个骑兵冲到了西直门，大喊"开门"！守城士兵见势不妙，立即开炮，打死大顺军骑兵二十多人，但也将城外的难民打死打伤几十人。西直门大门立即关闭。

大顺军大部队到了，分头攻打平则门、彰义门等，城外守军三大营一触即溃或降。

大顺军得到明守军的大炮，当即调转炮口向北京城内开炮。顿时，城内炮声惊天动地，炮火横飞，城内军民多有伤亡，军民们大呼小叫、东奔西跑，局面混乱不堪。

京城明军已经五个月没有发饷，守城官员已调动不了士兵，调一队士兵执行任务，多数不动。军情已到万分紧急的地步，襄城伯李国桢飞马进宫，跑得汗流浃背。内臣喝令他下马止步，李国桢大声说：现在是什么时候了！臣立即求见皇上，不可多耽搁时间！内臣叩头告诉他：守军都不听命令了，你用鞭子抽打一个人起来，另一个人又躺下去了。

崇祯皇帝立即召见李国桢，急迫询问外面守城的情况，李国桢将守军缺乏且不听命的实情一一禀告皇上。

此时，作为皇上的崇祯，手上也无一兵可调。他想了想，只好下令让所有宦官去守城。崇祯这个命令一下，引起宦官们一阵喧哗，有的说，那些文武官员干什么去了？有的说，我们兵器都没有，拿什么去守城？有的说起了风凉话，我等一个月拿了五十万俸禄，理当为皇上效死命。

其实上早朝时，崇祯皇帝与诸臣商讨如何应对当前危局，也有人推荐文武官员，崇祯不语，用手指在御案上写下"文武官个个可杀，百姓不可杀"十二个字，让身边的司礼太监王之心看过，然后抹去。可见，此时的大明朝文武百官，在崇祯皇帝心中的整体地位已到了"个个可杀"的地步！

崇祯皇帝写下"文武官个个可杀"时，是否想过自己的责任？这些可杀的文武官是谁任命的？在位十七年，竟然没有发掘出几个国家栋梁之材，难道怪得了别人？作为皇帝，大明王朝之国君，史书总读过一些，汉高祖刘邦成就一代雄主总知道。高祖对人有知人善任，对己有自知之明，他曾说："夫运筹帷帐之中，吾不如子房（作者注：张良，字子房）；镇国家，抚百姓，给饷馈，不绝粮道，吾不如萧何；连百万之军，战必胜，攻必取，吾不如韩信。""此三者，皆人杰也，吾能用之，此吾所以取天下者也。"作为国君，其最重要的是识人用人。高祖善用人，用对了战略家张良、良相萧何、大将韩信，终于打败了实力强大的项羽，成为一代霸主。而崇祯经营朝政十七年，满朝文武封官晋爵成百上千，现在到了紧要关头，有谁堪当大任？非但无人当大任，而且到了"文武官个个可杀"的地步，实在是悲哀！

作为亡国皇帝，崇祯最大的失败，莫过于用人。

此时，听到皇上要大臣全部去守城的命令，平日里得宠的太监，这档口愈发骄横起来，大骂文武百官：平时你们一个个暗地里富贵，现在事情紧急，却害得我们这些人做苦力！所以，当大顺军攻打京城，有的官员出于责任或自身利益上城察看，却被委以重任的太监乱棒打回。最后，他们只好坐视明亡了。

十八日，大顺军加紧攻城，炮声隆隆不断，飞箭如雨而下。攻城的士兵仰着头对守城士兵说，赶紧打开城门，否则就要屠城！

守城的明军士兵害怕了，就将炮口朝外，里面不装铅子而只装硝药，打出来像放焰火一般。这样的火炮打出去由于没有铅子而毫无杀伤力，只是可以吓唬一下敌人。待攻城之敌稍稍后退，守城士兵才又装上实炮轰击，但敌人已经远离火炮有效射程了。

不多时，大顺军组织了新一轮攻势，士兵们驱赶着城外百姓，让他们背负着木头石块填平城墙下的壕沟，加紧攻城。守城告急，明官兵连忙推出一种威力巨大的"万人敌"大炮。仓忙中一炮发出，威力倒是挺大，但是误伤了己方数十人。守城者不知内情，还以为大顺军炮火猛烈，吓得溃散逃跑，犹恐不及。这样一来，恐慌情绪迅速蔓延，纷纷传言京城已被攻陷，一时间满城百姓号哭奔窜，局面混乱不堪，已经不可收拾。

面对如此局面，崇祯心里也明白，要么死拼，要么投降和谈。

和谈投降，对于崇祯皇帝来说，是一种失败和耻辱，所以他一直没有做这方面的准备。

对李自成来说，虽然破城已是指日可待，但"困兽犹斗"的道理还是知道的，攻打明朝经营了二百多年的京城，炮铳齐发，箭矢如雨，会导致尸横遍野，房毁财亡，这样的代价也是巨大的，如能和谈，满足自己的利益，不失为一种两全其美的结果。

对于明朝来说，除了崇祯皇帝有些顾虑和犹豫，朝野大多数人还是希望和谈，消弭战火，毕竟战争对社会的破坏是难以估量的，尤其对广大百姓来说，一个和平稳定的社会环境才能有较好的生存发展机会。而且，战争是要死人的，死的大部分是老百姓，那些在战场上搏杀的多是青壮年，他们是一个家庭的劳动力和发家赓续香火的希望，谁愿意去死？而对于朝廷官员来说，明朝灭亡对大家都没好处，覆巢之下焉有完卵？这个道理大家都懂，能保全自己的既得利益，在当下是自己最大的希望。

在这样的背景下，负责守城的襄城伯李国桢背着崇祯皇帝答应了李自成的谈判提议，一场兵临城下的谈判开始了。

北京外城的彰义门外，大顺军以红毡铺地，布置了一个临时谈判会场。

这个谈判会场的布置颇费了一些心机。李自成高坐在中间椅子上，被俘的明朝晋王朱求桂、秦王朱存枢陪在左右席地而坐，朝廷太监杜勋则站立在下边侍候着。三种姿态，让李自成摆足了架势，还未谈判，就胜了对方一筹。

杜勋向城上喊话：城上的人不要射箭，我是杜勋，你们用绳子放一个人下来说话。

守城的人回话：你们要留一个人作为人质，请公公上来。

杜勋说：我杜勋无所谓了，还怕做人质！于是和提督太监王承恩一起用绳子提上城去，进殿见皇上。

此时崇祯正在奉先殿中坐立不安。百万大军就在城外，北京城摇摇欲坠，随时可破，明朝的存亡、自己的生死，都是命悬一线。能否走出这个危局，自己是一筹莫展。这时听说杜勋从城外前来，崇祯眼前出现一丝亮光，似乎溺水之人见到一根救命稻草一般。崇祯立即命在平台召见。

杜勋见到皇上，即跪在地下对皇上说：臣奉晋、秦二王之命前来拜见皇上，还乞望皇上赦免臣的死罪。现在流寇的势力十分强大，还请皇上为自己考虑退路。接着，他向崇祯转达了李自成的三项谈判条件：

请皇上封李自成为王，割西北之地归大顺国管辖；

发给大顺军犒赏银百万两，大顺军即退守河南；

大顺军不听明朝调派，不奉崇祯召觐，但可以为朝廷平定内乱，并以强兵阻止辽东之清军南下。

李自成在城外一边等着谈判结果，一边命大顺军加紧攻城，以逼迫崇祯完全接受自己的条件。

京城并不知晓李自成已让太监杜勋与崇祯皇上谈判，只听得大炮打得惊天动地，城内房舍崩塌，砖瓦碎片乱飞，百姓大呼小叫一片混乱。

崇祯皇帝虽未外出，但从外面不绝于耳的炮声和嘈杂混乱的呼叫声中也能判断，明朝大势已去，不接受李自成的条件，就只有死路一条。但作为皇上，他仍然保留着那份虚荣心，向昔日的贼寇投降是一种耻辱，今后还怎么维持自己的威信？必须有个台阶下，又想像上次商议南迁一样，要有大臣提议，自己附和，表示是不得已同意的。他自己却没想到，向"贼寇"投降议案的分量，不知比朝廷南迁议案沉重了多少倍，做皇上的不提，哪个臣子敢作声？

果然，当崇祯转过头来问大学士魏藻德：此议如何？今天的事情紧急，你一句话回答行与不行即可。谁知道这个魏藻德和商议朝廷南迁时的陈演一样，面对皇上急迫的询问，竟然也是一言不发，只是一个劲地鞠躬俯首，不知表示的是什么态度。

崇祯疑惑且焦躁不安，站起来再三询问魏藻德意见。魏藻德就是不吭气，他心里打定主意，劝皇上投降的建议，绝不能由自己提出来，提了，成与不成，落到身上的，都会是个天大的罪名，自己乃至家族都担待不起。

崇祯看到魏藻德对他的询问一言不发，一副死猪不怕开水烫的模样，知道今日之事不能指望魏藻德了。

城外，李自成端坐红毡毯铺地的椅子上，晋王朱求桂、秦王朱存枢陪坐两边地下，这个架势就是摆给崇祯看的，要让崇祯明白目前局势，胜利的天平是向着大顺这边猛烈倾斜的，而且，晋、秦二王的命运捏在李自成手中，这是一个很好的筹码，可以让崇祯老老实实谈判，不能轻举妄动。

作为一国之君，崇祯打心眼里抗拒谈判，因为割地赔钱，比割自己身上的肉还难受；而同意大顺立国，无疑养虎遗患，老虎最终还是要吃人的。但不谈判，眼前就只有死路一条，所以，谈判这根可以救自己一命的稻草又不能轻易丢掉。崇祯左右为难，万般无奈之下，只好再派一位太监出城与李自成谈判，这是为了能拖延一点时间，看看是否能等到各地勤王救兵的到来。崇祯命杜勋向李自成传话：皇上考虑好了，另有书面文书来。

一直到下午，谈判毫无结果，这也是预料中事。

李自成不愿再这样无结果地等下去了，他派出在攻打昌平时投降大顺的守陵太监申秀芝进城面见崇祯传话。

申秀芝见了崇祯，转述流寇评价崇祯皇上是不讲道义。最后转述道：请皇上逊位。

崇祯听了，火冒三丈，大声呵斥他。

崇祯说，秦、晋二王，是我皇室至亲，没想到这二人不肖，既没能抵御贼患，丢失守土，还厚颜无耻地投降。我已经决定一死以殉社稷，岂能低头甘愿接受屈辱，让祖宗蒙羞！

申秀芝、杜勋见崇祯皇帝龙颜大怒，知道皇上虽然表面上骂秦、晋二王，又何尝不是骂他们，因为他们也是投降了的。二人吓得跪下直叩头。

杜勋说，奴才愚昧无知，只是担心龙体安危。现在我回去跟他们说城中还伏有精兵十万，且各地勤王大军即日可赶到，料闯贼听闻此言会吓得赶紧退兵，哪里还敢继续攻城！

崇祯听了杜勋这番鬼话，竟然也感觉几分慰藉。他对两个太监说，你们尽力去办吧，倘若能够吓退流寇，社稷转危为安，我给你们封侯行赏。这个时候，崇祯皇帝还不忘摆出皇上的权威，给两个奴才画了一个大饼。

太监王承恩清楚，杜勋编的鬼话只是为了自己脱身赶紧溜走，就建议皇上将这二人扣押。杜勋害怕，赶紧说，启禀皇上，秦、晋二王还在城外做李自成的人质，我们不出城复命，二王性命难保。

崇祯刚才骂了秦、晋二王，那只是愤急之下的一种情绪宣泄，虽然那二王现在救不得危局、救不得自己，但毕竟是皇族一脉，因为扣押两个奴才而让贼寇杀死他们，也是于心不忍。无奈，只得放杜、申二太监出去。

杜勋一出门，等候在门外的一帮太监忙围上来问皇上最后是如何定夺？杜勋一看，这里不是说话之地，含含糊糊地说了一句"我们的富贵总不会没了"即急忙走了。众太监们琢磨这句话，得出的结论：保住富贵的唯一选择，就是归顺大顺。于是，他们纷纷约定：打开城门迎接大顺军进城。京城将破，朝廷将亡，作为皇帝的心腹，首先想到的却是自身的那点小利！

谈判是大军压境滚滚洪流中漂过来的一根挽救大明朝和崇祯命运的稻草，崇祯没能抓住，反而成了压垮大明朝这只骆驼的最后那根稻草！

谈判破裂，李自成下令大顺军全面发起攻城。

当晚，守城太监曹化淳首先将彰义门打开，投降大顺军。随后，德胜门、平则门也先后打开，大顺军迅速占领北京外城，并向城内攻去。

三月十八日晚，大顺军攻进北京城的消息已传入皇宫，崇祯召见在宫中的大臣，问：你们知道外城已破吗？

大臣们回答：不知道。

崇祯又问：局势紧急，你们有什么良策？

有大臣说，皇上有福气，应该无虑。如有不测，我们做臣子的去巷战，誓不负国。

听到大臣们空洞敷衍的誓言，崇祯虽然知道，面对百万大军的攻击，几个大臣又如何能抵挡得住？但毕竟这些臣子此时还能说出与皇帝同心的话，崇祯听来也是一种安慰。

谈判破裂，救兵未到，义军进城，大势已去，大厦将倾，崇祯不得不做最后的安排。

最后时刻，崇祯皇帝的心情是悲伤的：

我，朱由检，大明王朝的第十六个皇帝，自太祖皇帝开基立业，国运鸿顺，延绵至今已有二百七十七年。今日之事，皆因本人治国无能，无力护全先祖打下的江山社稷，实为不肖，但绝不苟活于世而辱没先祖列宗！

崇祯皇上看到大臣们对当前局势已无良策，只得求助于亲友。他先召见妹夫巩永固、表弟新乐伯刘文炳商量当前应对之策。

巩永固是光宗之女婿、乐安公主的驸马，崇祯打算让他率家丁护送太子去南京。此刻，平日八面威风的驸马爷为难地说，我哪里敢私养家丁呢？现在这样的局面，即便有少量家丁，也不足以护送太子冲出重围到得南京。巩永固不仅是皇亲国戚，还算是一位有识有情有义的忠臣，当李自成义军攻陷京都时，公主的灵柩尚在宫中大堂之上，巩永固以黄绳将自己子女五人系于公主灵前，纵火焚之。《明史·卷一百二十一·列传第九·公主》记载了巩永固人生最后这段情节：

> 及事急，帝密召永固及新乐侯刘文炳护行。叩头言："亲臣不藏甲，臣等难以空手搏贼。"皆相向涕泣。十九日，都城陷。时公主已薨，未葬，永固以黄绳缚子女五人系柩旁，曰："此帝甥也，不可污贼手。"举剑自刎，阖室自焚死。

崇祯无奈，和太监王承恩一同出紫禁城神武门，登上对面的万岁山（又称煤山、镇山。清顺治年间改称景山）。君臣二人上得山来，环顾四望,只见得京城内烽火连天,嘈杂声四起。崇祯在山上徘徊多时,暗自垂泪,不忍再看,与王承恩二人黯然回宫。

回到乾清宫,崇祯先写下一份谕旨,任命成国公朱纯臣提督内外诸军事。随后,命送酒来,崇祯连饮数觥。

这时,十六岁的太子朱慈烺,带着三弟定王朱慈炯和四弟永王朱慈炤依然蹦蹦跳跳地进来。崇祯见到三个皇子,却无平日的欢愉,大声责问道:现在什么时候了,你们还穿着皇室的衣服,不知道换装吗?即命太监找了几套平民百姓的破旧衣服给三个皇子换上。

崇祯往日无太多时间和几位皇子交流,此时到了非常时刻,估计以后命运凶多吉少,心中不免难过,一股柔情涌上,一反往日威严神态,用慈爱的语气告诫皇子们:你们几个现在还是太子皇子,等明天皇城一破,就是普通百姓了。你们现在赶紧逃生去吧。我和你们的母后都准备殉国。你们乘乱逃走,出去后改换姓名,见到年长的要称他们老爹,见到年轻的就称他们叔伯,见到和你们差不多年纪的称兄弟,见到其他的官人、军人、读书人,待身份辨识清楚后再称呼。你们要保全生命,日后如有机会回来,别忘了为你们的父母报仇!说到最后伤心处,崇祯语不成声。在场的太监、宫女受到感染,联想到自己的命运,也都伤心地痛哭起来。昔日威严的宫殿,此时哭声一片,充盈着一种悲戚的气氛。

下午,李自成统率的大顺军加紧攻打北京内城,其手下几十员大将分头领兵攻打九门城楼。只见无数士兵攀着云梯,如蚂蚁般向城墙上涌去,火炮不停地向城内轰击,震天动地。

城内守城官兵无多,一些大臣此时也拿起刀剑率领家丁分头接战,只杀得昏天黑地,血溅街巷。

面对大顺精锐大军的攻击,明朝守军的抵抗是软弱的,他们中的不少上层官员深知大势已去,了无斗志。身负守城要职的太监王相尧将宣武门打开,守卫正阳门的兵部尚书张缙彦、守卫齐化门的成国公朱纯臣也分别将大门打开。大顺军涌入北京内城。

守城总指挥、太监王承恩慌张快步进宫，向崇祯皇帝禀报：内城已破！

听到这个最后的消息，崇祯走下龙椅，焦躁地在大殿内来回走动，不时捶胸顿足，仰天长号：大营兵安在？李国祯安在？有人回答：大营兵已经散了，京营总督李国祯早已独自逃命去了。

事已至此，崇祯身边的几个太监内侍也纷纷劝皇上"急走"。其实，这也是在皇上身边久了，说话必须小心遣词造句。这个"急走"说的文雅，换作老百姓的大实话，就是"快逃"！

回到宫内，听得外面炮声隆隆，崇祯脸色惨白，对周皇后说，贼势甚重，城内防御空虚，看来我们是难逃此劫了。说完，夫妻二人相对而泣。

崇祯环顾周围，对内侍们说，你们侍候朕多年了，今天大难临头，我不忍心你们陪着我一起死，你们各自逃生去吧。听到崇祯这样说，太监们随即散去，那些宫女却不肯离去，其中有魏姓、费姓二位宫女说道：奴婢们承蒙皇上皇后厚爱，无以回报，今日愿舍身相随，死而无悔！崇祯闻此言感动，说道：你们女流之辈还存有忠义之心，那些个王公大臣们平日享受高官厚禄，而到了兵临城下之时却毫无办法，甚至弃城投敌，这都是我察人不明，近佞人而拒贤人，养了一帮这样吃里爬外的奸人，我现在后悔莫及！

崇祯说完，大哭一场，然后对周皇后说，现在大势已去，你作为天下之母后，应该自尽。周皇后闻此言，即起身对崇祯说，妾侍奉陛下十八年，你始终没能听我一句话，今天一同为社稷而死，又有什么遗憾！说完，周皇后大哭着回到居住的坤宁宫悬梁自尽。

周皇后贤淑文静，这么些年来处事为人一直低调。她没有以往后妃那种奢华骄横，而是处处为皇上着想，带头节约开支，吃寻常饭菜，非重大庆典，着寻常服饰，而且自己动手操持女红，恪尽妇道，深受宫中太监宫女们的尊重爱戴。她自小学习《资治通鉴》、二十一史，对一些重大国事提出过自己的见解，对崇祯处理朝政中的一些不足与过失也提出过批评意见。远的不说，就说京都南迁一事，周皇后也主张南迁，保存实力，以图日后振兴。但崇祯自恃是皇上，满腹韬略，朝中文武百官也多有计谋，对周皇后的建议忠告是不屑一顾。所以，到如今只得以死殉社稷。临别那一句"妾侍奉陛下十八年，你始终没能听我一句话"，满腹憋屈终于说了出来，不知崇祯听来做何感想？只不过，这一切都悔之晚矣！

大明王朝大厦即将倾覆。覆巢之下焉有完卵？而国破家亡之悲惨一幕，在大明王朝第一家庭悲壮上演。

周皇后离开，崇祯一直不敢回头远送。他枯坐一会儿，让宫女取来酒，独自一连喝了几觥，借着酒力，似乎恢复了一点气力。他问身边的袁贵妃何时自尽？袁贵妃哭拜于地，说道：妾请死于陛下之前！说完，系彩带于庭柱上自缢。不料，彩带断了，袁贵妃坠地未死。崇祯见此，即用剑向贵妃身上连刺数次，将她杀死。

亲手杀死了袁贵妃，崇祯酒劲也上来了，情绪失控，一口气杀死了几个嫔妃，然后对着南宫大声喊叫：别坏了皇祖爷的体面！要懿安皇太后张娘娘（天启皇帝的皇后）速死。

崇祯此刻已经变得疯狂了，他提着剑闯入坤宁宫，见到周皇后已悬梁自尽，自言自语说"好，好！"又见十五岁的长平公主站在一旁痛哭不已，崇祯长叹一声：你为什么生在帝王家？用左袖掩面，右手挥剑朝长平公主砍去。公主本能抬左臂一挡，被剑砍断，失血痛昏于地。崇祯以为公主已死，随即离开。后来，公主被进宫的大顺军发现，把她抬到她外公周奎家，五天以后她苏醒了。顺治二年（1645），长平公主请求出家为尼，清朝当局没有批准，要她与崇祯当初选定的驸马都尉周世显完婚。据张宸《长平公主诔》记载，长平公主婚后和周世显相敬如宾，她喜爱诗文，擅长针黹、烹饪。顺治三年（1646）二月，公主因长期思念父母抑郁成疾，吐血而死，年仅十八岁。死后葬于广宁门（亦称彰义门）外周氏宅旁。后来，《明季北略》记载了这样一个故事："何新救公主入周奎家，公主思念父皇母后，时时欲绝饮食，左右苦劝勉延。一日假寐，忽见先帝后与王承恩至，曰'我已诉于上帝，逆贼恶贯满盈，不久自当消灭，但劫数尚未尽，勾销亦只在一年余矣。'语毕，见先帝披发仗剑，逐杀闯贼，连声炮响，公主惊觉，以告周奎云。"（《明季北略》第676页）

回到此刻，长平公主昏倒在地下，鲜血流淌了一地。

崇祯手提着剑，公主的血顺着剑身一滴滴掉落。

崇祯的心也在滴血。

长平公主长平公主，知道父皇为什么唤你作长平吗？就是希望你一生长久平安，也是希望朕的江山社稷长久平安。可是事与愿违，自从朕登极以来，这天下就没有平安过，旱灾、蝗灾，灾荒连年；灾荒连着瘟疫；灾荒瘟疫引发的各地农民起义此起彼伏，频频作乱，现在攻进北京的就是这样的农民军，这些是内忧。东北面清军一直惦记着大明江山，不断进扰我大明国土进行抢掠，现在，他们的精锐就在关外候着，随时准备进来分一杯羹，这是外患。还有不停的宫斗，父皇登极，虽剪除了以魏忠贤为首的乱朝阉党，但朝政仍然不通畅，文武百官各怀心思，各打各的算盘，全然不顾朝政全盘大局，要做一件事很艰难。这些内忧、外患、宫斗叠压，闹得朝政片刻安宁也难得，国家哪有长久平安？现在明朝将亡，国将不国，父皇成了亡国之君，连累你们成为亡国奴，父皇不忍心你们过亡国奴的日子，尤其不愿你们女孩子成为敌人的奴婢任其侮辱，只好将你们杀死，免得你们日后受到玷污，遭受更大更多的罪，请不要记恨你们的父皇心狠。

当然，这些崇祯心里的独白，只是根据当时崇祯杀亲生女儿的异常行为和心理，模拟推演出来的。

崇祯上位，面临以魏忠贤为魁首的阉党把持朝政的局面，十七岁的崇祯运用计谋和权威逼死魏忠贤，一举剪除祸害朝政的阉党势力，很快稳固了自己的政权，显示出他性格中果敢的一面，这说明，崇祯的性格并不是一味软弱，也有当机立断的时候。现在面临城破国亡，崇祯当机立断的果敢性格一面又显现出来了。终崇祯一朝，他由一头一尾的刚毅果断，包裹着中间大段的优柔寡断，形成他风格迥异的执政性格曲线——一条扭曲的性格曲线。

人性被扭曲的崇祯皇上此时已近疯狂，砍了长平公主，又提着带血的剑搜寻到昭仁殿，看到才六岁的昭仁公主正向自己跑过来，他一句话不说，咬牙一剑将这位小公主杀死。

逼皇后、贵妃自尽，亲手杀几位嫔妃和两位公主，崇祯已经疯了。"虎毒不食子"，崇祯此时的心肠比虎还毒！其实，他的性情也是因残酷政局突变的强力挤压而扭曲。

这几年，几个朱姓王被闯王的农民军杀的杀、抓的抓，其惨状犹在眼前。而历史上那些被抓的皇帝皇族们，其悲惨命运，崇祯也是知道一些的。宋代"靖康之耻"，被俘的两个皇帝被人披上羊皮，用绳子牵着游行示众；被掳去的皇后、宫女被赐给将士为奴，受尽侮辱，过着生不如死的生活……无论作为皇帝，还是作为夫君、父亲，崇祯都不能接受这样的事情发生。要避免这样的悲剧上演，那只能用另一种悲剧来替代——逼她们自尽，或亲手将她们杀死！这也就是崇祯对长平公主说的：你为什么生在帝王家？

生在帝王家也是一种错？难道可以选择？

皇后嫔妃们死了，公主们也死了，皇子们被安排出宫，吉凶听天由命，已无后顾之忧了。崇祯扔掉宝剑，命太监王承恩拿来酒，二人对饮了几觥，崇祯命王承恩召集还在宫的太监拿起武器，准备突围出城。

第一篇 坍塌的皇宫

北京城从元代开始建帝都，已经建设三百多年了，其城结构之宏阔，举世无双。主要建筑依中轴线层层展开，外城包着内城，内城包着皇城，皇城包着紫禁城，每城周围都有护城河围绕。紫禁城又称为大内，共有午门、东华门、西华门、玄武门四门，周长六里。皇城共有大明门、承天门、端门、东安门、西安门、北安门，周长十八里。内城共有九门：正阳门（前门）、崇文门、宣武门、安定门、德胜门、东直门、西直门、朝阳门、阜成门，周长四十里。外城七门：永定门、左安门、右安门、广渠门、东便门、广宁门（清中后期改为广安门）、西便门，因为外城只是包围内城南面的外罗城，所以周长只有二十八里。

所以，虽然大顺军攻进内城，但崇祯带着少部分人，乘乱从皇城核心的紫禁城逃出去，还是有机会的。

夜深时分，崇祯换上便装和普通人的靴袜，手持三眼枪（一种火器，《明世宗实录》记载，有个叫刘天和的军事专家"在陕西，尝造单轮车及诸火器、三眼枪等，后人多遵用之"），骑着快马，由数十个太监簇拥着朝东华门奔去。谁知刚到朝阳门，守城的内监见到一群身份不明的人骑马奔来，便下令射箭，围在崇祯四周的太监多四下逃窜。王承恩冒着箭雨上前对守城官说，这是当今圣上，还不赶快开门！守城官说，皇上有令，无令箭者一律不许出门！你们一无令箭，二不见着皇上衣帽，门是绝不能开的。

王承恩无奈退回，又领着崇祯沿着墙根往北逃去。到了东直门，又被守门官兵挡回。就这样，一路往安定门、崇文门、正阳门，统统被守城官兵挡回。此时，崇祯皇上身边只剩下王承恩一人了，其余人见难出城，一路上开小差溜走了。见此状，崇祯也无奈，只得和王承恩先回宫。

这一圈走来，令平日里威风八面的崇祯皇帝难以理解：朕君临天下，拥有至高无上之权威，天下都是朕的，但时至今日，别说是"天下谁人不识君"，连保卫朕的内监和拱卫内城的官兵都竟然不识朕！真是窝囊透顶。

皇宫大殿，已空无一人。折腾半夜，此时已到十九日凌晨，空荡荡的大殿黑暗阴森。崇祯转了一圈不见有人，他拿起钟杵，用力将景阳钟敲了一通，又拿起鼓槌，将大鼓擂得咚咚响，让自己的郁闷、憋屈、焦躁、愤怒、不满、痛苦等复杂情绪夹杂在钟鼓声中宣泄了一通。往日，这钟鼓是上朝的声音，但此刻钟鼓响了良久，不见一个官员进来。紫禁城内和白家巷墙头上，已悬挂起了三盏标志着城破的白色信号灯，崇祯知道，所有生路已经断绝，轮到自己做最后的了断了。

国家既亡，君王和国民还有什么个人尊严！

崇祯长叹，咬破手指，在自己穿的蓝色御衣的衣襟上，写下最后一道血书遗诏：

朕凉德藐躬，上干天咎，然皆诸臣误朕。朕死无面目见祖宗，自去冠冕，以发覆面。任贼分裂，无伤百姓一人。（《明史·卷二十四·本纪第二十四·庄烈帝二》，清·张廷玉等撰）

写完，崇祯与太监王承恩一起出宫来到万岁山（即煤山）。

天已微明，天上下着小雨夹雪，阵阵寒风吹来，沁凉刺骨。此刻，崇祯的心比这寒风还要冷。这万岁山上，已全然无昔日万岁登临时的隆重喧闹，只有孤零零的君臣二人。回望江山，祖上留下的二百多年基业在自己手中断送了，成为对手的基业；朕的江山社稷被夺走了，成为别人的江山；皇后、皇妃被自己逼迫上吊自杀；两个心爱的公主被自己亲手杀死（长公主没有被杀死，崇祯并不知道）；皇子们被安排送出京城怕也是凶多吉少。国破家亡于自己手上，人世间大悲大苦莫过于此！

崇祯向笼罩在杀戮、凄风苦雨中的皇宫和京城投去无限留恋而又万分无奈的目光。京城屹立在烟雨蒙蒙之中，皇宫屋顶上的黄色琉璃瓦闪烁着微微寒光。这块地方收纳了他这一生的快乐和痛苦，满足和无奈，自信和自责，雄心万丈和犹豫多疑，无上权威和无限烦恼。现在，这一切将统统被抹去。

崇祯收敛目光，慢慢走到寿皇亭旁的一棵树下，解下身上的鸾带挂在树枝上，将颈脖伸进鸾带自缢。死时披皇上专用蓝衣，光着左脚，右脚穿着红色的鞋。那份血写的遗诏就在衣服上。《明季北略》记载：

> 上登万岁山之寿皇亭，即煤山之红阁也。亭新成，先帝为阅内操特建者。时上逡巡久之，叹曰："吾待士亦不薄，今日至此，群臣何无一人相从，如先朝靖难时有程济其人者乎？"已而太息曰："想此辈不知，顾不能遽至耳。"遂自经于亭之海棠树下。太监王承恩对面缢死。（《明季北略》第454—455页）

万岁山，现在山上挂着的这位万岁爷——崇祯皇帝，年仅三十五岁。

国破之际，崇祯以自己的死，维护着作为国君的最后一点尊严。有点凄凉，有点悲壮。

另有史料记载，王承恩等皇上驾崩后，捧着他的双足痛哭了一场。这场痛哭的内容有点复杂：为自己的君王身亡，为自己效力的大明朝灭亡，也为自己一生痛苦、风光而凄凉的命运。他以哭声宣告来到这个世界，最后还是以哭声宣告离开这个世界，他在这个世界上得到了什么？这是一种宿命。然后，他向挂在树上的崇祯皇上跪拜叩头，尽到一个贴身太监之情义，随后也解下腰带在对面一棵树上自缢而死。

在暮春清晨的凄风苦雨中，一君一臣就这样孤独地挂在万岁山的树上，宣告着明朝的灭亡。

皇宫陷落，皇帝自尽，大明王朝大厦轰然崩塌！

史书记载，这一天为甲申年（1644）三月十九日。

四、崇祯：复杂政局中的矛盾中枢

◎帝（注：崇祯皇帝）承神、熹之后，慨然有为。即位之初，沈机独断，刘除奸逆，天下想望治平。惜乎大势已倾，积习难挽。在廷则门户纠纷，疆场则将骄卒惰。兵荒四告，流寇蔓延。遂至溃烂而莫可救，可谓不幸也已。然在位十有七年，不迩声色，忧勤惕励，殚心治理。临朝浩叹，慨然思得非常之材，而用匪其人，益以偾事。乃复信任宦官，布列要地，举措失当，制置乖方。祚讫运移，身罹祸变，岂非气数使然哉。（《明史·卷二十四·本纪第二十四·庄烈帝二》，清·张廷玉等撰）

崇祯自缢，带着他的憋屈、愤怒、痛心、无奈结束自己的生命，也标志着一个曾经强大的王朝走向终结。他将鸾带挂在煤山树枝上自缢时，宣告大明王朝大厦崩塌。其后，虽然有几个明室政权先后建立存在，但只是短时间存在的流亡政权而已。这几个政权史称南明。

崇祯帝死后，五月十五日，朱由崧在南京武英殿即帝位，改元弘光。次年（顺治二年，1645）五月初八，清军自瓜州渡长江，十六日攻入南京，朱由崧逃至芜湖时被俘，押至北京处死。弘光朝历时一载而亡。

顺治二年（1645）闰六月初七，明福建巡抚张肯堂、礼部尚书黄道周及南安伯郑芝龙、靖虏伯郑鸿逵等，奉唐王朱聿键称监国于福州。闰六月二十七日称帝，以是年为隆武元年。顺治三年（1646）七月，清军攻下浙东浙南，即挥师南下。郑芝龙暗中与清军洽降，将福建门户敞开，清军长驱直入。隆武帝出奔汀州，八月二十八日被清军追及擒杀，隆武政权灭亡。

顺治三年（1646）十一月初二，大学士苏观生、隆武辅臣何吾驺等，于广州拥立朱聿键之弟朱聿𨮁为帝，改元绍武。同年十二月十五日，清军李成栋部攻入广州，朱聿𨮁等皆死。绍武政权仅存四十一天。

顺治三年（1646）十一月初八，明两广总督丁魁楚、广西巡抚瞿式耜等拥戴桂王朱由榔于肇庆称帝，以次年为永历元年。在抗清名将何腾蛟、瞿式耜、堵胤锡、郑成功等的支持下，加上大顺、大西农民军与之联合抗清，永历政权得以生存，支撑台湾及中南、西南数省半壁江山，一度声势较大。顺治十五年（1658）四月，清军主力从湖南、四川、广西三路进攻贵州，年底进入云南。十六年（1659）正月，永历帝逃奔进入缅甸。十八年（1661）吴三桂率清军入缅，同年十二月永历帝被俘。次年四月，永历与其子等被吴三桂缢杀。南明最后一个政权覆灭。

这几个南明政权从时间上看似乎将明朝延续了十八年，但其实并未对清政权形成大的威胁。朱明一朝毕竟是大势已去，而且气数已尽，其后的几个政权也无将明朝弘扬光大的实际作为，其存在并无改变历史的实质意义，所以史学界还是认定明亡于崇祯十七年（1644），即农历甲申年。

《明史》对崇祯执政的评价虽然简单，但应该说概括得比较准确，评价也是客观公正的。崇祯上位时年仅十七岁，正当青春年华，本人雄心勃勃，是想有一番大作为。《明史》评价他："然在位十有七年，不迩声色，忧劝惕励，殚心治理。临朝浩叹，慨然思得非常之材，而用匪其人，益以偾事。乃复信任宦官，布列要地，举措失当，制置乖方。祚讫运移，身罹祸变，岂非气数使然哉。"（《明史·卷二十四·本纪第二十四·庄烈帝二》）

《明史》的评价，说明崇祯个人品质还不错，不近声色，为国事竭尽心力而为之，明朝的灭亡无关他个人腐败。但明朝又确实是在他手上灭亡的，在治国方略上，崇祯存在"举措失当"之误。

一个想有作为，上位后也确实做了一些令人刮目相看的事情的青年皇帝，到头来为什么明朝会亡在他手上？

（一）刀光剑影中即位

◎八月，熹宗疾大渐，召王入，受遗命。丁巳，即皇帝位。大赦天下，以明年为崇祯元年。九月甲申，追谥生母贤妃曰孝纯皇后。丁亥，停刑。庚寅，册妃周氏为皇后。冬十月甲午朔，享太庙。（《明史·卷二十三 本纪第二十三》，清·张廷玉等撰）

明天启七年（1627）八月二十二日，天启皇帝驾崩，这在皇宫引起了一场风波。

天启皇帝熹宗朱由校年龄并不大，这一年虚岁才二十三岁。他十六岁时登极，在位七年。年纪轻轻怎么就死了呢？说来这也算得上一件宫廷蹊跷之事。

有史料记载，天启皇帝从天启七年八月初开始就一病不起，生病的直接原因却要追溯到头一年的秋天。那天天气还不错，秋高气爽，皇上兴致勃勃，由几个宦官陪着在西苑乘船游玩。船到水深处，突然一阵大风将游船掀翻，皇上和两个太监落水。船上众人慌忙七手八脚将皇上救起，至于两个太监，大家救皇上要紧就顾不上了，溺水而亡。天启落水受凉又受到惊吓，身体垮下去了，到第二年秋竟然一病不起。

天启皇帝感觉自己不行了，得安排后事。

《明史·卷二十二》记载：天启七年八月"乙巳，召见阁部、科道诸臣于乾清宫，谕以魏忠贤、王体乾忠贞可计大事。封忠贤侄良栋为东安侯。甲寅，大渐。乙卯，崩于乾清宫，年二十三。遗诏以皇第五弟信王由检嗣皇帝位"。八月十二日，天启皇帝在乾清宫召见内阁和科道大臣，并谕示魏忠贤和王体乾为人忠贞，可担当大事。此时魏忠贤为秉笔太监，兼提督东厂，同僚称他为"厂臣"。秉笔太监握有"批红"的权力，即代表皇上在文书上朱批签字。东厂为明朝的一个特务机关，专门监督文武百官的行为，可随时向皇上打小报告，有这两个职务加于一身，魏忠贤可谓权倾一时。王体乾是司礼监掌印太监，司礼监掌印太监是明朝十二监中最具权势的职位，有"内相"之称，在司礼监中排名第一，位在秉笔太监之上，其职责为负责完成国家重要文书最后的审核盖印。由这两个太监作为辅佐新皇帝的左膀右臂，也算是天启皇上对后事的一个交代了。到八月二十一日，天启皇上病危，第二天就驾崩了。他的遗诏上写明，由他的五弟信王朱由检继任皇位。

如果仅仅看这一段，会认为天启是一个对江山社稷负责任的皇帝，病重了还没忘记国家大事。其实并不然，在中国封建王朝的帝王中，天启算得上是一个不爱江山、只好木工的昏庸皇帝，被称为"木匠天子"。作为一国之君，因为这样的嗜好误国很是奇葩。

天启即位是毫无准备的，因为前一位皇帝明光宗，登极才一个月就去世，留下一个谜团。光宗做皇太子时就喜好女色，有许多王妃，所以他成天沉湎于酒色，把身子掏空了。他即位时就已染重病，父皇神宗的宠妃郑贵妃派内医为其诊治，开了一服药，光宗服药后狂泻不止，一昼夜拉三四十次，一连几天皆是如此。这一通拉得光宗皇帝本来就虚空的身子更是萎靡不堪。稍有常理的都知道，如光宗这般常年沉溺酒色，身子空虚，当以固本培元慢慢调理为好，怎能服泻药？

光宗皇帝病情传出，群臣着急，寻访而知鸿胪寺丞李可灼有灵丹妙药可治帝疾，赶紧将他召进宫。李可灼进殿为光宗诊视后，和御医、群臣商议治疗方案，他拿出几个红色药丸，称这是自己研发的用秘方炮制的药丸，可医治皇上的疾病。礼部侍郎孙如游说，皇上为圣体，不可随便用药。光宗被这几天的狂泻弄得身子相当虚弱，神情烦恼，听得李可灼有药可医，决心一试。于是，光宗皇上当着众人的面服下一颗红色药丸。服药不久，他四肢有暖洋洋的感觉，而且有了食欲。光宗面有喜色，龙颜大悦，下诏奖励李可灼，并称之为"忠臣"。大臣们见皇上服药后有效果也感到放心了。皇上一高兴，决定再服一颗。

光宗两颗红丸下肚，次日拂晓时分，宫内急旨召群臣进宫。待大家赶到宫内，方知皇上已经命丧黄泉。

后经查验，李可灼研制的红丸中有补药、春药和丹药（即矿物质）成分，后两种成分对皇上身体显然有害。得知红丸查验结果，朝廷一片哗然，有大臣主张以弑君之罪严惩李可灼，并追查其幕后真凶；有的以为不妥，因为皇上生前下旨，称李可灼为"忠臣"。但光宗皇上已死，于是，权衡再三，只判李可灼流刑，此案就此告结。此为"红丸案"。

天启皇帝是万历皇帝的长孙，不可思议的是，后世竟传言一个地位如此显赫的皇孙是个大字不识的文盲！

天启皇帝虽不精于文字，但他有一样本领为常人难以企及——木匠手艺。他的木匠手艺堪称精湛，做出来的物件精巧细致；设计制作的玩具可上发条移动。据传，他制作的物件在市场上可以卖到万金！他的木匠工艺水平称得上"大国工匠"。可谓上帝关上了一扇门，又为他打开了一扇窗。

他不当皇帝，那自然是一个优秀的工匠，但命运又偏偏安排他当皇帝，这就难为他了。他上位时也才十六岁，一个稚气未脱的大男孩，从未准备要当皇帝，现在当了皇帝，性格却没转变过来，依然喜欢木工活，这是他的爱好。

于是，他把那些做木工的东西搬进皇宫大殿，延续着自己童年的爱好和乐趣，每天的基本工作，就是把他脑子里的奇妙构想付诸实施，即用工具对木头施以斧劈刀削，加工成精巧的器物。他也在其中找到了自己的乐趣和成就感。这个时候他自然不会想到自己的身份是大明朝皇帝，更不会想到，就在他亲手制作出一件件精美木器物件时，他祖先创立的帝国大厦被他的刀斧斫开了一道大裂缝！

秉笔太监魏忠贤是个有野心也颇有心机的人，就像苍蝇看到有裂缝的鸡蛋一样，他从新皇帝的爱好和生活习惯中看到了揽权和结党营私的机会。于是，每当天启皇帝摆开架势抡斧拉锯，神情专注地做木工活时，他就会装作很急的样子要请皇上批阅奏章文书。天启皇帝很不愿有人在这个时候扫他的兴致，就会说，你看着办就行了！魏忠贤等的就是这句话。长此以往，魏忠贤的主意就变成了皇上的旨意，成了圣旨，大权就慢慢落到了他的手里，以致到天启末年，酿成阉党之祸。

太监专权，为祸一朝，这也是封建社会的一大怪事。就连太监自己也知道，太监这个角色在皇宫里就是个纯粹的办事工具，不要说权力，就连皇宫门也不能随便出去。但为什么会在一些时段酿成太监专权呢？主要有两个原因。一是皇上的充分信任。皇上信任太监，是他认为只有太监没有野心、不想夺权篡位，所以给了太监机会。皇上没想到，太监无法夺权篡位，但可以通过他掌握控制的人来实现自己的顶层设计。二是太监的心理畸形。不少做太监的是迫不得已而为之，看到自己不能作为一个正常人，太监们的心理失衡可以想见，从后来一些有一定地位的太监也公开半公开娶妻过日子，谓之"对食"，就可知道，太监们试图通过这样的行为稍稍平衡一下失衡的心理。当然，仅仅是"对食"，还不会有影响朝政的大问题，问题出在少数太监由心理扭曲而酿成了一种报复性的膨胀野心，那就是想方设法结党营私专权，最终危害朝政。

魏忠贤就是这类太监的典型。

魏忠贤靠着天启皇帝的不理朝政和对他的宠信而专权，现在天启突然去世，信王继位，魏忠贤感到自己的命运前途吉凶未卜，于是想利用自己这些年来在宫中构筑起的权力大网，阻挠信王上位。

所以魏忠贤在天启驾崩后的第二天面奏信王说，天启皇上的一个贵妃有身孕，请宽延登极的期限。

信王知道魏忠贤的用意，也知道他的手段，但此时他还未登极，没有实力和魏忠贤作对，所以同意了魏忠贤的提议，暂时出任监国。

按规矩，天启皇帝去世后，应遵照他的遗嘱，将继任皇帝朱由检召进入宫。但由于魏忠贤别有用心，不想让这位信王继任，于是，他交代同党暂不将天启去世的消息外传，并把兵部尚书崔呈秀和左都督田尔耕召进密室，商量趁机夺位一事。这二人都是魏忠贤死党，崔是魏手下"五虎"之首，田是"五彪"之一，二人都握有兵权。依魏忠贤最初的想法是，皇上刚死，新皇尚未即位，最高权力出现真空，这是让权力为自己完全掌控的大好机会。机会稍纵即逝，只要兵部尚书和左都督态度鲜明地支持自己，迫群臣就范，这个目的就能达到。

岂料待魏忠贤说完，崔呈秀是一言不发，而田尔耕唯唯诺诺、支支吾吾地表示同意，态度十分勉强而且害怕。魏忠贤再三追问崔呈秀，崔担忧地说：恐怕外面有义兵在，此事难成。见到两位心腹如此态度，魏忠贤权衡再三，只好放弃这个打算。崔、田二人的态度令魏忠贤万分失望，一次夺权的极好机会，就这样失去了。

　　当然，此事怪不得崔、田二人。跟着魏公公吃香喝辣是一回事，这无关性命安危，但如果帮着魏公公阻挠新皇上位，成功了，权力和功劳是魏公公的，做事的人得一点好处就是；但失败了，这个罪名可就大得不得了，犯上作乱、篡位夺权，砍头算是轻的，凌迟、灭九族是大有可能！谁不怕？权衡得失，富贵荣华的事先往后放放，保住项上人头这个吃饭的家伙更要紧。

　　魏忠贤无奈，只得传令迎信王朱由检入宫。

　　朱由检入了宫，但出乎意料的是，并没有人来侍奉他，而像是进入了"冷宫"。

　　天黑了，偌大的皇宫显得有些阴森可怕。朱由检进宫前听了张皇后交代，带了干粮，夜深了也不敢睡觉，就这么干坐着，同时保持高度警惕。忽然门口出现一个人影，朱由检先是一惊，定睛一看，是个小太监，身上竟然佩着剑，看起来像是在皇上大丧时期，在宫中巡查的人。朱由检不敢大意，他叫住这个小太监，要他把剑拿过来看。小太监见是即将即位的新皇唤他，就将剑送到朱由检手上。朱由检看了一会儿，也没见小太监有何异象，不像是来刺杀他的，就放下心来，把剑放在案上，对小太监说，这把剑就放这儿，过几天多赏银两给你。小太监见新皇上喜欢他的剑，而且还有赏银，欢天喜地谢了信王就离开了。朱由检见不是有人要杀他，而且现在手里有了一把剑防身，心里就踏实多了。

　　不一会儿，一队巡逻士兵走过，朱由检把他们叫到跟前说，大家辛苦了，应该得到酒食的犒赏。于是，朱由检传出令旨，命光禄寺备上酒食，犒劳巡逻官兵。宫中巡逻官兵从未得到过皇上的赏食，现在见新皇对他们犒赏，自然十分高兴，冷清阴森的宫中一时欢声四起。

对朱由检来说，最为危险的一个晚上安全度过。第二天，宫中对外发丧，宣告天启皇上的死讯，百官们闻讯，着丧服赶到宫中，向天启梓棺行吊祭礼。

天启去世后的第三天，即八月二十四日，朱由检正式登极。按规矩，礼部将拟定的新年号呈新皇帝选定。新年号拟了四个：永昌、绍庆、咸宁、崇贞。朱由检审视一番，用笔将"贞"字改为"祯"，选定"崇祯"。朱由检也就被称为崇祯皇帝。

不知是偶然还是天意，那个被朱由检放弃的"永昌"年号，后来竟然成了李自成为他的大顺国选定的年号！

盛大的登极大典是在皇极殿、中极殿和建极殿完成的。这三大殿在天启去世前几天才建成，工程历时两年多，现在正好为新皇帝登极大典用上了。在金碧辉煌的新大殿登极，戴上天子的冕旒，接受群臣的叩拜，尽显大明朝君主的威仪，对崇祯皇帝来说似乎是一个好兆头。

不管怎么说，尽管崇祯的上位充满惊险变数、暗藏刀光剑影，但最终还是有惊无险。魏忠贤也不再提什么天启皇帝的哪个妃子有身孕这档子事。

新皇帝的登极大典总算完成，朱由检名正言顺地成了大明朝第十六个皇帝。

只是，风光一时的新皇帝朱由检万万没有想到，自己竟然会成为大明王朝的末代皇帝。

（二）新皇帝的第一刀

◎十一月甲子，安置魏忠贤于凤阳。戊辰，撤各边镇守内臣。己巳，魏忠贤缢死。癸酉，免天启时逮死诸臣赃，释其家属。……魏良卿、客氏子侯国兴俱伏诛。

崇祯元年（1644）春正月辛巳，诏内臣非奉命不得出禁门。……丙戌，戮魏忠贤及其党崔呈秀尸。（《明史·卷二十三·本纪第二十三》，清张廷玉等撰）

十七岁的崇祯皇帝就这样上位了，成了一位大国的国君。当成为天子最初的兴奋期退潮，他发现自己接手的并非一个海晏河清的太平盛世。

其实，朝政面临的社会矛盾甚至危机，天启年间就已经多处显露出来了。

《明史》记载，天启六年（1626）夏四月"己酉，以旱灾敕群臣修省。癸亥，朝天宫灾。六月丙子，京师地震，灵丘地震经月。壬午，河决广武。""是夏，京师大水，江北、山东旱蝗。""八月，陕西流贼起，由保宁犯广元。""是秋，江北大水，河南蝗。"

天启七年（1627）三月"戊子，澄城民变，杀知县张斗耀。"五月"丙子，大清兵围锦州。癸巳，攻宁远。"七月"丁亥，海贼寇广东。是月，浙江大水。"

仅是这两年间，就出现旱灾、地震、黄河决口、京师江北浙江大水、江北山东河南蝗灾、陕西流贼、广东海贼、澄城民变、清军围锦州攻宁远等诸多灾害、祸害、边患，内忧外患密集而至。

历经即位过程，崇祯还觉察到潜藏于宫廷表面平静之下的一股汹涌暗流，那就是奸党势力。虽然魏忠贤未能阻拦崇祯的上位，但还是给了新皇上一个下马威。如此张狂的奸党势力不铲除，新皇帝今后如何立威于朝？崇祯在积蓄力量，寻找机会。

魏忠贤未能阻挠新皇上即位，他心有不甘，明的不行就换一种方式——来阴的，还是想像摆布天启一样，让崇祯就范。

崇祯即位没几天，魏公公的大礼就来了：向新皇帝献上四位年轻美女。

崇祯本想拒绝，但一转念，先不露声色收下，看看后面的戏如何演四个美女入宫，崇祯命人仔细将四人遍体检查，并未见可疑物品，只发现四人衣带中各有一粒香丸。宫廷内侍告诉皇上，这香丸叫"迷魂香"，人闻其香味后会心神荡漾、魂不守舍。崇祯明白此物的用途，命宫内各人以后不许携带此物。

崇祯皇上刚即位，频繁与群臣了解国情，商议朝政大事，每次均至夜深。《明史全鉴》中记载了这样一个故事：一天晚上，崇祯还未临寝，忽然闻到一股异香飘来，令他心神荡漾，只想近女色。崇祯记起刚入宫时，检查魏忠贤献的四位美女身上带有迷魂香丸一事，他立即警觉起来，命内侍掌灯细细查看异香来自何处。查看良久，内侍并未发现异香的来源。崇祯不解，他忽然发现大殿一角有点点星火闪烁，很是蹊跷，他命人凿开墙壁，见墙后有一个小太监坐在那里焚香，一问，告知是魏公公安排：凡是皇上临幸之所，均焚此香。

崇祯心里顿时全然明白，这正是父皇和皇兄早逝的原因所在！而这种淫邪方法的设计者，都是魏忠贤。这个魏公公想要用这种方法让皇上无心思、无精力打理朝政，让朝政实际大权依然控制在他的手中。

崇祯皇上从父兄的结局看到了自己今后应该选择的不同亲政方式。

这个魏忠贤究竟是个什么样的人，竟然如此张狂？

魏忠贤原来并不是太监，是河北肃宁的一个游手好闲的无赖，娶过妻并生有一女。其人好同一群无赖赌博，很少赢钱，苦恼怨恨之下挥刀自宫，更名李进忠，进宫做了太监。后来恢复了原姓，皇帝赐名忠贤。魏忠贤初入宫时依附太监孙暹，后侍奉魏朝。

明万历四十八年（1620）七月至九月一日，神宗（即万历）朱钧、光宗（即泰昌）朱常洛两帝相继而亡，谁来即位新皇成为朝野关注的焦点。

由于万历皇帝不太喜欢长子朱常洛，故连累朱由校也不得宠，直到万历帝临死前才留下遗嘱，册立其为皇太孙。朱由校的生母王才人虽位尊于光宗的康妃李选侍之上，但因李选侍受宠，她备受李选侍凌辱而致死，临终前遗言："我与西李（即李康妃）有仇，负恨难伸。"因而朱由校从小亦形成了惧怕李选侍的软弱性格。

泰昌皇帝即位一个月后即驾崩，康妃李选侍控制了乾清宫，与太监李进忠密谋挟持朱由校，欲当皇太后把持朝政。此举引起群臣们的极力反对。泰昌帝驾崩当日，杨涟、刘一燝等几位大臣直奔乾清宫，要求哭临泰昌帝，并请见皇长子朱由校，商谈即位之事，但受到李选侍的阻拦。在大臣们的力争之下，李选侍方准朱由校与大臣们见面。杨涟、刘一燝等大臣们一见到朱由校即叩首山呼万岁，并保护朱由校离开乾清宫，到文华殿接受群臣的礼拜，同时决定于当月六日举行登极大典。诸大臣暂将朱由校安排在太子宫居住，由太监王安负责将他保护起来，这样，让李选侍挟持朱由校的目的落空。继而，朝廷大臣们要求李选侍移出乾清宫，迁居哕鸾宫。李选侍自然不愿放弃当太后的荣耀和控制新皇权力的欲望，拒绝移宫，要求先封自己为皇太后，然后让朱由校即位。这一提议亦遭大臣们的拒绝，双方矛盾进一步激化。到初五，离群臣议定的朱由校登极大典日期迫近，李选侍尚未有移宫之意，于是，内阁诸大臣们采取了集体行动，一起站立乾清宫门外，迫促李选侍移出；朱由校的东宫伴读太监王安则在乾清宫内力驱李选侍迁出。由于朝廷官员们内外施压，李选侍万般无奈，怀抱所生八公主，移居至仁寿宫内的哕鸾宫。九月初六日，朱由校即皇帝位。至此，李选侍争当皇太后、把持朝政的企图终成泡影。此事件称"移宫案"。

太监在古代也称阉人、宦官，是封建社会甚至更早一些时候出现的为统治者服务的畸形工具，用阉割男人本性器官而服务于朝廷——其实是统治者一个人。因为皇帝或诸王害怕自己后宫的妻妾宫女被宫廷其他人员染指，为保证正宗血统的皇帝、诸王子孙继位，不让皇（王）位落入他人手中，所以需要这样的"中性人"为其服务。而对于太监来说，其准备进入皇宫或王宫那一刻起，就是一种"舍身"投靠——割舍作为正常男人的身体器官部件，去投靠将其作为工具使用的皇宫、王宫。当然，这样的投靠有为生计的成分，尤其是诸多的小太监，是被家人送入宫中，完成做太监的程式而换取一条生路。而要想成为一个有一定权势的太监，就得继续选择一个投靠对象，这样的投靠，和割舍器官的投靠又有所不同，是一种对灵魂的阉割。所以，当一个太监因为自身欲望而变换投靠对象时，那他的身体和灵魂就被双重阉割了，而他本来的"人"不见了，徒剩一具看似人形的行尸走肉！

李进忠进宫，完成了"舍身"投靠的第一步；后复姓魏，则把自己的灵魂也割舍了，成为一具徒剩人形的行尸走肉。

魏忠贤的发迹与张狂，和一个叫客氏的女人密切相关。

这个客氏和魏忠贤为同乡，原本为乡民侯二之妻。天启出生那年，客氏也生了一个儿子。客氏身体健康奶水足，因此被召为天启的奶娘。两年后，客氏丈夫去世，客氏不甘寂寞，和太监魏朝结为"对食"的假夫妻。魏忠贤不知为何也"看"上了客氏，这让魏朝心里很是不爽，本来魏忠贤就是投靠魏朝，魏朝堪称魏忠贤的师父，现在这个徒儿竟然来抢师父的"妻子"，这夺"妻"之为岂能容忍！于是，在乾清宫东暖阁，魏师父对徒儿魏忠贤大声怒骂。

骂声惊扰了天启皇帝。在深宫大殿，两个太监竟然为"夺妻"这样上不得台面的事情大吵大闹，成何体统！天启龙颜大怒，令二人跪下，将他们大骂一顿。

此时，处于二魏吵架暴风眼的客氏，却乘机向天启皇上告魏朝的状，说他的种种无能。天启听信了奶娘告状，于是将魏朝赶出宫，发配到凤阳，为太祖守陵。

天启为何如此听一个奶娘的话？原来，客氏成为寡妇后，曾和魏朝结为"对食"假夫妻，但她也是一个有心计的女人，待到天启十六岁时，有传言在宫中浸染十多年的客氏竟勾引天启，把两人的关系弄得不清不楚十分暧昧。因此，客氏于天启或许不仅仅是奶娘的关系了。

魏朝被皇上赶出宫，魏忠贤还不放过，他和客氏暗中商量，派人到凤阳将魏朝勒死。魏朝死也想不到，他当年接纳一个来自乡下自宫的太监为徒，此徒儿竟然成为自己的掘墓人！

魏忠贤和客氏在皇宫中开始的胡作非为，引起了群臣的愤怒和不安，御史王心上书弹劾魏忠贤，御史方震孺等上书力主严惩魏忠贤、驱逐客氏。

见群臣激愤，天启皇帝只好将魏忠贤交给总管太监王安发落。王安是个心地善良之人，对魏忠贤只是按皇宫规矩训斥了一顿。而对客氏，天启皇帝碍于宫中舆论，不得不将其驱逐出宫。但没过多少时日，皇上又偷偷派人将她接回宫中。

魏、客二人不但不从遭受群臣弹劾一事中吸取教训，还将此事记恨于总管太监王安。魏忠贤唆使其党羽弹劾王安专权自负、目无皇上，客氏也在天启皇帝面前说王安坏话。天启不辨真伪，革去王安总管太监职务，流放海南当苦役。不久，王安在海南遭魏忠贤心腹刘朝秘密处死。

王安被除，魏忠贤在宫中便无所顾忌。客氏屡屡向天启进言，让大字不识的魏忠贤当上了司礼监秉笔太监，掌管皇上"批红"大权。于是，天启一朝就出现了这样奇葩怪事：正当天启皇帝挽袖擦掌、挥斧弹墨、斫木安榫忙得正酣时，魏忠贤拿捏得正准，呈上一叠亟待批复的奏章请皇上御批。每当此时，天启就会头也不抬地说：没见朕正忙着吗？你自行处理即可。说罢，大手一挥，继续忙他的木器作品去了。而魏忠贤等的就是皇上这句话。久而久之，皇上的御批仅仅是一种名义上的程序，"批红"的具体内容，则都是魏公公的旨意了。

魏忠贤权倾一时，正所谓一人得道鸡犬升天，其家族成员也借此大沾其光。他的一个侄子魏良栋受封东安侯加太子太保，而一个刚出生的重孙受封平安伯加太子太保，另一个侄子魏良卿受封肃宁伯，担任替皇帝出席祭祀天地大典之重任。

客氏自然不甘落后，她除了公开住在自己豪华的府邸，还养了一大批贴身侍卫，并且在乘车路过乾清宫时，不按宫中规定下车步行，而是车行不误。还有一批臣子竟然称她为"千岁""老祖"。此时的客氏，将一副张扬神态挂在了脸上。

客氏的张扬，还只是一个依仗背后权势的张扬；而魏忠贤的张扬，则将自己手中的权势外化为张扬的形式充分展示。他挑选三千精壮阉人设立内营，在皇宫中进行军事演练。这些阉人平日因不是正常人而感到自惭形秽和憋屈，现在有了一个宣泄场所，顿时抖擞起十二万分的精神投入演练，一时间，宫中刀剑相击，人吼马嘶，火器崩响，肃穆的皇宫竟然成了一个阉人的演兵场。后来，这个准军事组织人数扩充至万人，每日持刀枪剑戟披甲进出，形成皇宫里的一个怪异现象，群臣敢怒不敢言，甚至连皇上也睁只眼闭只眼。

魏忠贤利用自己掌握的权势，结党营私，网络党羽，从内阁六部到四方督抚，都有他的死党。他的党羽按关系密切层次分别有："五虎"，分别为兵部尚书兼都察院左都御史崔呈秀、工部尚书吴淳夫、兵部尚书田吉、太常卿倪文焕、副都御使李夔龙，这是文臣，主谋议；"五彪"有田尔耕、许显纯、崔应元、杨寰、孙云鹤，武臣，主杀戮；还有"十狗"，以及这些党羽发展的徒子徒孙，称之为"十孩儿""四十孙"。

魏忠贤的这些党羽遍布朝野，在当时成为朝廷的一个巨大毒瘤，四处为害作孽，成为一大祸害。皇宫之内，这些"虎""彪""狗"簇拥在魏忠贤周围，结党营私，陷害忠良，贪赃枉法；皇宫外，那些孩儿、孙子打家劫舍、巧取豪夺，为害一方，这个庞大的团体俨然为一黑社会。而黑社会的老大魏忠贤却成天在皇帝面前晃悠，向大臣指手画脚发号施令，并愈加得到皇帝的信任。皇帝成了魏忠贤的靠山，成了皇宫黑社会的保护伞，这在当时为朝廷的一大奇观。

以魏忠贤为首的阉党为祸朝野，引起了正直大臣的愤怒和忧虑，他们纷纷上疏，弹劾魏忠贤。

天启四年（1624）六月，左副都御史杨涟上疏，列举魏忠贤二十四条大逆不道罪行。

此疏传开，引起强烈共鸣，上疏弹劾魏忠贤的奏章竟达七十多份。

魏忠贤见此情形，惊慌不安，到天启皇上面前痛哭流涕，大喊冤枉。客氏也帮着在天启耳边替魏忠贤说好话。天启仍然是不辨真伪，竟下旨慰问魏忠贤，而将杨涟训斥一番。杨涟不服，欲上朝时当面启奏皇上弹劾魏忠贤。魏忠贤得知这一消息，连续三天阻止天启上朝。第四天上朝时，魏忠贤调动数百名武装太监围住皇上，名曰护卫皇上，并下令不许官员奏事，让杨涟无法当面启奏。

同月，工部郎中万燝上疏弹劾魏忠贤。此时天启因为又一个皇子因为宫中阉人练兵吼叫惊吓而死，几天都心情悲伤，看到又有臣子上疏弹劾魏忠贤，心中无名怒火上冲，命人将万燝拉出午门杖责一百，并革职为民，永不叙用。东厂打手也是魏忠贤的党羽手下，受命将万燝拖至午门，狠打一百杖，将万燝打昏，待醒过来，又是一顿痛打。可怜万燝工部郎中，在这一顿痛打四天后死去。

万燝惨死，举朝震惊。杨涟和左都御史左光斗再次上疏弹劾魏忠贤。但此疏被魏忠贤扣押，并张狂假借皇上旨意训斥杨涟、左光斗，并将二人削职为民。左光斗愤怒之极，冒死上疏，举魏忠贤三十二条该斩罪行，结果被天启大骂一顿。

有皇上这棵大树庇护，魏忠贤有恃无恐。天启五年（1625），魏忠贤下令锦衣卫及东厂逮捕杨涟、左光斗、魏大中、袁化中、周朝瑞和顾大章六人。这六人下狱后，遭受种种酷刑，先后被折磨致死，史称"六君子"。

左光斗受刑最为惨烈。遭炮烙酷刑后，其脸上皮肉焦烂，左膝盖以下筋肉全部脱落，只能靠着墙躺着。其学生史可法买通狱卒前去探视，竟然认不出这就是自己的老师。左光斗眼皮被血痂粘住无法视物,听声音知道是自己的学生史可法,于是大声呵斥说:昏庸奴才!这是什么地方,你也进来?国家的事糜烂成这样,我已完了,你不顾身负大义,天下事谁能担当?你还不赶紧离开,不等那些奸佞小人陷害你,我现在就打死你!说完,做举枷击打状。

史可法见老师这模样,心中悲痛万分,听得老师呵斥自己要以大局为重,只得忍痛离开。

史可法在明亡后,仍忠于自己的国家,率兵抗清。顺治二年(1645)四月,他率官兵坚守的扬州城被攻破,清军将其抓获劝降。史可法效法恩师誓死不肯投降,被清军杀害,这是后话。

左光斗死后,史可法为恩师收尸,在捡拾衣物时发现一纸血书,上书"苦极!污极!辱极!痛极!唯有呼天而已,呼天不应,唯有叫天!"如不是痛苦之极,谁能相信这是一代明朝大臣学者写下的文字?所以,史可法见后,痛哭长叹说:吾师肺肝,皆铁石所铸造也!

剪除了对立面,魏忠贤的权势得到空前的巩固,他愈发张狂不可一世。为了讨好这样一个权倾一时的宦官,从浙江巡抚潘汝祯开始,各地陆续为魏忠贤建造生祠。潘汝祯建的这座生祠在杭州西湖边,朝廷为这座生祠赐名"普德"。

为一个太监建生祠的潘多拉魔盒一打开,便不可收拾。在一年不到的时间内,给魏忠贤建的生祠遍及全国,形成了一股妖风。为了向魏忠贤表达心迹,各地建造生祠不惜财力,堪称奢华,多的要耗费数十万两银子,少的也要几万两。都城附近的上林苑一处就建造了四个生祠;开封为了建魏忠贤生祠,征地就毁了两千多间民房;南昌为建生祠,毁周程三贤祠、出卖澹台灭明祠筹集经费……

在当时,踊跃为魏忠贤建生祠的官员从朝官到外官,从文官到武官,从大官到小官,延至亲王勋爵、治河官、卖盐官,只要还想稳住自己头上的乌纱帽、还想升官发财、还想找个靠山的,都拼了命似的建生祠,唯恐落后。建祠地点从都城到省城、名山,甚至都督府、锦衣卫、五军营等军事衙门,蕃育署、上林监等宫廷衙门,甚至皇城东街,只要是给魏忠贤建生祠,没有人能够阻拦。在这场建生祠比赛活动中,夺冠的是少师兼太子太师、兵部尚书阎鸣泰。据《明史·列传第一百九十四·阎鸣泰传》记载,他在蓟辽一带一共建了七所魏忠贤生祠,在其撰写的颂文中有"民心归一,即天心向顺"这样十分肉麻的语言。

这就极不正常了。

不能说朝廷所有官员都发自内心愿意为一个太监建生祠。一开始,建生祠的始作俑者潘汝祯的建生祠奏本到达朝廷后,御史刘之待签批晚了一天,立即被革职。苏州道胡士容没有附和建生祠的请求、遵化道耿如杞进入生祠没有致最敬礼——下拜,结果都被下狱判了死刑。这一切,都有一只掌握大权的手在幕后操弄着。

既然掌握大家生死大权的这个人喜欢看到有人为他建生祠,那就大张旗鼓地建吧!尊严、正义都向权力和邪恶屈膝弯腰了,反正遭殃的是天下苍生。

除了建生祠,魏忠贤每次出巡,一路笙鼓乐声不断,士大夫道旁伏拜高呼"九千岁"。其嚣张气焰,已到熏天地步。

魏忠贤的张狂与作恶,崇祯帝早有所知,只是刚刚即位,政权未稳,他不露声色,在寻找机会剪除这个宫廷毒瘤。

崇祯入宫后,先逐步撤换身边魏忠贤的死党,而用自己信王府的人替代,摆脱魏忠贤对自己的监视,对魏忠贤的死党则视情况分别予以调离重要岗位、批准"乞休"——打发回家。更重要的一招是"遣散内丁",内丁是魏忠贤组织的阉人武装,解散这支皇宫内的准武装力量,等于斩断了魏忠贤的一只手臂,使其失去了作乱皇宫的武装力量。

魏忠贤有恃无恐持续作恶,他依赖的还有手中掌控的东厂。

东厂是明代永乐年间成立的一个特务机构，专门用来监控、制裁朝廷官员。崇祯登极后不久，有一次向王体乾、魏忠贤谈道，东厂用一种大枷惩罚大臣，受罚大臣戴上这样的大枷站立受刑，痛苦不堪，体弱者当场毙命，其认为，这种刑罚太过残忍，不是盛世所应有的。

魏忠贤听出了新皇帝的不满之意。他从崇祯上位后不准焚异香、替换侍卫、调整大臣岗位、遣散内丁等一系列所为，联想到自己曾经阻挠崇祯上位和这次对东厂大枷的不满，以他在皇宫浸淫多年的经验，觉察到自己在崇祯皇帝面前已经失宠，并在逐渐失势，他感到一种前所未有的危机。他想了一招来试探崇祯皇帝。

九月，魏忠贤向崇祯皇帝提出辞呈。崇祯一愣，便予以拒绝，理由是自己即位才一个月，正需要全体大臣同心辅佐，以稳朝政、安社稷，还顺便安慰魏忠贤一番。王体乾也提出辞呈，崇祯照样没有批准。这一试，魏忠贤见新皇上没有批准他们辞职，稍稍放心。

为打消奸党的疑虑，崇祯皇帝还特意为魏忠贤侄子魏良卿的儿子魏鹏翼加封少师安平伯，并赐给二人以铁券——一种自明太祖朱元璋开始设置的免死牌。除此之外，还在一些不太重要的部门提拔了一些魏忠贤的朋党。

崇祯在不露声色地寻找机会。

这时，云南道御史杨维垣上疏弹劾兵部尚书兼左御史崔呈秀，列举的罪名涉及东厂。崔是魏忠贤的死党。几天后，杨维垣再次上疏弹劾崔。崇祯不动。直到十月下旬，崔呈秀三次递上辞呈后，崇祯才温旨批准其回家守制。

崔呈秀的辞职回家，无疑在朝廷引起巨大反响，朝臣纷纷上疏反映朝廷官员异常情况。有一个叫钱嘉征的贡生上疏弹劾通政使吕图南，吕图南不服，上疏争辩。崇祯批奏：以原驳二疏呈览。崇祯看完钱嘉征的奏疏批道：魏忠贤事体，朕心自有独断。青衿书生，不谙规矩，姑饶这遭。

虽然看起来皇上御批没有理睬那位钱书生的奏疏，还不痛不痒地批评书生"不谙规矩，姑饶这遭"，但心虚的魏忠贤还是从崇祯御批的态度中读出了令他不安的成分。第二天，魏忠贤跑到崇祯皇上面前痛哭流涕，大呼冤枉，又想以此感化皇上，让自己过关。

这一次，魏忠贤失算了。

崇祯皇帝并没有被魏忠贤的假哭所动，而是命内侍当廷诵读那位钱书生的奏疏给魏忠贤听。当着皇上的面，魏忠贤听着弹劾他们的奏疏，字字如棒敲打着他的灵魂，听得是心惊肉跳，冷汗淋漓，灵魂出窍。

之后不久，魏忠贤以身体有病再次提出辞呈。他的死党徐应元见势不妙，也提出疗养。这次，崇祯皇帝再没有温言挽留魏公公，而是爽快批准了魏、徐二人回家调理，随即任命王体乾掌管东厂，高时明掌管司礼监，同时调整宁国公魏良卿为锦衣卫指挥使，东安侯魏良栋调整为指挥同知，那个小娃娃安平伯魏鹏翼调整为指挥佥事。到这年十月末，崇祯批准，将已经回家守制的崔呈秀交由吏部勘处，追究其罪责，并且罢免了一批魏忠贤死党、阉党的官职。

就这样，崇祯帝不露声色，用太极手法，将以魏忠贤为首的奸党势力掌握的核心大权夺回来了。

到天启七年（1627）十一月初，崇祯发布谕示，公开处置魏忠贤与客氏："朕思忠贤等不止窥攘名器，紊乱刑章，将我祖宗蓄积贮库传国奇珍异宝金银等朋比侵盗几空，本当寸磔，念梓宫在殡，姑置凤阳。其犯家产，籍没入官。"

崇祯的谕示说得很清楚，对于作乱于皇宫朝廷的魏忠贤和客氏，罪该碎尸万段，只是考虑皇兄去世，正在殡敛期间，所以只发配至凤阳去看守皇陵，并抄没家产。

魏忠贤自忖捡了一条命，匆忙回到自己府邸，收拾这些年搜刮来的财物细软，装了四十多车，带着八百多家丁、打手和千余匹马，赶往凤阳。

这个魏公公也是平日里被人捧得晕头转向还没回过神来，连皇上说话的意思都听不明白了。皇上在处置他的谕示中说得再明白、再严厉不过了：本该碎尸万段。捡回了一条命，那就该低调点夹着尾巴赶紧离开，还这么张扬给谁看，嫌命长吗？

果然，通政使杨绍震实在看不过去了，立即将此情况上疏皇上。崇祯闻报大怒，命锦衣卫前去将魏忠贤和全部跟随他的奸党捉拿归案，"勿得纵容贻患"。

魏忠贤大批人马正浩浩荡荡大摇大摆地走到阜城。其在朝廷的一个心腹得知皇上的谕旨，立即赶往阜城告诉魏忠贤。魏忠贤听到这个消息，如晴天霹雳，知道自己已走到了人生尽头，匆忙在客栈自缢身亡。

几天后，回到蓟州家中的崔呈秀得到皇上"命削呈秀籍，追夺告身"圣旨和魏忠贤自缢死讯，他把妻妾叫出来，把家中珍宝也搬出来，喝了一卮酒，扔掉酒具，然后自尽。

崇祯在签发魏忠贤的逮捕令时，也下令收审客氏。抄客氏家时搜出怀孕的八名宫女，一审问，才知道这是魏忠贤和客氏布下的一个局：称宫女怀的是天启帝的龙种，待生下来可名正言顺继皇位！崇祯得知这个险恶阴谋后怒不可遏，令浣衣局将客氏杖毙。

崇祯想想还不解气，又着令将魏忠贤尸体碎尸万段，割下他的头悬挂于河间示众；将他的侄子魏良卿处斩——铁券也不管用了，该斩的照斩！

该杀的杀了，一大批魏忠贤的死党、爪牙被免职、降职，曾经权倾一时、不可一世的魏忠贤阉党集团，被崇祯彻底铲除。

此时，距崇祯上位才四个月。

这一年，成为崇祯皇帝的朱由检才十七岁，还是一个准青年。

应该说，崇祯上位，开局可圈可点：先是识破了魏忠贤的女色计阴招；然后不露声色，欲扬先抑，安抚魏忠贤，让他消除戒心；继而敲山震虎，批准死党崔呈秀辞职，并让魏忠贤当面听弹劾他的奏折，逼魏忠贤辞职；最后在诸多大臣的弹劾和确凿证据下，将魏忠贤、客氏及心腹死党归罪处死，彻底铲除了危害朝野、威胁到他执政的大毒瘤，完成了即位初期整肃吏治的一次组织清算。

一个十七岁的青年，将繁纷复杂、盘根错节、暗藏杀机的宫廷斗争局面，用太极手法将危机消弭得波澜不惊，显示出崇祯不凡的大智慧和铁腕手段。

接下来，他的大抱负、大智慧还能继续吗？

在他手里，大明这艘航行了二百多年的超级帆船还能行多远？

（三）平反冤假错案

◎崇祯元年春正月……丙戌，戮魏忠贤及其党崔呈秀尸……

三月……乙酉，赠恤冤陷诸臣……

五月……庚午，毁《三朝要典》……

六月，削魏忠贤党冯铨、魏广微籍。壬寅，许显纯伏诛。

（《明史·卷二十三本纪第二十三》，清·张廷玉等撰）

崇祯上位后，在较短的时间内铲除了危害朝政的毒瘤——魏氏阉党集团，朝野一片叫好。崇祯的这一果断行为，也传递出一个强烈信号：前朝的错误，是可以纠正的。

以魏忠贤为首的阉党既除，朝中对阉党制造的冤假错案要求平反的呼声日渐高涨。崇祯也逐渐进一步认清阉党专权造成的深层危害，下决心为冤假错案平反。

当然，在封建社会，以皇帝的身份，金口玉言，做成一件事是容易的。但崇祯刚即位掌权，要为前朝的冤假错案平反，最大的难点是在心理上，因为造成前朝那些冤假错案的主要责任人天启皇帝是他的亲哥哥，而且，正是天启在最后时刻"遗诏以皇第五弟信王由检嗣皇帝位"。也就是说，崇祯是前朝皇帝哥哥临终前把他扶上位的，为前朝留下的冤假错案平反，就是纠正这位把自己扶上位的皇兄所犯错误。

可是不平反这些冤假错案行吗？这是绕不过去的。因为魏忠贤阉党集团已经铲除，但他们的罪行是前朝犯下的，而且，天启皇帝临终前也交代：魏忠贤、王体乾两位太监可以辅佐新皇。现在魏逆及主要死党已经伏法，那么，不为他们造成的冤案平反，被他们冤死的忠良臣民如何定论？而最为引人关注的，是天启钦定的《三朝要典》是否要彻底毁掉，因为很多冤案关联到这部书中的"三案"。

《三朝要典》共二十四卷，为内阁大学士顾秉谦、黄立极、冯铨等人编撰。天启六年（1626）四月，给事中霍维华上疏，抨击刘一燝、韩爌、孙慎行、张问达、周嘉谟、王之采、杨涟、左光斗、周朝瑞、袁化中、魏大中、顾大章等人，全盘推翻"梃击案""红丸案""移宫案"的结论。魏忠贤看了说：这本条议一字不差！当时有人评论说："此疏乃一部三朝要典也。"魏忠贤为了铲除异己，加速陷害东林党人，开馆纂修《三朝要典》，在霍维华的基础上，按照阉党的口径记述万历、泰昌、天启三朝有关"梃击""红丸""移宫"三大案的经过，加上御制序言而成，其后颁行全国。魏忠贤等阉党之所以要编撰这样一部《三朝要典》，其主要目的就是要打击东林党人。

东林党是明末以江南士人为主的政治集团。明万历三十二年（1604），吏部郎中顾宪成因为得罪了皇帝而被革职，他与高攀龙、钱一本等在家乡无锡东林书院讲课，"讲习之余，往往讽议朝政，裁量人物"，常常和书院中人谈论朝政得失，逐渐形成了一个在野集团，被称为"东林党"。东林党人在如何治国理政的具体政策方面，与当时的最高统治者产生较大分歧。在多地受灾，灾民大量出现的情况下，"东林党"人认为不应向江南商人征税，坚持以农业为本的观点，要求重点征收农业税，这对于农民来说，加大了负担，尤其是常年受灾地区的北方农民苦不堪言。

天启皇帝认为这些"东林党"人与朝廷唱反调，要坚决打击，而且需要下重手。当然，这样的事自然不能让皇帝亲自出面，所以天启皇帝让老奸巨猾的魏忠贤出手。魏忠贤何许人也？他的出身本来就是"泼皮破落户"加无赖，我是流氓我怕谁？何况这次是有皇上在背后撑腰，这个压倒优势在与"东林党"人的争斗中起到了关键作用。魏忠贤狠、毒、阴的无赖手段，使"东林党"人遭到严重打击，一蹶不振，这帮文人对魏公公恨得咬牙切齿，所以后来魏忠贤被"东林党"人冠名为"阉党"。

至崇祯上位不久，阉党首恶即除，但由于阉党经营多年，党羽遍布朝廷各部门，其势力仍然强大，一些重要部门，如科道言官，几乎全是阉党成员。而且，许多冤案受害者，都受"三案"牵连，不从根本上毁除《三朝要典》，那一个个冤假错案难以得到彻底平反。

在这种情况下，翰林院编修倪元璐上疏，要求毁掉《三朝要典》。他在奏疏中陈述，如果说东林是邪党，那又怎么评价崔呈秀、魏忠贤等人呢？崔、魏是邪党已明，那么反对崔、魏的人怎么也能说成是邪党呢？说东林攻击邪党言辞过激还说得过去。

倪元璐的奏疏未引起崇祯的重视，还有附和阉党的官员上疏反驳倪元璐。于是，倪元璐第二次上疏。他在疏中说，今天以崔、魏辨邪正，正像用明镜辨美丑。今日不以此辨忠奸，又用什么来辨忠奸呢？

这次的上疏对崇祯起了作用。崇祯认为倪元璐说得有道理，于是，将他提升为侍讲。

崇祯元年（1628）四月，倪元璐第三次上疏，要求毁掉《三朝要典》。他在奏疏中说：《三朝要典》一书成于魏忠贤等阉党，即使有可资借鉴的内容，其书也应当赶快毁掉。魏忠贤阉党要杀人则借助"三案"，他们的党羽徒子徒孙求富贵也借助"三案"，经过这"二借"，"三案"就面目全非了。"三案"天下自有公议，而《三朝要典》则是魏忠贤的私书。"三案"归"三案"，《要典》归《要典》。如果要全部一件件翻过来，过于纷繁复杂；要一点一点修改，也牵扯很多事，只有彻底毁掉才好。

由于倪元璐的再三上疏陈述，加上许多大臣的附和，崇祯排除干扰，下了决心，将这部前朝皇帝钦定的《三朝要典》一书，彻底毁掉。

要毁掉影响很大的《三朝要典》这样一本书，自然会有人反对。而反对者最为堂皇的理由，就是抬出前朝天启皇帝来，说这部书是天启皇上御制的，毁书就是对天启皇上不恭。

翰林院侍讲孙之獬就是这个观点，他在奏疏中说道：《三朝要典》近来有人称之为魏忠贤禁锢人才之书，如祖宗在天之灵知道此事，定会愤然不安。他抬出来"祖宗"，其实就是天启皇上，因为这事是他定的。他后来又为《三朝要典》不能毁辩解说："皇上于熹宗曾北面事之，见有御制序文在，'朕'之一字，岂可投之于火！"他对这个关系先皇声誉的事情进一步力陈：崇祯与天启乃"同枝继立，非有胜国之扫除，何必如此忍心狠手！于祖考（神宗）则失孝，于熹庙（天启）则失友"。不仅抬出天启皇帝，还抬出了神宗皇帝，说如果崇祯毁《三朝要典》，就是下狠手，是不孝不友！

话说得如此之重，足见传统观念抵触之强烈。

没见史书上崇祯对此有过度反应的记载，或许是他的过于年轻，还未能对这些礼法深思熟虑，而只是对孙之獬的激烈言辞说了一句不必过求，就淡化处理了。

崇祯权衡利弊，不顾礼法，还是将《三朝要典》毁了。这一来，不仅为东林党人解除了思想顾虑，更重要的是让朝野看到新皇帝不为前朝皇上所定的旧制束缚。

面对如雪片般飞来的申冤奏疏，崇祯再次决定为受到阉党迫害的官员们全部平反。

大规模平反冤假错案的大幕，在崇祯元年（1628）开启。

这年二月，崇祯宣布推翻杨涟等人在狱中被强加的诬陷之词；继而又下旨对遭到阉党构陷的大学士刘一璟、韩爌，吏部尚书周嘉谟，礼部尚书孙慎行等九十多个官员官复原职；正式公布对原都察院左都御史邹元标、高攀龙，左副都御史杨涟，左佥都御史左光斗，工部尚书冯从吾，应天巡抚周起元，给事中魏大中，御史周宗建、黄尊素，吏部员外郎周顺昌，工部郎中万燝等人恢复名誉，追赠官衔、谥号，并对拷打、诬陷、杀害上述官员的凶手许显纯、李永贞、刘若愚、李实等人审讯追责。《明史》记载：到这年六月，"许显纯伏诛"。

当时蒙冤之人受刑之惨烈，相信初入政坛的崇祯也会看得心惊肉跳，冷汗淋漓，从一些申述疏文的描述中可见一斑。

浙江诸生黄宗羲在为其父亲、山东道御史黄尊素申冤的疏文中写道：追下镇抚司打问，许显纯、崔应元承顺逆指，酷刑严拷，体无完肤，诬坐赃银二千八百两。（《明史·卷二百四十五·列传第一百三十三·黄尊素传》记载："汪文言初下狱，忠贤即欲罗织诸人，已，知为尊素所解，恨甚。其党亦以尊素多智虑，欲杀之。""使者至苏州，适城中击杀逮周顺昌旗尉，其城外人并击逮尊素者，逮者失驾帖，不敢至。尊素闻，即囚服诣吏自投诏狱。许显纯、崔应元榜掠备至，勒赃二千八百，五日一追比。已，知狱卒将害己，叩首谢君父，赋诗一章，遂死，时六年闰六月朔日也，年四十三。"）

户科给事中瞿式耜在为冤死的魏大中、周顺昌等人申冤的疏文中写道：（魏）大中受诛刑未死，狱吏以藁席卷其肢体，倒置于地三日，启而视之，犹目睛毂毂如转轮。即死，魏贼令狱卒投其尸以饲狗，所存者狗之余耳。（《明史·卷二百四十四·列传第一百三十二·魏大中传》记载有所不同："大中坐三千，矫旨俱逮下诏狱。乡人闻大中逮去，号泣送者数千人。比入镇抚司，显纯酷刑拷讯，血肉狼籍。其年七月，狱卒受指，与涟、光斗同夕毙之。"）

周顺昌死得更为惨烈：至镇抚司而唾骂者惟昌耳，而昌因此被刑尤烈。昌已死，狱卒以磁锋割其股，血溃而苏，复枷至锦衣堂上。昌触石碎首，血溅几案，复加重刑，立时殒命。(《明史·卷三百四十五·列传第一百三十三·周顺昌传》记载有所不同："顺昌至京师，下诏狱。许显纯锻炼，坐赃三千，五日一酷掠。每掠治，必大骂忠贤。显纯椎落其齿，自起问曰：'复能骂魏上公否？'顺昌噀血唾其面，骂益厉。遂于夜中潜毙之。"）

还有冤死者家属以血书形式写的要求申冤奏折：

生员魏学濂上血书要求惩办凶手，为父亲魏大中申冤；

杨涟之子杨之易上血书，并呈其父狱中所写之绝笔；

周顺昌之子周茂兰上血书替父申冤；

……

到崇祯二年（1629）九月，崇祯正式下旨为被冤死的臣子平反，并追赠官衔、谥号。其中：

故都察院左都御史赠太子太保高攀龙，谥忠宪；

故都察院左副都御史赠右都御史杨涟，谥忠烈；

故吏科都给事中赠太常寺卿魏大中，谥忠节；

故吏部员外郎赠太常寺卿周顺昌，谥忠介。

除褒扬忠烈，对阉党余孽和打手，此前也视不同情况做了相应处理：首逆魏忠贤、客氏为凌迟处死；次一级的首逆同谋崔呈秀、李朝钦、李永贞、魏良卿、侯国兴、刘若愚六人当即处死；有十九人被判秋后问斩；十一人被判充军；一百二十九人判三年徒刑，可以花钱赎为平民；有四十四人被革职回家；还有五十多个魏忠贤亲属及跟随附和他的官员受到处罚。

随着魏忠贤及其党羽被诛，昔日张扬在皇宫的黑社会集团也烟消云散，那些遍布各地的魏忠贤生祠也被一一铲除。这一切，真应了孔尚任在《桃花扇》中的那句唱词："眼看他起朱楼，眼看他宴宾客，眼看他楼塌了。"不知孔先生在写这段唱词时，眼前是否闪现过魏忠贤这段暴起暴落的历史。

冤假错案全部得以平反，忠臣义士得到褒扬，元凶和死党、余孽也得以处理。崇祯为自己的新朝，打扫干净了门庭。

（四）大胆用人，轻率罢黜；错用错杀，断送江山

◎（天启七年）十二月，前南京吏部侍郎钱龙锡、礼部侍郎李标、礼部尚书来宗道、吏部侍郎杨景辰、礼部侍郎周道登、少詹事刘鸿训俱礼部尚书兼东阁大学士，预机务。

（崇祯元年）六月，壬子，来宗道、杨景辰致仕。

（《明史·卷二十三·本纪第二十三·庄烈帝一》）

在崇祯年间，官员的任用、免职甚至下狱、杀头，并无严格程序，但凭崇祯皇帝对臣子疏文、言对的认可程度。

应该说，崇祯即位后，是想有一番大作为，以扭转大明朝国运的颓势。《明史》评述：

> 帝承神、熹之后，慨然有为。即位之初，沈机独断，刈除奸逆，天下想望治平。惜乎大势已倾，积习难挽。在廷则门户纠纷，疆场则将骄卒惰。兵荒四告，流寇蔓延，遂至溃烂而莫可救，可谓不幸也已。然在位十有七年，不迩声色，忧勤惕励，殚心治理。临朝浩叹，慨然思得非常之材，而用匪其人，益以偾事。乃复信任宦官，布列要地，举措失当，制置乖方。祚讫运移，身罹祸变，岂非气数使然哉。（《明史·卷二十四·本纪第二十四·庄烈帝二》）

《明史》对崇祯在位期间勤勉工作的总体评价是不错的，于国事亲

力亲为,"不迩声色,忧勤惕励,殚心治理"。但最后效果却走向了反面——"慨然思得非常之材,而用匪其人,益以偾事。乃复信任宦官,布列要地,举措失当,制置乖方。"用人、处理重要大事失当甚至违背法度,最终导致崇祯的失败。

大明朝多年的积弊,将崇祯皇帝这根嫩竹扁担压断了。

封建王朝的朝政,概括起来两件大事:吏治和用人。事在人为,事是靠人去做的,但用谁去做,皇上就有考量。

崇祯上任,接过的是前朝留下的官员班底,虽然铲除了以魏忠贤为首的阉党团伙,但整个朝廷组织体系和用人制度并未得到改变。在人们的认知中,大明朝这一部老旧的机器,只不过贴上了一张新的商标而已。留下的官员,依然按照旧制惯性和弊病运作。

这是崇祯皇帝最感头疼之事。

崇祯治下,吏治近乎严酷,其程度差不多可以与太祖比肩。

史书记载,崇祯皇帝在位十七年间,仅刑部尚书就换了十七个,平均每年换一个。苏茂相在任时间只有半年就被罢职,这还算好的;郑三俊两次出任刑部尚书两次被罢免;韩继思因量刑不合崇祯意就被除名;乔允升、冯英被发配戍边;刘之凤、甄淑被下狱论死,最后死于狱中。被崇祯诛杀的总督这一级大臣七个,巡抚十一个。

崇祯为自己立威,还恢复了太祖时期设立的廷杖刑罚,对大臣们当廷杖打。廷杖由宦官指挥,锦衣卫看宦官暗号执行,其行刑程度由这些人掌控,如宦官两脚尖分开,表示不打死;两脚尖合拢,则受刑者性命不保。这些受刑者未必犯了多大的罪,或干脆没犯罪,只是因为什么事惹得崇祯皇上不高兴而已。如内阁大学士朱国桢的儿子朱绅,官任内阁中书,因为连上四疏,弹劾湖州知府朱大受,惹怒了崇祯,崇祯大发脾气,命"毙杖下"。

做臣子的摸到皇上喜好滥用刑罚的脾气,所以执法宁重勿轻,生怕皇上怪罪下来连累自己。甄淑在其刑部尚书任上就对属下交代过：凡是按刑律该拟杖罪的，就改判徒刑；该拟徒刑的，就判遣送戍边；该拟遣送戍边的，就拟为斩首。尽管甄淑认为自己小心翼翼将皇上心思揣摩透了，但最后还是被皇上下大狱整死了。你看，一部大明严律，到崇祯年代，就全成为看皇上脸色了，皇上的脸色就代表律法。正所谓"上有好者，下必甚焉"。

大明亡、崇祯死都是在同一年。但一个曾经强大的帝国之亡、帝国君王自缢而死，却并非一个偶然发生的事件，而是有着深刻、必然的原因，并且，这样的原因由来已久。

朱由检上位称帝时，留给他的，是一个内政积弊甚多、外患不断的动荡政局。他需要一个强有力的内阁班子来帮助扭转当下这样被动的政局。

当时的内阁是天启皇上留下来的，内阁首辅为黄立极，次辅为施凤来，阁臣有张瑞图、李国𣚴。他们知道，新上位的皇上一方面对旧班底内阁不那么满意，需要更有能力的大臣入阁；另一方面新皇上又不想全部撤换旧班底内阁，避免在其刚上位时造成政局混乱，于是，他们四人联名上疏，请求增补阁臣。

这个两全其美的提议，正中崇祯皇上下怀，他欣然准允，并要求沿袭旧制廷推，由九卿科道从公博议，也就是大臣公开推荐候选人，由六部尚书、都察院左都御史、通政使、大理寺正卿，和都察院六科给事中及十五道监察御史组成的联合评审团，共同评审决定人选。

从制度设计上看，这种内阁的产生方式，还具有一定的集体决策优越性。天启七年（1627）十一月中旬，按这样的方法推举出十二名人选，等待新皇上最后选用。

孰料，事到临头，崇祯突然想出奇招，提出采取金瓯掣签的方法，选出最后内阁成员来。

皇上此言一出，令满朝文武百官惊诧莫名。大家虽觉得这个方法有点游戏色彩，但皇上金口玉言，谁也不敢提出异议，再说了，用这样的方法候选内阁属于听天由命，可以避免一些猜忌引发的人事矛盾。再者，看一出这样的宫廷剧，不失为一个乐子。虽然崇祯才十七岁，即位不久，用这样的方法处理重要朝政，多少带有些未成年人的游戏特点，但毕竟是皇上，由着他吧。

隆重的金瓯掣签仪式在乾清宫举行。这天，朝中大臣同九卿科道的评议组成员来到宫中，先举行了一个隆重的拜天祈祷仪式，然后，将被推荐的阁臣人选姓名当场写下，装入金瓯中，然后由工作人员用筷子一张一张夹出该补选人数的字条。中国人发明用来吃饭的工具，有幸在这里派上了更为重要的用场。共夹出钱龙锡、李标、来宗道、杨景辰四人。有阁臣提出，现在时局艰难复杂，工作面宽量大，应多增加几个辅臣的职数才能更好地辅佐皇上从容处理公务、应对时局，群臣纷纷表态同意。皇上一想也有道理，同意了这个提议。于是，工作人员又从金瓯里夹出周道登、刘鸿训两个候选人来。这样，总共六个新增内阁人员，被吃饭的筷子从神圣的金瓯中一个个夹了出来，由皇上任命为礼部尚书兼东阁大学士，入阁预机务，参与国是。

掣签过程中还出现了一个插曲：一张签被筷子夹出，但没有夹紧，毕竟筷子夹一张薄薄的小纸片不那么容易，被风一吹，那张签不知吹到哪里去了，只得从金瓯中再夹过一张。等金瓯掣签仪式结束才发现，那张被风吹掉的签就掉在施凤来身后，上面的姓名是王祚远。不知道这个王祚远得知自己入阁的机会竟然是这样"被风吹掉"的，该向谁去发怒？

以庄重的仪式开始，以可笑的经过结束，这个段子更增添了金瓯掣签的儿戏色彩，崇祯皇帝也多少在大臣面前留下一些童心未泯的印象。

崇祯在上位后几个月进行的这场庄重游戏，不久就收获了游戏的后果。

崇祯元年（1628）五月，随着几个老内阁阁臣退休，新阁臣陆续到任，新老交替基本结束。

新的首辅为来宗道,次辅为杨景辰。这两个人其实是倾向阉党的,在魏忠贤专权时,都曾出任《三朝要典》副总裁,且办事多诡异、不公道。翰林院有个编修叫倪元璐,多次上疏发表自己对时政的不同看法,来宗道取笑他说:你哪里这么多看法?时政之事就像听一个故事,品品茶听完就算了。两人这样的工作态度,众人自然不服。不久后,当众臣呼吁声讨《三朝要典》时,这两人无法再待下去,于崇祯元年(1628)六月退休回家了。一个首辅,一个次辅,两个经过庄重仪式选拔出来的要害岗位大臣,在任上才个把月时间。这样在政坛上的"闪现",倒和他们的名字从金瓯中闪现有点相似。

来宗道退休后,由李标接任首辅,钱龙锡、刘鸿训两人为次辅。

刘鸿训为人耿直,做事有担当,敢于发表自己的意见,尤其是当皇上召对时,不像其他阁臣那样唯唯诺诺。所以,一开始他们把政事打理得有条不紊。

但很快,这样的局面又被打破。刘鸿训因两件事处理得让皇上不满意,失去了皇上对他的信任。

一件事是,边关士兵因为欠饷而骚动,崇祯责备户部没处理好。而此时刘鸿训则奏请皇上批准,从国库拨款三十万两银,作为皇上对边关士兵的恩典,其实就是补发一点军饷,以平息士兵的骚动情绪。应该说,事情因欠饷引起,皇上对此不满意批评有关部门,内阁提出解决问题的方案,这是为皇上补台,是一个大家皆大欢喜的正确思路。

然而皇上却不满意了,他批评户部,是让户部去料理此事,而不是由内阁提出从国库拿钱去摆平,他觉得刘鸿训的提议有违圣意。于是,他对刘鸿训的奏请不满意。其实崇祯没有想通:批评户部,最后还得解决问题平息事端;而平息事端的唯一办法,就是补发欠饷;要补发欠饷,还是要国库拿钱,户部的钱也要国库拨付的。这个逻辑,作为皇上,崇祯不明白?

第二件事，是皇上颁发给惠安伯张庆臻总督京营的敕书，刘鸿训擅自修改，增加其"兼辖捕营"权限。这事遭到大臣弹劾。当然，作为内阁次辅，对皇上的决定有不同意见，可以向皇上提出建议，待皇上同意后修改、完善，而绝对不能擅自增删修改决定。这事刘鸿训有错。

鉴于刘鸿训的错，和对上次奏书的不满，崇祯一怒，元年（1628）十月，将刘鸿训削职为民。没过多久，崇祯仍不解恨，将他发成代州。刘鸿训从上任到被贬，才四个月，即便算上金瓯掣签入阁时间，也才十个月。

不满也好，过错也罢，作为新上任的内阁辅臣，动不动被削职为民、贬谪戍边，崇祯此举确为草率了。

另一个用筷子挟出来的阁臣周道登，则因为无能而且贪鄙，口碑很差，也在崇祯二年（1629）正月被罢官回家。

这样算来，金瓯掣签选出的六位内阁成员，一年零一个月的时间，就有四个或退休，或被削职贬谪戍边而出局，时间最短的两人，上任才个把月，真的是连屁股也没坐热。

崇祯用人、废人的随意性，在刘宗周身上表现得堪称典型。

崇祯刚上位时，任命天启时被魏忠贤罢职的刘宗周为顺天府尹。顺天府尹是北京城的政务与治安最高行政长官，为正三品，这一职务跟御史台、步军统领衙门、九门提督府等衙门有几乎相等的权限。作为京师的最高行政长官，刘宗周应该是被重用了。

刘宗周得到新皇上的重用，自然感到应尽职回报，所谓"士为知己者死"。回报的方式，就是上疏谏言。

崇祯二年（1629）九月，刘宗周在上疏中就直言时弊：水旱灾伤，一切不问。敲扑日峻，道路吞声。小民至卖妻鬻子以应。有司以掊克为循良，而抚字之政绝；上官以催征为考课，而黜陟之法亡。

这段话说得很尖锐：对于灾害对百姓的伤害，有关部门全然不闻不问。行刑拷打一天比一天厉害，以至于百姓都忍气吞声。老百姓都到了卖妻儿的地步，而官员们却以搜刮财物是奉公守法！所以朝廷对百姓的安抚体恤政策就没有了。官员们都以催征作为工作任务，所以官员升降的律法就废除了。

因为崇祯执政不久，又是面对一个他新起用的重臣，所以，尽管刘宗周的疏文表述尖锐，崇祯并未为难他，只是对他的一番诤言不予理睬。

袁崇焕被崇祯下狱后，崇祯心情大坏，对大臣们的疑心更重了，转而倚重太监。但刘宗周依然不管不顾，照样上疏直言。他认为，政事和官员出现问题，做臣子的有责任，皇上也有责任。

崇祯三年（1630），刘宗周再次上疏，直指皇上的过错：

陛下以重典绳下，逆党有诛，封疆失事有诛。一切讹误，重者杖死，轻者谪去，朝署中半染赭衣。而最伤国体者，无如诏狱。

做臣子的在疏中直指皇上的错误，而且错误还不轻，刘宗周实在是大胆！这一"犯上"行为惹怒了崇祯皇上，他斥责刘宗周的奏疏"指为偃蹇"。

刘宗周见自己的奏疏不仅没能引起皇上重视，还被斥责为骄横狂妄，心中顿时凉飕飕的，细想一下，既然如此，干脆称病辞职。崇祯皇上见刘宗周辞职，马上批准，让这类敢于对皇上指手画脚的人回家赋闲去吧。

刘宗周的第一个任期，在不满三年的时间段内结束了。

等到了崇祯八年（1635），朝政局势进一步恶化，农民义军不断攻城略地，朝廷大臣走马灯似的更换，仍然拿不出扭转局势的办法。这时，廷推刘宗周入阁，进入核心决策圈。

刘宗周于第二年进京，老脾气不改，立马上一奏疏，主要内容仍然是批评崇祯皇帝用法太严苛，让做臣子的因为害怕而不敢作为。

崇祯一看又来气了。皇上生气，事情就不好办了，不准刘宗周入阁，只授工部左侍郎。

刘宗周这次入京，是因为入阁。没想到写了一份奏疏，又惹怒了皇上，不准入阁，仅授一个左侍郎，这个结果犹如一盆冷水迎面泼来，他心里十分沮丧，又写了一份《痛愤时艰疏》。疏中说：

天下事日坏而不可救……人人救过不给，而欺罔之习转甚；事事仰成独断，而诡谀之风日长……敲扑繁而民生瘁，严刑重敛交困而盗贼日起……朝廷勒限平贼，而行间日杀良报功，生灵益涂炭。

崇祯皇帝见到刘宗周这份字里行间透出愤怒的疏文，自然怒不可遏，让阁臣票拟，对刘宗周严惩。内阁呈上票拟，崇祯认为处罚太轻退回内阁。这样来回几次，内阁坚持认为虽然刘宗周疏文有些话说重了，但不能定为罪行，尤其不能拟为重罪。事情拖了一段时间，崇祯皇帝平心静气想想，确实不能给刘宗周定罪，就对他批评了一通："大臣论事宜体国度时，不当效小臣归过朝廷为名高。"意思是做大臣的论事要从国家大局考虑，不要因为自己出风头而把所有过失全部推给朝廷。

刘宗周本以为被重用而连上两疏，却没料到依然被皇上冷落、训斥，又递上辞呈。崇祯皇上批准他闲住养病。

刘宗周的第二次复出，犹如"闪现"，很快就以辞职结束。

崇祯十一年（1638），在家带职闲住的刘宗周依然关心社稷安危、朝政局势，又上疏批评皇上用人的失察。内阁首辅温体仁原本与刘宗周有矛盾，借此机会上奏章极力诋毁刘宗周。崇祯正为刘宗周的奏疏头疼，见到温体仁奏章，立马下旨，将刘宗周削职为民。

崇祯十五年（1642），明朝局势已内外交困、岌岌可危，崇祯皇帝又想起了刘宗周，便重新启用他为左都御史。

但偏偏又生事端。当年冬，清军进犯入塞至山东。消息传来，崇祯心情愈发焦虑不安。在商讨如何拒寇的廷对上，崇祯与刘宗周发生了激烈辩论。

刘宗周认为，十五年来，皇上处分不当，才导致今日之败局。不追究祸害的根源、改弦易辙，却想以敷衍苟且之政去补眼下的漏洞，这不是长久之计。

崇祯听到刘宗周又在批评他，脸色也变了，说，以前的事不可追悔，妥善的处理之法为何？

刘宗周回答道，皇上应该开诚布公。以天下共同好恶为自己的好恶，以天下人的意愿为取舍依据。进贤才、开言路，风气会逐渐好转。

崇祯急匆匆问道，现在战火已经逼近京师，国家局面已经坏到极点，怎么办？

刘宗周从选贤才说起，认为现在这种局面下，用人还是要德先，才能立威。

崇祯皇上立即打断他的话说，现在军情紧急，选人当首先看才能，然后才是操守。

刘宗周见皇上生气，并不退让，强调说，此前把事情做坏了的，都是由于个人品德不好，贪赃枉法。所以，还是应该先德而后才。

应该说，对于这样一个并非紧要的话题，君臣之间有不同意见甚至争论，都在可以理解、包容的框架内。但问题是皇上正处在情绪烦躁之时，而臣子又是几次惹皇上发怒之人，这次当廷与皇上辩驳，皇上自感在群臣面前大失威严，做臣子的自然讨不了好。不久，皇上将刘宗周再次罢官为民。

算起来，一个官职并不显要的臣子刘宗周，由于多次上疏谏言惹得皇上龙颜不悦，将他四次贬黜，可见崇祯用人的随意性到了毫无章法的程度。

用人不疑，疑人不用。在刘宗周频繁的官场沉浮这件事上，不是做臣子的错，而是皇上太随意。

自太祖朱元璋废除宰相制度后，明朝设置了一个殿阁大学士机构来协助皇上处理政务。到明成祖时设置了内阁帮助处理政务，形成了内阁制度。内阁虽然没有宰相那么大的权力，但也相当于变相的宰相，所以内阁也就成为皇帝的左右手和工作班子。

以崇祯的年龄、能力、阅历而论，他十七岁仓促间出任皇帝这一至高无上的职位，确实属于嫩竹扁担，难以担当治理这样一个庞大帝国的重任，故需要有一个经验丰富、以社稷为重的强有力班子的辅佐。崇祯上位后，从他选定的第一个首辅来宗道开始，到明亡，十七年间，更换了十七个首辅。这些被快速更换的首辅中，有能力有作为的不多，更多的是无能、贪鄙、奸邪之士；还有的一味陷入党争内耗。皇上将他们或免职回家，或贬谪戍边，严重的被赐死。首辅如此，次辅和内阁成员变换就更多、更快。一个如此重要的内阁机构，其领军人物却处于极为动荡不稳定状态，以至于内阁成员都在提防着周围的明枪暗箭，观察着皇上的心情脸色，担心着自己明天的毁誉去留，哪有多少心思来专注于朝政，怎么去发挥资政作用辅佐皇上？可以想见，以一个动荡不安的内阁，应对动荡不安的政局，负负不仅不能得正，反而加剧政局的动荡混乱。明朝亡于崇祯年，与此一环节之薄弱不能说没有关系。

于崇祯皇帝这一角度来看，他的皇宫坐落在动荡摇晃的大地板块上，他的龙椅由不停摇晃动荡的内阁抬着，大明的政局还能稳吗？本来，他可以依靠相对稳定的内阁辅佐，解决一些影响时局动荡的问题，慢慢让政局向好的方面扭转，但由于他的轻率、多疑、独断，让身边这些抬着龙椅的内阁也动荡起来，结果背离了初衷，事情进入恶性循环的怪圈，变得愈发不可收拾。这应该是皇上的不是了。

崇祯多疑、反复无常、优柔寡断的性格，还表现在加征军饷这件事上。

崇祯三年（1630），总督蓟、辽、保定军务的兵部尚书梁廷栋上疏请求追加辽饷。他在疏中陈述加赋的理由说：现在百姓们虽然很穷，但并非因为加征辽饷，一年中，以各种名目暗中加征税赋的不知道有多少,"如朝觐、考满、行取、推升,少者费五六千金。合海内计之,国家选一番守令,天下加派数百万。巡按查盘、访缉、馈遗、谢荐,多者至二三万金,合天下计之,国家遣一番巡方,天下加派百余万,而曰民穷于辽饷何也?"他在疏文中痛斥这种造成加征税赋乱象的根本原因:"臣考九边额设兵饷,兵不过五十万,饷不过千五百三十余万,何忧不足。故今日民穷之故,惟在官贪。使贪风不除,即不加派,民愁苦自若。使贪风一息,即再加派,民欢忻亦自若。"

梁廷栋将百姓穷苦的原因,归结为"惟在贪官"。

既然知道加征会加重百姓的穷苦,但梁廷栋还是开了这服药方。

不服这服药怎么办?边事危机,急需军饷才能稳定边关,即便是饮鸩止渴,也得先让边关安稳了再说。

崇祯对梁廷栋疏文的直言不讳表示赞赏,但并未即刻下令加征,而是御批户部协议。

户部尚书毕自严因为朝廷开支捉襟见肘曾经上疏,提出过一些建议,如增加关税、卖掉各地建的魏忠贤生祠、裁减冗役、停建办公场所等,以便增收节支。这些建议还没能落实见效,现在看到皇上御批加征,他很无奈,只好同意。他算了一下,在原来加征增五百二十万两银的基数上,再加征一百六十五万两银,他心里感叹"天下益耗矣"!

这种造成"天下益耗"之事,不是什么好事,除进一步加重百姓负担外,还有损皇上和朝廷形象。这一点崇祯皇帝心里也很清楚,所以,他在发布谕旨中特别说明:过去因为辽东兵事紧急,按亩加赋一直没有停止。这件事总挂在我心上,想免掉这份额外负担。但近来边患一直不断,军情愈发紧急,户部咨奏再三,请示在每亩已经加征的九厘之外,再每亩加征银三厘,共一分二厘。这些都是辽饷,待事情平息后立即停止征收。我是因为大家商议,才权宜同意。

这哪像一个皇帝的谕旨,这就是一份谕旨的补充说明书:加赋是大家商议的，我本来是不同意的，现在大家商议好了，我只好斟酌权衡同意了。

你们大家看，我大明皇上是多么的真诚！

然而，又是何等的虚伪！

不要以为真的如皇上这份谕旨所说的，这样的加赋待边关军情平息后会立即停止，终崇祯一朝，围绕这样的加征就根本没有停止过。

崇祯八年（1635），崇祯皇上下罪己诏时，侍读学士倪元璐就指出，皇上下罪己诏，不要只说空话。现在百姓最苦的，莫过于催缴各种税赋。对于倪元璐所说，崇祯认为是实情，但他非但不拿出任何减免税赋的实际行动，反而不断加征税赋。

崇祯九年（1636），杨嗣昌接任兵部尚书一职，他一上任，就提出按亩加征练饷。为保证这项额外税赋的征收，他提出了四项措施：在各地原来税粮之外，按比例加派；对民间未纳税的土地，核准后纳税；富人可以缴纳一定的银两捐一个监生的官职，只使用一年；裁减驿站人员，节省下的经费用作军饷。

崇祯皇帝批准了这个加征方案，并理直气壮写下：不集兵无心平寇，不增赋无以饷兵。

不知他在御批这个奏请时，是否还记得前几年他谕旨中的话？

明末为筹集抵御后金和镇压农民起义的军费，明朝廷想方设法，巧立名目，在田赋上加派辽饷、剿饷和练饷。辽饷是辽东驻军专项军饷，到崇祯末年，辽饷加派赋银达到九百万两；剿饷是朝廷镇压农民义军所筹专项军饷，仅崇祯十年（1637）一年就征收赋银三百三十万两；练饷为练兵所筹专项军饷，崇祯十二年（1639），为抽练边兵和加练乡兵，加征田赋每亩练饷银一分，共增征田赋七百三十万两。

杨嗣昌提出的所谓练饷，表面上说是为了练兵征收的税赋，其实也就是另立名目搜刮天下财富，因为，在此之前，朝廷已经加征过辽饷、剿饷，这也是明朝后期农民税赋特别重的原因。

这个大规模加征方案一出，无疑给处在饥寒交迫困境中的农民带来雪上加霜之灾。官府会算账，从农民的土地上每亩几两几钱地榨出一笔大额银两，完成加征和自己的私吞。农民也会算账，自己的土地面积是有限的，土地上的产出也是有限的，这些有限土地上的有限产出，是维系一家人基本生存的依靠。风调雨顺的年景，还能有个温饱；遇到灾害，那就得吃糠咽菜挨过这一年。现在朝廷不断加征税赋，农民们一算，自家地里那点产出不吃不喝全拿去交税倒是勉强可以，可一家老小不吃不喝怎么活？这么一算，各项税赋加起来大于土地产出的各项收入和口粮，也就是入不敷出，民不聊生。

加征练饷这根最后的稻草压上去，农民们只有这么几个选择：要么举家逃离；气不过的铤而走险，或揭竿而起，或投靠义军。这样的结果是，土地撂荒了，朝廷实收的税赋减少了，而义军的力量增加了，明朝灭亡的步子加快了！

即便到了崇祯十七年初，李自成大军逼近北京，崇祯皇帝在皇宫和大臣们商议帝都是否南迁一事，还就加征三饷问题进行过讨论，君臣之间还为此发生了争执。

当时，工科给事中彭琯上疏称：过去农民军进犯湖北时，就是民众听信了他们的宣传，说是"三年免征，一夫不杀"，民众多有迎合者。后来又看到抚臣李乾德悬示免征公告，民众更为踊跃，毕竟官府的公告更靠得住。假如现在由皇上大下蠲召令，那效果会更好。最近有传闻说崇祯十六年、十七年宽免税收，假如再放宽到崇祯十八年，让剿灭农民军之后还有点余力，并且在那些荒地也实行免征税收，使老弱们捧着皇上的免征檄文感动得痛哭流涕，岂不是当前的第一大义事！

彭琯算是旁观者清，斗胆说出了一个从根本上解决问题、挽救明朝危机的方案——免税。但他不曾想到：崇祯朝根本就没有十八年！

此时，另一个大臣光时亨上疏，抨击加征练饷的做法是祸害百姓，要求追究提出这个馊主意之人。大学士蒋德璟附议，认为：那些热衷于聚敛财物的小人倡议搜刮民财，"致使民穷祸结，误国良深"。

崇祯皇帝本是召集阁臣和吏部、户部官员商议如何解当前时局之危，却见有大臣将话题转向追究什么"聚敛小人"上去了，自然是龙颜不悦，他接过话题，追问蒋德璟：你说的"聚敛小人"究竟是指谁？

蒋德璟见皇上面有怒色，便转了口风，小心回答说：皇上哪里会去聚敛。因为原有旧饷五百万两银，新饷九百万两，再增加练饷七百三十万两，科部难辞其责。现在所说的练兵在哪里呢？蓟督抽练兵饷按四万五千人拨付，现在只有三万五千人；保督抽练兵饷按三万人拨付，现在只有两千五百人；保镇抽练兵饷按三万人拨付，现在只有二三百人！若山、永兵七万八千，蓟、密兵十万，昌平兵四万，宣、大、山西三边兵各二十多万，一加练饷，原来的兵员定额不说，光增加部分就有七百三十万饷额，百姓怎么不困苦！

对于蒋德璟所说的这些练饷的明细账，崇祯并不认可，他说户部已将三饷合一了。毕竟是皇上，就连算数都与众不同。你看哈，原来是三饷，加征有点多，朕现在将三饷并作一饷了，只有一饷就不多了，可以了吧！

遇到这样的皇上，天下苍生无道理可讲，只有流泪了！

蒋德璟告诉皇上，户部是将三饷合一了，可是州县官员并没有合一，依旧是征收三饷。最近各省官员不断借练饷的名义加征，加征互相攀比的风气像火势蔓延一样猛烈，所以导致百姓们穷困，导致百姓遇到农民军就去迎合，那些官员知道百姓去迎合农民军，心里又恨老百姓，所以导致目前这种外无兵、内无民的窘况。这个问题现在就是并饷也不能解决。

《明史》记载，御史郝晋曾经就加征一事上疏说：万历末年，合九边饷止二百八十万。今加派辽饷至九百万。剿饷三百三十万，业已停罢，

旋加练饷七百三十余万。自古有一年而括二千万以输京师，又括京师二千万以输边者乎？（《明史·卷七十八·食货志二》）

朝廷的各项开支，包括军饷，都来自税收。一个国家的税赋项目和税率是相对固定的，频繁地临时性加征、加税，除了加重纳税人的额外负担外，还容易引发社会矛盾，影响政局稳定。明崇祯年间，年年增兵加饷，但军队战斗力却是日益衰落，农民义军日益强大，边关一天天吃紧。此消彼长，致使朝政陷入泥沼而不能自拔，最终走向灭亡。明朝的这个教训，不谓之不深刻。

朝廷真的穷得没钱了，需要这样一而再，再而三地搜刮百姓？

还真的不是。史料多有记载：李自成攻进北京城，义军打开久未开过的皇家库房，发现库房里有堆积如山的银锭，一点数有数以亿计！

这么大一笔家当，竟然都留给了自己的敌人！

当皇帝的连自己家底都不知道？

崇祯皇帝死得冤不冤？

崇祯皇帝朱由检在位十七年，说长也不长，说短也不短。

说长，从十七岁到三十四岁，对一个人来说，是完整的一个青年时代，他的身体、心智刚好处于发育高峰期，相当于从进入大学，到大学毕业走向社会，到立家立业的这段时期。这是人生中最有朝气、最富有创造力的时期。

说短，毕竟只有十七年，毕竟十七岁就开始担负起治理一个世界大国的重任，而这个大国运转了二百多年，前任留下了许多积弊。他又是在毫无准备的情况下仓促上任，无论是面对连年灾荒经济衰退、财政捉襟见肘、朝廷官员大面积腐败、农民义军日益强盛，还是边关屡屡告急、外敌不断滋事，他都没能找到解决问题的根本办法，没能扭转颓势，以至于眼巴巴看着帝国大厦在泥沼中越陷越深，最后自己跟随这座大厦一起沉没。

崇祯死前，写在衣襟上的御笔血诏上有一句"虽朕薄德匪躬，上干天咎，然皆诸臣之误朕也"。这和他之前用手指写在桌上给太监王心之看的那句"文武臣个个可杀"同一个意思。由此看出，崇祯死前对满朝大臣的误己误国，怨恨到了极点！

但明朝之亡，真的全是大臣们的责任吗？

诚然，崇祯一朝，大臣们的贪腐、不作为确实普遍，崇祯皇帝为此没少费心思气力整肃吏治，他杀的内阁大臣和其他官员也不少，但并没有刹住贪腐、不作为之风。是他的手段不够严厉吗？恐怕不是。当然，和太祖相比，他惩治腐败官员的手段稍逊一筹。太祖朱元璋明朝开国，胡惟庸任丞相后势力渐大，日益骄横，懈怠政事，朱元璋感到皇权受威胁，于是，洪武十三年（1380），朱元璋以擅权枉法的罪名处死了胡惟庸和有关的官员，同时宣布废除中书省，不再设丞相。过了两年，洪武十五年（1382），出于监控官员的需要，朱元璋将管辖皇帝禁卫军的亲军都尉府改为锦衣卫，并授以侦察、缉捕、审判、处罚罪犯等权力。这是一个拥有生杀特权的特务机构，由太祖直接掌控。锦衣卫有自己的"法庭"和监狱，俗称"诏狱"，对被抓来的有罪官员实施剥皮萱草、抽肠刺心等种种酷刑。朱元璋还让锦衣卫在朝廷上执行廷杖，有很多大臣惨死杖下，工部尚书薛祥就是这样被活活打死的。朱元璋还派出大量名为"检校"的锦衣卫，对朝廷官员进行暗中监视。有一次，学士宋濂上朝，朱元璋问他昨天在家喝酒没有，请了哪些客人，宋濂一一照实回答。朱元璋听后满意地说："果未骗朕。"太祖的话让这位大臣惊出一身冷汗。宋濂身任翰林院学士等要职，是朝廷重臣，被太祖誉为"开国文臣之首"，他万万没想到，自己在家中请几位客人，竟让皇上知道得一清二楚。由此可见，太祖的治贪腐力度不可谓不严厉，但这仍未能遏制贪腐的滋生蔓延，什么原因？

朱元璋出身于贫苦农民家庭，所以，他登上皇位后还能为农民着想，办了不少实事。他在位三十一年，采取各种措施让农民归耕，奖励农民开垦荒地，扩大农耕面积；提倡农民种植桑、麻、棉、果等经济作物；组织各地，尤其是水患频繁地区农民兴修水利；组织移民屯田和军屯；他下令解放奴婢，减免税负，抑制豪强，严惩贪官；为摸清人口和土地家底，太祖还派人到全国各地丈量土地、清查户口等。经过洪武时期的努力，生产力得以逐渐恢复，社会得到明显发展，为历史上较好的发展时期。朱元璋这一系列治国方略，为大明朝的发展奠定了基础。这段时期，史称洪武之治。

朱元璋的继任者，继承的是太祖皇上留下的家业，这样的轻松快意感受，和太祖拼死创业的艰辛完全不同，所以，后继者躺在太祖打造的温床上惬意享受，其治国施政方略渐渐偏离太祖的初衷，到明末，朝廷完全把农民作为盘剥压榨和打击对象，和洪武时期的方略相去甚远了。这样的家天下体制，犹如现代的一个游戏：主持人对第一个人耳语一句话，然后从第一个人开始，依次将这句话向后面的人耳语传达，等到第十个人将听到的耳语复述出来时，主持人的这句原话已经被篡改得面目全非了！

游戏博人一笑，而治国出现这种情况，只能令国人痛心疾首。

出现这样的情况，一国之君能怪满朝大臣"皆诸臣误朕"？

封建社会家天下的体制，朝政腐败是必然的，不可避免的。但朝政腐败只是表象，根子在这种封建体制：朱元璋推翻元朝统治，并非建立以人民为主体的新政权，还是继续王权统治，只是旧瓶子装新酒而已。所以明朝灭亡，崇祯不能责怪大臣们，其实崇祯也不能对此负全责，因为这样的封建体制必亡，这是社会发展规律，只不过崇祯皇帝不明白，当时的国人也不明白，世界也不明白，一直要等二百多年后资本主义在西方出现，马克思关于人类社会发展的科学社会主义学说诞生，才最后揭示出封建社会的必然终结。这是后话了。

所以,对崇祯皇帝来说,这十七年有点短,和大明朝二百七十多年的历史相比,短得就像金瓯掣签出来的那些内阁,在政坛上一闪而过。他内心不甘、忧愤,遗恨绵绵。

一根嫩竹扁担,一头压着封建社会必亡的基因和明朝二百多年的历史积弊,一头压着风起云涌的农民起义和边患不断进扰的现实,实在是难以承受之重。

历史老人已经听见了这根扁担断裂的清脆响声。

崇祯皇帝带着短短十七年的执政期,和大明朝一同没沉了。身后,他和帝国大厦一同沉没,而卷起的巨大旋涡,在史海中翻卷,久久不能平息。

五、人运·国运

一个人的命运,尤其是一个政治人物的命运,是和国运连在一起的,在国家政局动荡时,这种命运的勾连,显得更为密切和变幻莫测。

在封建社会,皇帝居于命运网络图的中枢。皇帝凭借他至高无上的权力,可以主宰这个国家的命运,更可以随时操纵他统治下的臣民的命运。

明末崇祯年间,国家和臣民的命运掌控在皇上朱由检手中。大明帝国这艘超级航船由皇上驾驶,驶向了一条旋涡险滩密布、最终导致航船倾覆的航道,尽管崇祯皇上自己辩解"君非亡国之君",将亡国的责任全部推给满朝文武大臣:"臣皆亡国之臣",这样文过饰非地推卸一个国君的责任,无论如何也解释不过去的,所以到最后他在煤山自缢前,在最后的遗书中写有这样的文字:"朕死无面目见祖宗,自去冠冕,以发覆面。"还算是临死之前的一点反思,一点自知之明。只是到这个时候,悔之晚矣!

要知道,他的死代表国之亡,而国之亡,意味着多少无辜人的死!

国破家亡,覆巢之下岂有完卵?

在崇祯年间,做臣子的命运是不是处于皇上随时操纵下,可以一步荣华,可以一步地狱?崇祯年间三个大臣的不同命运,多少折射出那时政坛的风气和皇上的决策对一个大臣的命运、对一个国家命运的影响有多大。

这三个大臣为:兵部尚书袁崇焕、兵部尚书杨嗣昌、内阁首辅温体仁。

(一)谁"凌迟"了边关名将袁崇焕

◎(崇祯元年)四月……甲午,袁崇焕为兵部尚书,督师蓟、辽……秋七月癸酉,召对廷臣及袁崇焕于平台。

二年……六月戊午,袁崇焕杀毛文龙于双岛。

十一月……甲辰,召袁崇焕等于平台,崇焕请入城休兵,不许。

十二月辛亥朔,再召袁崇焕于平台,下锦衣卫狱。

三年……秋八月癸亥,杀袁崇焕。

(《明史·卷二十三·本纪第二十三·庄烈帝一》)

以上摘录的,仅为《明史》中记载的崇祯皇帝对明朝大臣袁崇焕任用、下狱到最后被杀的经过,总共才两年五个月的时间,其中八个月,袁崇焕是被关在大狱中。

从这个记录中看出,袁崇焕是在崇祯上位后得到重用,距明亡、崇祯之死间隔有十五年。按常理,他和明亡应该没有直接的因果关系——因为,一个兵部尚书,武官,对一个国家的政局影响力不会有那么大、那么深远。

但实际情况却并非如此。明亡与袁崇焕之死确实有着千丝万缕的关系,诸如,山海关最后失守——应该说是拱手相让,是驻守山海关的明朝大将吴三桂带着清兵从这里入关,打进北京的。而这个边关原来是袁崇焕统管，而且管理得很好，让后金、后来的清朝胆战心惊，不敢越雷池一步；还有，吴三桂的舅舅祖大寿原来是袁崇焕的下属，崇祯元年（1628），袁崇焕督师辽东，同年农历六月，祖大寿升为辽东前锋总兵，挂征辽前锋将军印，驻守锦州。祖大寿目睹袁崇焕下狱，他和辽东将士心情沉重，都认为：像袁督师这样对朝廷一片忠勇，还未能幸免被冤枉获死罪，我们在这里又能干什么？崇祯四年（1631）十月二十八日，祖大寿杀掉宁死不降的何可纲，大开城门，率众将到后金军营投降。

所以，如果——仅仅是如果——袁崇焕还在边关，或者没被皇上处死，祖大寿还会投降后金吗？祖大寿不降，辽东边关守卫的重任还由他担着，他的外甥吴三桂是否还会有"冲冠一怒为红颜"、从山海关引清军入关这一出？明朝的历史结局是否应该改写？

历史就是这么诡异，一些表面上看似毫不相关的细节，暗地里却是盘根错节，相互关联形成一定的逻辑关系。

当然，历史不会去理睬什么如果，只按事实的轨道前行。

而且，即便袁崇焕还在，恐怕也难以一己之力挽救明朝的灭亡，因为李自成的义军已成不可阻挡之势；清军战斗力也锐不可当，当时人们描述："女真不满万，满万不可敌。"此时的女真精兵已有八旗，每旗七千五百人，共拥有六万精兵了，尤其是统帅的谋略已达到一个相当高的水平，其内部空前团结一致。朱由检的明朝和李自成的大顺国与之相比，不在一个层面上。

崇祯上位时，边患不断。位于大明版图东北角的大清国囿于东北苦寒地，人口、经济发展大为受限，觊觎大明幅员辽阔之土地、众多之人口物产，屡屡南侵，成为明朝一心腹大患。崇祯急于想找到一个破解这个难题的招数，于是频频召见大臣，听取他们的意见和良策。

袁崇焕就是在崇祯皇帝召对时，进入皇上视线中的。

崇祯元年（1628）三月，袁崇焕被任命为兵部尚书，督师蓟、辽。之前，兵部左侍郎吕纯如上疏，请求皇上重用袁崇焕。在这份疏中，他对袁崇焕的评价独具特色：臣持议必欲朝廷用崇焕者，只认定"不怕死，不爱钱"与"曾经打过"十个字耳。强敌压境，人方疾呼而望援兵，而崇焕乃置母妻于军中。纸上甲兵人人可自命也，而实实从矢石锋刃中练其胆气而伎俩较实，此臣所以谓始终可用也。

"不怕死，不爱钱"和"曾经打过"，概括了袁崇焕的鲜明特点。对一个武官有如此评价，应该是极高的了。在明末时的社会风气中，袁崇焕身上的这三个特点的确难能可贵。

这一年的七月，崇祯皇帝召对廷臣及袁崇焕于平台，专门讨论平息边辽之事。

崇祯上位后一直为边事困扰，因为袁崇焕督师蓟、辽，所以这次直接就问袁崇焕，你有何平辽方略，可以一并奏来。

袁崇焕也是有备而来，他回奏皇上说：所有的方略已经另外写有奏本。臣受皇上知遇之恩，假如皇上能给我一定行事之权力，五年时间，辽东的外患可以平息，全辽被侵占的土地可以收复！

袁崇焕的回答十分干脆。

袁崇焕这样回答，并非空喊口号取悦皇上，而是有一定的理由和底气。

《明史·袁崇焕传》对其主要经历和事迹有记载。

袁崇焕为广东东莞人，明万历四十七年（1619）考中进士，被任命为福建邵武知县。他在任时喜欢与人谈论兵法，遇到老兵和退役士兵，袁崇焕会与他们讨论边塞上的事情，所以对边塞的状况比较了解，自认为有镇守边关的才能。

天启二年（1622），御史侯恂破格提拔袁崇焕在兵部任职方司主事。这个职务类似于现代的军队总参谋部参谋。不久，广宁被后金军攻陷，朝廷商议，要派人镇守山海关。袁崇焕得知，随即孤身一人潜往关外侦察地形，同僚和家人均不知他到哪里去了。几天后回朝，袁崇焕上言称：只要能给我足够的兵马钱粮，我一个人就可以带兵镇守山海关！

豪言中，透出一股惊人胆气。

朝廷正需要袁崇焕这样有胆有识的将才，于是又破格提拔袁崇焕为兵备佥事，督关外军，并从国库拨给二十万银两，让其招兵买马扩充军队。

王在晋为兵部尚书、辽东经略，驻镇山海关。王在晋等人主张在山海关外八里的地方即八里铺，再筑一座重城，以拱卫京畿。而袁崇焕等认为，山海关距京城太近，战略纵深远远不够，若敌军进攻京城，山海关作为第一道防线，缺少缓冲，防守压力太大，因此主张在山海关外二百里的宁远卫筑城。虽然袁崇焕极力陈谏，但因人微言轻，不被采纳。天启皇帝的老师、大学士孙承宗出关巡察，实地考察后，看中宁远是山海关的天然"重关"，赞同袁崇焕之议。但王在晋固执己见。孙承宗只好上奏朝廷，将王在晋调任南京兵部尚书，并自请督师辽东。

孙承宗上任后，天启三年（1623）春，袁崇焕受孙承宗命，往抚蒙古喀喇沁部，收复自八里铺至宁远二百里；又安抚军民，整治边防战备，成绩卓著。九月，袁崇焕在孙承宗的督导与支持下，同满桂、祖大寿开始营筑宁远城。但祖大寿揣度朝廷不会久守宁远，便草草敷衍施工，工程结构颇为单薄，且工程量仅完成十分之一。于是，朝廷让袁崇焕接手筑宁远城。

袁崇焕接手后制订规制，并亲自督责，调集军民合力，营筑宁远城。《明史·袁崇焕传》记载："崇焕乃定规制：高三丈二尺，雉高六尺，址广三丈，上二丈四尺。大寿与参将高见、贺谦分督之。明年讫工，遂为关外重镇。桂，良将，而崇焕勤职，誓与城存亡；又善抚，将士乐为尽力。由是商旅辐辏，流移骈集，远近望为乐土。"（《明史·卷二五九·列传第一百四十七·袁崇焕传》）在构筑关宁防线过程中，袁崇焕雷厉风行，纪律严肃，发现一名校官贪污粮饷，越权将其杀了。孙承宗大怒，袁崇焕知道自己擅权，于是叩头谢罪。

孙承宗、袁崇焕等为构筑关宁防线，采取诸多措施：一是修筑城堡，二是驻扎军队，三是召回辽人，四是垦荒屯田，五是贸易货物，六是抚绥蒙古。这道关宁防线，不仅保卫山海关要塞免受攻击，而且在此后二十年间，基本上稳定了辽西走廊的局势。宁远城于天启四年（1624）完工，成为关外一座边防重镇。

宁远筑成城高墙厚的边防重镇，一下将京城的战略防线前推二百里，为拱卫京城起到重要作用。这一边防要塞的构建，袁崇焕当为首功。

袁崇焕经营辽东后，安抚军民，加强边防，取得了显著成效。他的胆气才华，在其后对后金两战中充分发挥，不仅威震后金，也令朝廷官员刮目相看。

宁远坚城重镇的作用，不久就显现出来了。

天启六年（1626）正月，努尔哈赤率领十三万大军西渡辽河，于二十三日抵达宁远城下。经略高第和总兵杨麟拥重兵于山海关，不去救援宁远。驻守宁远城的袁崇焕得知这些消息，来不及愤怒和抱怨，即与大将满桂，副将左辅、朱梅，参将祖大寿，守备何可纲等将士商议并盟誓。袁崇焕更是写下血书，让将士传阅，并将住在辽西的母亲和妻子也接进城来，以自己拼死守宁远城之决心激励守城将士。因为袁崇焕知道这次战争的凶险——守城的士兵只有万把人，而攻城的后金军有十三万之众。袁崇焕一面部署将士和百姓坚壁清野，一面让同知程维楧盘查奸细，让通判金启倧守护粮草，并传檄给前屯守将赵率教、山海守将杨麒，说如果有将士逃到你们这里，格杀勿论！

努尔哈赤派部队绕过宁远城，在城南约五里处切断了通往山海关的路，然后，将抓获的明朝百姓放回宁远，捎话劝袁崇焕投降，但遭到袁崇焕的拒绝。于是努尔哈赤率军攻打宁远城。

这是一场恶战。后金与明朝军力对比是十三比一，守卫宁远城的明军处于明显劣势，并且没有援军，是孤军作战。只见成千上万的后金士兵冲到城边，突然，城头亮起千万火把，箭支、石块如雨点般向城下飞去。攻城士兵身上披两层铁甲，攻城车顶用生牛皮包裹，一般的矢石不能伤，靠着这样的铁甲车撞击城墙，车坚势猛，城墙被撞破了不少地方。

袁崇焕见后金军攻城势猛，难以对付，于是想出一招：让罗立等人指挥十几门葡萄牙产的红夷大炮，轰击后金军大营，攻其后备军。大炮威力巨大，杀伤力强，一炮轰过去，后金军士兵倒下一大片，嚎叫声不断。

后金军在宁远城巨炮的轰击下，士兵伤亡惨重。努尔哈赤见此状况，改变战术，让士兵在城墙下挖出一个个洞，士兵躲在洞中继续用铁甲车撞击城墙。这样一来，城墙上的矢石已无法伤到攻城士兵了。有一处城墙已被撞开一丈多宽的口子，攻城士兵从洞口蜂拥而进。

袁崇焕见状，亲自上前，带领将士将后金兵打出去，并搬来石块堵住洞口。有部下劝他不要靠前指挥，袁崇焕说：宁远虽只区区一城，但与大明的存亡有关。宁远要是不守，数年之后，咱们的父母兄弟都将成为奴隶。我若胆小怕死，就算侥幸保的一命，又有什么乐趣？

面对后金军的近身攻击，守城军也调整战术，他们将火药撒在芦花褥子和被子上投到城下。此时为正月酷寒季节，城下士兵正感到寒冷，见被褥从天而降纷纷来抢，城上士兵见对方中计，将火箭、硝磺等引火物投下去引燃被褥，烧死烧伤无数攻城士兵。这种被称为"万人敌"的武器一经使用立即奏效，攻城士兵不敢再靠城攻击了，而是退往稍远处，又处在明军火炮射程内，造成了更大伤亡。

宁远一战，双方血战三天。后金在努尔哈赤的统率下，士气旺盛，对宁远城志在必得，攻城士兵前仆后继。宁远守军在袁崇焕和总兵满桂的指挥下，拼死守城，并用比后金军先进的武器和灵活战术，使宁远城屹立不倒。

努尔哈赤见已方士兵伤亡惨重，自己也被火炮击伤，不宜再战，不得不下令退兵。

退兵的这天早晨，后金军列队城外，袁崇焕派使者携带礼物送给努尔哈赤。努尔哈赤对使者说：老将横行天下久矣，今日败于小子之手，只怕是天意。他向明军回赠了礼物，并约期再战。

努尔哈赤对此次失败一直耿耿于怀，他回去后对诸贝勒说：我自二十五岁以来，战无不胜，攻无不克，为什么单是宁远一城就打不下来？他心中郁闷难解，伤势一直未好，到同年八月去世，时年六十八岁。

努尔哈赤的约期再战，没有在他本人手上实现，他的继任在十八年后为他报了这一败之仇——1644年，清（后金于1636年改国号为清）军攻下北京，正式定都北京。

而袁崇焕在宁远保卫战时对士兵所说他的担心"宁远要是不守，数年之后，咱们的父母兄弟都将成为奴隶"不幸一语成谶：十八年后——1644年，明朝灭亡，大清国入主北京，大明帝国的国民皆成为大清帝国国民。

宁远保卫战取得胜利，明廷举朝欢喜。明朝一开始由"宁远被围，举国汹汹"而人心惶惶，到闻报宁远捷音，京师士庶，空巷相庆，朝野舆情来了一个一百八十度的大拐弯，朝野对此战评价甚高：

宁远大捷是明朝从万历四十六年（1618）抚顺失陷以来的第一个大胜仗；是自"辽左发难，各城望风奔溃，八年来贼始一挫"的一个大胜仗；也是"遏十余万之强虏，振八九年之积颓"的一个大胜仗。

明天启帝特颁谕旨称：此七八年来所绝无，深足为封疆吐气！因为，宁远与宁远大捷，对于明朝有着特殊的地位与意义：宁远为山海关之藩篱，关乎京师之安危，系天下之存亡。

宁远大战时还有一个小插曲。当时，有朝鲜使者带着翻译去北京朝见明朝皇帝，路过宁远。袁崇焕按外交礼节高兴地接待使者一行。使者从后金大军的包围圈中进城，见守城官兵镇定自若，袁崇焕和几位同僚谈笑如常。袁崇焕等人见使者一行进来，又和翻译等谈古论今，毫无惧色。忽然大炮一响，震天动地，朝鲜使者一行大吃一惊，纷纷低头。只见袁崇焕微微一笑，说，贼兵来了。推窗望去，只见城下后金兵满地蔽野涌来，但听城中却悄无声息。朝鲜使者一行为袁崇焕及明朝守城官兵之镇定、守纪迎敌之气概钦佩不已。

因为宁远大战的出色表现，天启六年（1626）二月，朝廷擢升袁崇焕为右佥都御史，三月，任袁崇焕巡抚辽东、山海。

天启七年（1627）五月初九日，皇太极继位后，急于为努尔哈赤报仇，为后金宁远大败雪耻，亲率后金大军围锦州，攻宁远。袁崇焕等率众固守宁远城。见宁远城难破，五月十一日，后金军直抵锦州，四面合围。

巡抚袁崇焕部署宁远兵不动，另选精骑四千，由尤世禄、祖大寿率领，绕到后金军后翼，再遣水师东出相牵制。尤世禄、祖大寿等将要出动时，后金军已抵达宁远城下。袁崇焕与中官刘应坤、副使毕自肃督将士登陴守战，列营壕内，用大炮轰击后金军。而尤世禄、祖大寿等与敌大战城外，士卒多战死，仍力战不退。后金军于是解宁远围，增兵攻锦州。后金士卒损伤无数，锦州终不可破。

后金军在城外四面扎营，将锦州城严密包围。太监纪用、总兵赵率教驻扎锦州，负责守城。五月十二日，纪用和赵率教派官员到后金军大营商谈议和，以拖延时间，等待援兵。

皇太极这次出征志在必得，因此对锦州来使态度强硬，给纪用、赵率教写了回书，要求守军投降，但锦州守军并不回复。于是，皇太极下令攻城，锦州激战爆发。当日，后金军攻城不下，遭到重创，后退五里结营。皇太极初战失利，派人到沈阳调兵增援。

五月十三日晨，皇太极三次派遣使者到城下说降，都被赵率教拒之城外。皇太极再次下令攻城，但除了徒增伤亡，别无所获。皇太极再发劝降书，用箭射入城中，连射数封信，城中无反应。皇太极此时的真实目的为假求和以待援兵，于是令明使者带回书信，书信内容意在激纪用和赵率教派军出城野战。纪用、赵率教断然予以拒绝。

见城内守军不出城决战，也不投降，皇太极于是加紧收缩对锦州城的包围。五月十八日，皇太极急不可耐，将书信再次射入锦州劝降。锦州城中守军依然不予理睬。五月二十五日，后金固山额真博尔晋、图尔格率援兵从沈阳赶到锦州，后金军攻城兵力得到加强。

皇太极见诱明援军野战不成，锦州攻城不下，劝降不成，便向西移师，攻打宁远城。当时宁远城内，袁崇焕和内镇太监一起驻守。袁崇焕指挥明军撤进壕内，总兵孙祖寿、副将许定国率军在西面，满桂令副将祖大寿、尤世威等率军在东面，其余部署在四周，占据有利地形，整备火器，准备迎战。城外，布列车营，前面挖掘深壕作为屏障，明军撤至壕内侧安营。袁崇焕此次固守宁远，除凭借坚城利炮外，还布兵列阵城外，欲同后金骑兵争锋。

五月二十八日早晨，后金军到达宁远，与明军展开激烈战斗。萨哈廉、瓦克达等部被明军重创。同时，锦州的明军出城，后金军迎击，击退明军。皇太极亲率贝勒阿济格与诸将、侍卫、护军等向明军疾驰进击，明总兵满桂、副将尤世威率军迎战，短兵相接，互有杀伤。明军城上城下互相配合，炮火、箭矢齐发，皇太极大帐被炸毁，济尔哈朗贝勒、萨哈廉贝勒受伤，大将瓦克达、阿格等受伤，将领觉多拜山、巴希等阵亡，后金军死伤累累，被迫撤兵。

五月二十九日，皇太极率军撤离宁远退向锦州。皇太极攻宁远不克，又转攻锦州，遭明军西洋大炮和其他兵器还击，伤亡数千人。加之士兵中暑生病，部队大量减员。皇太极见围攻宁、锦二十四天，损兵折将，取胜无望，于是下令撤军，返回沈阳。

皇太极满怀雪耻之心出征，力战二十多天，却背负"辱名"之痛，于六月十二日无功而返。

此战,明军凭坚固守,以逸待劳,大败后金军于宁远、锦州城下,阻止了皇太极的继续西进,使京师得以转危为安。

袁崇焕在《锦州报捷疏》中称:切照五月十一日,锦州四面被围,大战三次三捷,小战二十五日,无日不战,且克。……孰知皇上中兴之伟烈,师出以律,厂臣帷幄嘉谟,诸臣人人敢死。大小数十战,解围而去。诚数十年(一作"数千年")未有之武功也!

明朝又一次取胜,史称"宁锦大捷"。

两战不仅稳固了边关,更让后金领教了让他们屡屡损兵折将的强劲对手——智勇的袁崇焕。

正因为有两次与后金恶战并大胜的经历,袁崇焕才有胆气在崇祯皇上面前信誓旦旦地说"五年辽东的外患可以平息,全辽被侵占的土地可以收复"这么豪气的话。

崇祯皇上听到袁崇焕这么说,很是高兴,说:五年复辽,就是方略,到时候朕不吝给你封侯。你努力解天下倒悬之苦,你的子孙会沾享你的福气。在场的内阁辅臣也为袁崇焕的豪言感到异常振奋。

趁着崇祯皇帝暂退休息,给事许誉卿问袁崇焕,你用什么方略能在五年内平辽?袁崇焕说,总要宽慰一下皇上。许誉卿提醒袁崇焕说,皇上岂能随便奏对,到五年后你还没有平辽怎么得了?袁崇焕听得许誉卿这么一说,觉得自己刚才的奏对过于简略轻率了。

等崇祯皇帝再次出来时,袁崇焕又奏道,后金那边处心积虑地准备了四十年,这个局面是很不容易处理的。这五年中,我必须事事应手,首先是钱粮。袁崇焕向皇上提条件了。崇祯皇上对五年平辽充满期待,边关需要的钱粮军饷自然是小问题,当即谕知代理户部尚书王家桢着力筹办,不得让关辽军中钱粮不足。

袁崇焕又提出装备问题。他说，后金准备充分，器械犀利，马匹壮健而且久经训练。我们以后调往边关的弓甲等器械也必须精利。崇祯又谕代理工部尚书张维枢，今后调往关辽的器械，必须铸明监造司官和工匠的姓名，如质量差得不能使用，可追究查办。

袁崇焕又奏，五年变化很大，必须吏部、兵部与臣充分合作，能胜任的人员即任命，不能胜任的不能随便派下来。崇祯即召吏部尚书王永光、兵部尚书王在晋，按袁崇焕的要求谕知。

袁崇焕再奏，以我的力量制服边辽是有余的，但要平息朝中众人的各种议论，我的力量就不足了。臣一出京城就与皇上远了，妒贤嫉能的人一定会有，这些人即便不敢乱用权力来捣乱我的事务，但难免会乱发议论扰乱臣的方略。崇祯皇上认真听袁崇焕的奏说，回答说，你提的问题井井有条，不必担忧，朕自有主持。

袁崇焕这次放胆奏对，将所有考虑到的平辽条件一一向皇上提出，本想漫天要价，让皇帝为难，没想到崇祯皇上也是平辽心切，竟全部应允，并当场交代落实照办。

在场大臣见皇上如此支持袁崇焕，也帮着替他提条件。大学士刘鸿训奏，请给袁崇焕大权，赐予尚方宝剑，并将王之臣和满桂的尚方宝剑收回，以统一事权。皇上一听有道理，应允照办。

此次平台召对取得了建设性成果，平辽大事有了着落，君臣皆大欢喜，皇上龙颜大悦，赐袁崇焕酒肴。

两天后，袁崇焕以"钦差出镇行边督师"的身份，向皇上呈奏疏，重申了几个关键的问题。他在疏中说：恢复之计，不外臣昔年以辽人守辽土，以辽土养辽人，守为正著，战为奇著，和为旁著之说。法在渐不在骤，在实不在虚。此臣与诸边臣所能为。至用人之人与为人用之人，皆至尊司其钥。何以任而勿贰，信而勿疑？盖驭边臣与廷臣异，军中可惊可疑者殊多，但当论成败之大局，不必摘于一言一行之微瑕。事任既重，为怨实多。诸有利于封疆者，皆不利于此身者也。况图敌之急，敌亦从而间之，是以为边臣甚难！（《明史·卷二五九·列传第一四七·袁崇焕列传》）

袁崇焕这份疏的核心意思主要阐述了他的平辽方略："以辽人守辽土，以辽土养辽人"，"守为正著，战为奇著，和为旁著"，和"法在渐不在骤，在实不在虚"。从这几个重点来看，是一个谋求长远效果的方略，和他在皇上面前说的"五年平辽"略有差异，但更切合实际。另外，再次重申了自己的担忧：武臣在外戍边卫疆打仗，最怕朝廷大臣们的怀疑怨恨这类非议和敌人的离间之计。

从这份疏中可以看出，袁崇焕不愧为官场中的头脑清醒者，他深知官场暗流涌动，最后提醒皇上应注意的也是他最为担心的这一点，却恰恰不幸被他言中！

蓟辽督师袁崇焕带着朝廷的重托和皇上赐予的尚方宝剑出发了，但还没出山海关，就传来宁远兵变的坏消息，这似乎应了一句老话：你怕什么就偏偏来什么。

兵变是因为欠了士兵们四个月军饷。这也是一个老问题。驻守宁远的四川、湖广兵把辽东巡抚毕自肃、总兵朱梅等官员抓到谯楼上殴打，其余十三营也跟着响应。兵备道郭广新赶到现场与哗变士兵们谈和，千方百计把库房所存的二万两银子全部取出来发饷，又向商民借了五万两，补发部分欠饷，才让士兵们放了被抓官员。巡抚毕自肃在这场兵变中受辱被打，自感治军不严，负有责任，上疏认罪后上吊自杀。

八月初，袁崇焕赶到宁远，直接进入兵营，宣布了皇上对此事的宽宥，惩罚了几个领头闹事的军官，杀了知道兵变而不报告的中军，兵变风波得以完全平息。

一场因欠饷引发的兵变，将主官逼得自杀。此事看是坏事，但对袁崇焕来说倒不失为一件好事，因为它让皇上也清楚了，边关的粮饷是不能缺欠的。袁崇焕在平台召对时，提出的平辽方略第一个要求确实是对的，是只有边关工作经历丰富的人才会出此策的，并不是漫天要价。端的是"边事无小事"。

宁远兵变后不久，锦州又发生类似兵变。袁崇焕感到事态紧急，为稳定边关军心，当即向皇上请求速发山海关内外所欠军饷七十四万两银子，还有太仆寺马价银、抚赏银四万两，从根本上杜绝因欠饷而引发的士兵哗变。

接到袁崇焕催要边关欠饷的几个奏疏，皇上召集群臣议事，说：袁崇焕先前说安抚了锦州，兵变可以得到制止，现在又说军队意欲鼓噪，请求发内帑，为什么前后矛盾？

袁崇焕催要欠饷是对的，但他奏疏中使用的一个措辞未能考虑到皇上的心态，那就是提出要皇上发"内帑"做军饷。

但这也正是袁崇焕的个性。本来这事不用麻烦皇上，因为上次廷对时，皇上已经谕知代理户部尚书王家桢着力筹办，不得让关辽军中钱粮不足。但袁崇焕为此事已向户部催促过几次，户部说国库无银，无法发饷。袁崇焕刚到边关就遇到两起因欠饷兵变之事，还因此逼死了一个巡抚，不解决欠饷，边关军心怎么稳定？军心不稳定，不用敌人来攻打，边关就会不攻自垮。这是事关国家安危的大事，国库没有银子，那就只有惊动皇上，特别提醒请他先从内帑中拿出银两发欠饷。皇上，对不住了，为了边关安定，臣实在顾不得这么多了！

这内帑是什么？不是国库的钱，而是皇家小金库的银子。发内帑等于要皇上自掏腰包，皇上自然不悦了，所以要与大臣们公开讨论。

此时大明朝外似强大，其实徒有虚名，大臣们早就知道国库空虚，所以纷纷表态应该发内帑以救边关。礼部右侍郎周延儒奏道，现在安危在呼吸之间，急则治标，只好发给他。然而这样非长策，还请皇上与廷臣定一经久的方策。

皇上对周延儒此说很是赞成，说：此说良是。朕每次下旨严催各地钱粮，通不解来。如此拖欠，粮饷何时得足？若是动不动就来请发内帑，各处边军都来学样，这内帑岂有不干涸的？你们每每上疏举行召对、文华殿商榷，犹然事事如故，召对都成旧套，商榷俱属虚文，何曾做得一件实事来？皇上把欠粮饷一事的责任，一股脑全推到了大臣们身上，责怪他们办事不力。他越说越来气，提高嗓音说道：朕自即位以来，孜孜求治，以为卿等有嘉谋奇策，召对商榷时，朕未及周知者，悉以入告，俱推诿不知，朕又何从知之？

崇祯皇帝的一番发作，把在场内阁大臣和文武百官吓得不敢大声出气。但发脾气归发脾气，对袁崇焕催要的欠饷却不能不发，最后打个四折，发饷银三十万两以救急。

饷银是发了一部分，但皇上对袁崇焕的态度，却从原来的十分信任，开始变得有点怀疑，甚至有点讨厌了。这个不太妙的变化，远在边关的袁崇焕自然无从知晓，这为他今后的悲惨命运埋下了隐患。

袁崇焕到任，催来了欠饷，稍稍安抚了边关将士，边关恢复平静，权衡利弊，他决定恢复与后金的谈判。

袁崇焕在边关经营多年，掌握了后金很想得到明朝认可为藩邦的心理，知道运用何种策略与之打交道。而且，和谈可以赢得时间，让边关将士恢复士气，厉兵秣马，有利备战。

皇太极一直愿意和谈。以后金所占有的土地、人口、物产来看，是无法与大明相抗衡的，长期作战后金消耗不起。所以，他对袁崇焕和谈的提议积极响应。

袁崇焕提出的前提条件，是要皇太极去除帝号，恢复称汗。

皇太极同意，但也提出条件，要求明朝皇上赐一颗印作为正式承认的信物。

皇太极的这个条件，是接受了废帝为藩，等于把后金作为明朝的藩邦，接受明朝政府的领导，这对明朝是极为有利的，一来从根本上免除了边关常年战争给百姓造成的损失、给国家带来的财物消耗，免除多年来在全国加征的"三饷"税赋，极大减轻农民的负担，避免农民为生计所迫铤而走险引发的社会矛盾；二来消除了一个难缠的强劲敌对势力，化干戈为玉帛，实现边关长远和平。

但崇祯皇帝不这么想，他认为后金与大明敌对多年，屡犯边关，已成心腹之患，必须彻底除之而后快，绝不接受其为藩邦，故对袁崇焕此举心存不满。

对于这样一件关乎国家长治久安大事的处理，就显现了崇祯皇上不具备一个卓越政治家的战略眼光、胸怀和韬略。与袁崇焕比，高下立判。

袁崇焕凭着对维护边关和社稷长远和平的考虑，想做一件对国家有利的事情，他没有考虑到的是，这件事对自己不利。

袁崇焕性情果断、刚烈，决定要做的事就一定要做，而且不愿拖泥带水。在战场上，作为武将，这样的作风可抓住战机赢得胜算，但在官场上，这样处事就容易陷入草率，带来不良后果。袁崇焕杀毛文龙，就属于后者。

毛文龙是明朝一员战将，他的作战特点是善用游击战术，屡出奇兵，以少胜多，令后金军头痛不已。

他的成名之战，是带着约二百人从海上长途奔袭两千里，打败后金千余守军，夺取镇江城（今辽宁丹东附近）。

那是天启元年（1621）五月，沈阳、辽阳相继失守，被后金军占领。当时毛文龙在山海关造火药，逃过一劫。后来辽东巡抚王化贞想派人前去援助朝鲜，毛文龙自告奋勇，带了一百九十七个人乘坐着四艘船出发了。从辽西去朝鲜，要绕过辽东半岛，海路行程超过两千里。区区不足二百人，却要远涉重洋作战，毛文龙带着这支敢死队，经过两个月的海上风浪颠簸，于七月十八日在朝鲜登陆。

毛文龙心里清楚，以这不足二百人的队伍劳师远征，不能硬拼，只能巧取。于是，他先派人联系镇江中军陈良策作为内应，弄清了镇江兵力大概是一千人。然后派了几十人去镇江附近的双山放火，制造双山地区有人造反作乱的假象，诱使镇江守军头领佟养真派出几百人的队伍去双山平叛，使镇江城防兵力大为削弱。然后，派一员将领带几十人在双山和镇江之间的路口设伏，以防敌军回援，自己带着一百人攻打镇江。攻城时，让招募的民兵负责在城外放火呐喊、敲锣打鼓，制造大军压境的声势；陈良策等人又在城内大喊"明军大兵杀过来了！"制造混乱。就这样，毛文龙带着这支不足二百人的队伍趁乱攻下镇江堡，俘虏镇江堡游击、后金外戚佟养真及其家丁六十余人，招降八百多名士兵，史称"镇江大捷"。

毛文龙一战成名。此后，毛文龙运用这套游击战法让后金头痛不已，毛文龙逐渐成为边关一员战将，也因此得到朝廷重视和重用，一路擢升，最后官至东江总兵，并获皇上赐尚方宝剑。

应该说，边关有这样一位让敌人头痛的战将，是件好事。后来袁崇焕到了边关，两位边关战将同时戍边，是强强联合的配置，这对边关的稳定和长治久安，有着重要作用。但这一"强强联合"，仅仅是理论上的设计，实际情况却不是这样，甚至还走向了反面。这样的结果和当时的官场文化有关。俗话说，一山不容二虎。兵部尚书袁崇焕督师蓟、辽，带着尚方宝剑出任边关最高领导，对朝廷这样的安排，毛文龙并没有表示异议或排斥，只是他作为一个总兵，在边关独来独往习惯了，不愿意有一个人管束他。而袁崇焕也是个性极强的人，作为边关最高领导，他希望治下人人都服从领导，这样好统一调度。作为战事不断的边关，袁崇焕的意愿可以理解。但问题就出在这里：两个人都是有个性的，一个要统管，一个不愿意被管，两人的关系出现了缝隙。

崇祯二年（1629），袁崇焕以毛文龙虽然能牵制后金军，但其部耗费的钱粮实在太大，上书请求让朝廷派人来管理毛文龙部的军饷。毛文龙不喜欢有文官监管自己，于是上书争辩。

毛文龙长年坐镇于皮岛。皮岛又称椵岛、东江，是位于渤海中的一座长约十五里、宽约十里的岛屿，它与鸭绿江口的獐子岛和鹿岛遥相呼应，呈三足鼎立之势。由于久镇一方且远离朝廷，正所谓"天高皇帝远"，毛文龙因为无人管束而变得为所欲为。例如，他部下只有约五万兵员，但他虚报兵额二十万，多领十几万人的军饷，基本上都进了自己的腰包；他很有经商贸易的头脑，充分利用皮岛地处海上要冲的地理位置，擅自向来往商船征税，当然这些征来的税银统统成了他的财产；还有，在他军中担任要职的，大多是他的沾亲带故的子侄或义子，堂堂朝廷驻军差不多成了"毛家军"。

袁崇焕对毛文龙的情况有所了解，赴边关上任时心里已有了应对之策。在京城期间，次辅钱龙锡问袁崇焕如何处理与毛文龙的关系，袁崇焕语出惊人：可用则用之，不可用则杀之。

袁崇焕终于下决心要解决毛文龙这件事了。

崇祯二年（1629）五月下旬，袁崇焕约毛文龙到旅顺附近的一个叫岛山的小岛上会面。六月初一，毛文龙率领部分将士到达岛山，与袁崇焕互拜，并呈上三封礼帖、摆上三桌酒席。两人在船上深谈到深夜，第二天又深谈到三更，第三天又继续谈。核心问题谈了三个：在毛文龙驻地设文官监军、粮饷改由宁远转发、改编部队。对这几个问题毛文龙均不同意。袁崇焕最后提出要毛文龙辞职回家，毛文龙回答：回家这件事我是一直盼望的，只不过我对辽东事务很熟悉，解决了满洲之后可以顺势取朝鲜了。毛文龙认为，在辽东事务上，朝廷对他有倚重，是无人可替代的，自己也有尚方宝剑，谁能拿我怎么样呢？

谈了三天，毛文龙对袁崇焕提出的议题油盐不进。袁崇焕动了杀机。

初五日，袁崇焕约毛文龙一起检阅将士射箭比赛。袁崇焕说：我明

第一篇　坍塌的皇宫

天就要回宁远了，你身当国家海外重任，请受我一拜。说完下拜，毛文龙还礼。拜完后，大家一起上山。袁崇焕的亲信参将按照事先的布置，指挥各营士兵围成一个大圆圈，把毛文龙的部下隔开在圈外。

袁崇焕见包围圈已成，就提出几件事责问毛文龙，毛自然辩解。袁崇焕变了脸色，斥责他说，我和你谈了三天，只希望你能回心转意，哪知道你狼子野心，总是欺骗到底。你目中无我那也罢了，但国法岂能容你！随即命人将他衣冠脱去，绑了起来。毛文龙见势不妙，大声辩解自己无罪有功，态度仍是十分强硬。

袁崇焕厉声说道，你说你无罪吗？你犯了十二宗大罪，我数给你听：一、明朝的制度，大将在外，必由文臣监督，你专制一方，军马钱粮不肯受核；二、杀戮降人和难民谎报冒功，说是杀后金兵；三、宣称如果南下，取登州和南京犹如反掌；四、每岁饷银数十万两，但你发给士兵的粮饷每月只有三斗半，这是侵盗军粮；五、在皮岛开马市，擅自与外国贸易；六、部将数千人都冒称姓毛，擅自封官；七、败退时抢劫商船；八、你带头强抢良家妇女，部下效尤；九、驱赶难民到辽东去偷挖人参，不去的不发粮食，让他们大批饿死；十、用大批金银去京师行贿，拜魏忠贤为义父，在岛上为他塑像；十一、铁山一仗自己大败却谎报有功；十二、设立军区已八年，却不能恢复寸土，只是在观望养敌。

听得袁崇焕这么一说，列举的罪名有十二条之多，毛文龙害怕了，不再辩解，只得磕头求饶。毛文龙身边的亲信也为毛文龙求饶，说毛文龙这么多年治理海岛，即便无功劳也有苦劳。

袁崇焕说，毛文龙本来是个寻常百姓，现官居高位，满门封荫，已足够酬答他的苦劳了。他转身向着北面叩头道：臣今日诛毛文龙以整肃军纪，诸将中若有行为如毛文龙的，也一概处死。臣如不能成功，请皇上也像诛毛文龙一样处决臣！说完，取出尚方宝剑，命旗牌官将毛文龙斩决。

127

回到宁远后，袁崇焕将处死毛文龙一事上奏禀报，奏疏最后说：毛文龙是大将，不是臣有权可以擅自诛杀的。臣犯了死罪，谨候皇上惩处。

崇祯收阅奏疏后大吃一惊，但一想毛文龙已死，还得靠袁崇焕在边关出力，只得忍下作罢，但心中已对袁崇焕生出极大怀疑和不满。

袁崇焕擅斩毛文龙，无论在当时还是后来，都受到舆论批评。确实，袁崇焕公布的毛文龙十二项罪名，并没有几项能坐实，更没有一项够得上死罪。且即便犯了死罪，也得由朝廷有关部门审理定罪后再杀，而不能由一个官员擅自诛杀。皇上是赐予袁崇焕尚方宝剑，那是在紧急情况下用的，像处理毛文龙这种情况的，请出尚方宝剑就过了。袁崇焕也十分清楚这件事做过头了，所以向皇上请罪。但他又非做不可，因为，不杀毛文龙，无法统一边事指挥。

虽然杀毛文龙有利袁崇焕的统一指挥，但边关少了一员抗金大将，这种自毁长城的事，后金自然求之不得。袁崇焕这事做得过于轻率，有损大局，也为自己后来的命运埋下了隐患。

崇祯二年（1629）十月，后金十万大军又在皇太极的统率下，绕开袁崇焕驻守的东路，朝防守薄弱、刚发生过军饷兵变的西路遵化进击。

袁崇焕得到报信，于十月二十八日兵分两路，一路派遣镇守山海关的赵率教带四千骑兵堵截，自己带领祖大寿、何可纲等将领赶赴北京保卫京城。皇上听得袁崇焕带兵来护驾，心中大喜，主动拿出内帑犒赏援军，并传谕旨：各路援兵，全听督师袁崇焕调度。

袁崇焕的队伍于十一月赶到蓟州，连续三天与后金军作战，每战皆胜。但赵率教却在遵化城外与后金军作战时，部队被围歼，本人阵亡，遵化陷落，巡抚王元雅自杀。

后金军乘胜一路攻向北京，一时京城陷入危机。大同总兵满桂、宣府总兵侯世禄沿途拦截均被击退，二人只得带着兵马回守北京。

袁崇焕得到赵率教兵败身亡、遵化陷落的消息，心急如焚，带着五千精锐骑兵，两天急行军三百多里，抢在后金军之前赶到北京，驻扎广渠门外。

崇祯皇帝得知袁崇焕到京，立即召见，赐御馔貂裘。袁崇焕以兵马劳顿为由要求进城休息，皇上不允许，要他们在城外驻扎、作战。

十一月二十日，两军在广渠门外大战。满桂率五千兵士守德胜门，而后金兵数以万计，进攻时如黑云翻滚。一场激战下来，明军只剩下三千人，满桂也受伤。

袁崇焕领兵在广渠门与后金兵大战直到傍晚，后金军败退，守军追杀十余里直到运河边。血战中，袁崇焕受伤。

这一战明军以少胜多，只凭城坚炮利。袁崇焕见后金军并未远撤，而是稳住阵脚伺机再攻，交代守城官兵不可出城作战，等待援军到来。

皇上见后金大军并未远撤，心里很不踏实，不断催促袁崇焕出城作战，将后金军彻底赶回去。袁崇焕回复，预计关宁援军十二月初可到达，等援军一到，即可与后金军决战。

崇祯皇上见袁崇焕只守不战，心生疑虑、烦躁，仍不断催促袁崇焕，袁崇焕不断解释目前不能出战的理由：敌军有十万兵力，而我们只有九千骑兵，敌众我寡，现在只能固守待援，等救援大军到来才可出城攻击，里外夹攻，方可退敌。

谁知崇祯不听袁崇焕解释，由怀疑转而愤怒，他斥责袁崇焕说：你不肯出战到底是什么居心？想胁迫朕答应议和吗？

皇上从袁崇焕当下不出战，联想到过去袁崇焕和皇太极有和谈举动，更是将怀疑升级。

后金军见攻城无果，便于十一月二十七日退到京郊南海子，大肆烧杀抢夺。受到伤害的百姓心生怨气，听信谣言，说是袁崇焕不肯出城作战是想议和，后金军就是他引来的。于是就有百姓在城头用石块打袁崇焕的骑兵，骂他们"汉奸"。这样的民怨十分可怕，因为你不知道出处，不知道向谁去解释，不知如何解释，但他们的破坏力很大，传播力很强，而且，同皇上的心思合拍。

就在此时，后金军抓到两个在城外养马的明朝廷太监，一个叫王春，一个叫王成德。久攻无果的皇太极心生一计。晚上，派了五个将领看守，其中有三个是投降的汉人。到得半夜，让两个看守的汉人故作神秘地小声聊天，说道：知道吗？这次并不是我们打了败仗，而是我们皇上有妙计。你没看到吗？皇上单独骑马冲向敌群，敌军中两名军官过来参见皇上，商量了好久。皇上和袁督师有密谋，大事不久就可成功了。

两个被抓的太监就睡在他们身边，将这些话听得清清楚楚。十一月三十日，看守们故意疏忽，让杨春逃走。很负责任的杨春把听到的密谋全部禀报了皇上。

厄运终于降临到袁崇焕头上了。

《明史》记载："十二月辛亥朔，再召袁崇焕于平台，下锦衣卫狱。"

有些史料记载得略微详细。崇祯召见袁崇焕，当面问他三个问题：满桂的箭伤是怎么回事？为什么要杀毛文龙？为什么一仗没打金兵到了北京城下？

袁崇焕对这三个问题都无法回答。满桂的箭伤应该是两军激战时的误伤。这事袁崇焕不知道，当然无法回答。杀毛文龙的原因已经上疏解释过了，袁崇焕没有新的解释也无法回答。一仗没打后金军就打到北京城下，是因为后金军绕开关宁守军直接攻打北京。军事上的类似案例不少，最为著名的是二战时，法国修建了一条长达近四百公里的马其诺防线。但德军并不从这条防线正面进攻，而是绕过马其诺防线向左翼迂回，在蒙梅迪附近突破达拉弟防线，占领了法国北部，接着进击马其诺防线的后方，使防线丧失了作用。袁崇焕并没有预料到皇太极会来这一手，未能预判，属于战略失误，自然也无法辩解。

崇祯见袁崇焕久不说话，下令锦衣卫将其逮捕下狱。

袁崇焕原来和皇上召对时的担心终于变为现实了。但他没料到是在这个时候，这样的形式。

此时是冬天，一年中最为寒冷的季节。而等待袁崇焕的，是来年秋后算账。

崇祯将袁崇焕下狱，把各地援军的指挥权交给了满桂。祖大寿眼见着袁崇焕被逮捕，出城以后立刻就带着关宁军往宁远走，在宁远都没有停留，直奔锦州而去。

关宁军临阵脱逃，朝野震动。崇祯知道，在这个关键时刻，能够让祖大寿带领援军回来的，不是自己这个皇帝，而是袁崇焕。他派内阁大学士和九卿们轮番到狱中让袁崇焕写信给祖大寿让他回京师驻防。

袁崇焕对崇祯帝突然将自己下狱心中不服，不肯给祖大寿写信，说，我本来是督师，祖大寿听我的命令。但现在我是犯人，祖大寿未必听命，要写信，让皇上下旨。

崇祯不肯让步，只是派太监不断催促。兵部职方司郎中余大成来到狱中劝袁崇焕，现在大军压境，京城危机，须以国家为重。

这句话打动了袁崇焕，他将个人的冤情暂时放下，给祖大寿写了一封措辞诚恳的信，要他带兵回来保卫京城。

崇祯派快马追出山海关，将信送到祖大寿手中。祖大寿读完信，伏地大哭。部下将士得知，一片呼号声：督师有信来！这些平日里作战流血不吭的汉子，此时都伏地痛哭。

祖大寿当即回师北京，和后金军交战，收复了永平、遵化，切断了后金军退路。

后金见北京城防坚固，无机可乘，就在华北地区到处攻城略地，在抢夺了大量的财物和人口之后，从容北上，于崇祯三年（1630）六月间从喜峰口出塞撤回。北京之围得以破解。

这个解京城之围过程中最大的不幸者，是满桂，其在与后金作战时，因伤口迸裂落马而死。

在辽东边关对后金作战屡有胜绩的将领，除了袁崇焕，还有毛文龙和满桂二人。现在这两个人都死了，袁崇焕被下大狱，明朝边关的三根支柱全都倒了，崇祯皇上和明朝官员们应该都听到了皇太极的笑声。

秋天到了，本应是一个收获的季节。但崇祯三年（1630）的京城，由于后金军刚撤，又是连年灾荒，《明史》记载："……流贼犯山西。夏四月乙卯，以久旱，斋居文华殿，谕百官修省。丁丑，流贼陷蒲县。……六月癸丑，流贼王嘉胤陷府谷，米脂贼张献忠聚众应之。"（《明史·卷二十三·本纪第二十三·庄烈帝一》）各地上报的，只有关于灾荒、流贼等诸多动荡不安之事，完全看不到秋高气爽的丰收喜庆景象。

而且，最为黑暗的一幕来了——"秋八月癸亥，杀袁崇焕"。这天公历为1630年9月22日。

朝廷判袁崇焕的罪名为"谋叛"，最初定刑"夷三族"。后来，那位曾经去监狱劝袁崇焕给祖大寿写信的余大成，找到办案的兵部尚书梁廷栋说，袁崇焕并非真的有罪，只不过是在后金军围京城时，皇上怪其不出战而震怒。我在兵部做郎中，已看到换了六个尚书，没有一个有好下场。你做尚书，今日灭袁崇焕三族，成了先例，若是今后后金军再来犯，你得考虑一下你的三族了。梁廷栋听得这一番话确有道理，就商量着把袁崇焕的罪名改为"凌迟"，其母亲、弟弟和妻儿充军三千里。

凌迟是封建社会的一种酷刑，对受刑人一共割三千多刀（一说一千刀，对应俗语"杀千刀的"），让其感受刀割不停、血流不止的漫长痛苦过程。

《明季北略》记载："时百姓怨恨，争啖其肉，皮骨已尽，心肺之间叫声不绝，半日而止，所谓活剐者也……江阴中书夏复苏尝与予云：'昔在都中，见磔崇焕时，百姓将银一钱，买肉一块，如手指大，啖之。食时必骂一声，须臾，崇焕肉悉卖尽。'"（《明季北略》第119页）袁崇焕被押至刑场，早已等候的百姓就扑上前去咬他的肉，直至见到内脏。等到刽子手一刀刀将他的肉割下，围在周围的百姓纷纷喊叫着出钱买他的肉，一钱银子一块，买到后咬一口肉骂一句"汉奸！"

袁崇焕在死之前总共被割了多少刀，在当时那种疯狂忙乱的场合，可能没有记下具体数字，千刀是少不了的。他流出来的血可能不多，满腔热血大部分往心里流去了，因为他对得起朝廷，对得起皇上，对得起他保卫过的这些京城百姓。可是，这个朝廷、皇上，还有这些曾经得到过他千里带兵来保卫的百姓，却以割千刀、食其肉的刻骨仇恨来回报他。可以想见，他死前心中之痛远大于肉体的痛苦。

这些举动近乎疯狂的百姓和袁崇焕有仇吗？没有。他们疯狂的举动是因为听信了"袁崇焕是汉奸"这一传言。传言仅仅是传言，无凭无据，又无影无踪，但杀伤力巨大。还在袁崇焕保卫京城时，大概也是些这样的人在城头上用石块砸城下巡逻的袁崇焕部下，砸死三人，还暗地里将六个士兵杀死，也就是听信了是袁崇焕的部队把后金军引到北京来的传言。而且，人们从来都是对这类消息笃信不移，反应强烈。现代作家鲁迅先生在他的小说《药》里，也写了一个类似当年北京民众生吃袁崇焕肉的市民华老栓，用银子买了沾有被斩首革命党人鲜血的馒头，给儿子治病的故事。同样的愚昧不觉悟，只是时代不同而已。

袁崇焕终于被崇祯杀了，对此，崇祯皇上大出了一口气，而且还认为是自己果断除去了危害朝廷的一个隐患。他后来可能会醒悟到自己这个行为是大错特错，但那个时候为时晚矣。他杀袁崇焕，等于砍断了明朝帝国大厦的一根柱子，刀子割向袁崇焕的身上也是割向明朝肌体。在这场以杀人为终极目标的游戏中，没有人是胜者。

袁崇焕杀了毛文龙，取得了边关统一指挥权，自认为是胜者。

崇祯皇帝杀了袁崇焕，以为除去了一个隐患，自认为是胜者。

他们都没注意到对手嘴角边露出的会心笑容。

最后，崇祯皇帝自己也死了。死之前，他亲眼看到他的帝国崩塌；他亲手把自己的小公主杀了，把大公主的一条手臂砍断；他逼着皇后、妃子在皇宫里自尽；最后，自己跑到小山上自缢身亡。

他得到的痛苦，比袁崇焕小吗？

袁崇焕的命运以悲剧收场。

崇祯皇帝朱由检的命运呢？

（二）被"十面张网"困死的兵部尚书杨嗣昌

◎九年秋，兵部尚书张凤翼卒，帝顾廷臣无可任者，即家起嗣昌。三疏辞，不许。明年三月抵京，召对。嗣昌通籍后，积岁林居，博涉文籍，多识先朝故事，工笔札，有口辨。帝与语，大信爱之。凤翼故柔靡，兵事无所区画。嗣昌锐意振刷，帝益以为能。每对必移时，所奏请无不听，曰："恨用卿晚。"（《明史·卷二百五十二·列传第一百四十·杨嗣昌传》）

算起来，杨嗣昌是崇祯年间第九任兵部尚书，前面八个，要么自杀，要么被革职查办，没有一个善终的。所以，崇祯皇帝在第八任兵部尚书张凤翼服毒自杀身亡后，环顾廷臣，竟然没有可用之才，盘算了半天，想起了杨嗣昌。天下不可一日无君，然天下多事，君不可一日无兵部尚书。因此，崇祯九年（1636）十月，皇上下旨夺情，命杨嗣昌接任兵部尚书。

杨嗣昌的父亲杨鹤，也是朝廷命官。崇祯四年（1631），杨鹤出任三边总督。此时农民义军活跃，朝廷甚为头疼。杨鹤到任后不敢与这些被朝廷称之为流寇的农民义军硬打，而是采取招抚的怀柔策略，与义军周旋。好不容易说通了一个叫神一魁的义军头领答应投降，归顺朝廷。杨

第一篇 坍塌的皇宫

鹤当然高兴，奏报皇上。谁知没过多久，这个神一魁出尔反尔，带着他的部队又反叛朝廷，重新为"寇"。崇祯皇帝得知，自然对此事感到愤怒，他抓不到神一魁，只有拿杨鹤出气，怪他办事多有差池，于当年九月下令将杨鹤逮捕入京。时在山海关任职的杨嗣昌得知父亲被下狱，即奏请皇上看在父子两代效忠朝廷的份上，将父亲从轻发落。崇祯皇上没有同意，不久，将杨鹤遣戍江西袁州。

三年后，崇祯帝提升杨嗣昌为宣大山西总督。这个官职，正是他父亲丢官下狱的职位，不知是崇祯皇上忘记了有这么一档子事，还是故意借此考量杨嗣昌。

杨嗣昌当然没忘记这个让父亲丢官落难的倒霉地方。于是，他上疏推辞，称：臣父鹤总督陕西三边，今蒙谪戍袁州。臣父以总督蒙谴，子何忍拜此官？委婉地请求皇上看在儿子面上宽赦父亲之罪。崇祯在回复杨嗣昌时，只是表扬他边略娴熟，足堪胜任三镇总督，不准推辞，而对于杨嗣昌请求宽赦其父亲一事不予理睬。

崇祯八年（1635）十月，杨鹤死于戍所袁州。待家人奔波千里将噩耗报知杨嗣昌，杨嗣昌惊叫一声，竟昏过去了。待急救苏醒后，其始终心智迷糊达半月余。稍稍康复后，杨嗣昌上疏皇上，为亡父请恤复官，否则不但臣父不能瞑目，臣世世代代做狗当马也不能瞑目。崇祯皇上看到杨嗣昌把话说到这种份上，感觉此人还是个至孝之人，同时也考虑到他现在地位的重要，也就乐得做个顺水人情，下旨称：念杨嗣昌拮据冲边，杨鹤准复原官，不许请恤。

而现在杨嗣昌丁忧期限未满，其母亲也在父亲去世后第二年故去，所以，杨嗣昌接到皇上让他出任兵部尚书的圣旨，便三疏请辞。崇祯皇上急于要他上任，自然不许，杨嗣昌便提前结束在家守孝期，于崇祯十年（1637）三月匆匆抵京赴任。

杨嗣昌得到了皇上的充分信任，出任兵部尚书的第二年——崇祯十一年（1638）六月"并兼东阁大学士，预机务。嗣昌仍掌兵部"。杨嗣昌得以入阁，所以又称"阁老"。

崇祯皇上重用杨嗣昌，倒并非仅仅因为他的"至孝"，而是对杨嗣昌的才学早有领略。杨嗣昌是万历三十八年（1610）的进士，先后任杭州府学教授、南京国子监博士、户部福建司主事、户部江西司员外郎等官职。泰昌元年（1620）八月擢户部郎中，同年十二月至天启二年（1622）五月迁南京户部新饷司郎中。天启五年（1625），其父杨鹤亦被魏忠贤罢官，杨嗣昌同父亲一起回乡隐居。说是隐居，但作为有识之士，仍然关心着国家大事。当时，后金屡犯明朝，辽东告急，军需吃紧，杨嗣昌留心边事，将他在户部参与财政管理的经历编为《地官集》二十卷。当时还没有成为崇祯皇帝的朱由检，就是从《地官集》中看到了杨嗣昌的才学。

崇祯皇帝下旨杨嗣昌出任兵部尚书时，杨嗣昌三次推辞，这一非常举动，并非完全因为他此时仍在丁忧要尽孝心，而是他心里明镜般清楚，明王朝已深深陷入内忧外患的泥潭之中难以自拔。内，高迎祥、张献忠、李自成等农民义军在中原相互策应配合，流动作战，已成气候，百万大军一步步逼近京师，成为明朝心腹大患。杨嗣昌上任前的崇祯九年（1636）七月，陕西巡抚孙传庭在黑水峪大破起义军，生擒高迎祥，才使朝廷危险局面稍有好转。此前的八位兵部尚书都在任上被杀、被贬，不是他们都无能，实在是因为帝国大厦处于风雨飘摇之中，到处漏水灌风，以一人之微薄能力而不能力挽狂澜。外，清军多次攻入关内，抢掠财物，并抓获明朝百姓为奴，其军事举动屡屡威胁明朝京师安全。基于这种种考虑，所以杨嗣昌权衡再三，有三辞之举。

但杨嗣昌还是在这样的政局背景下走马上任了。

由于杨嗣昌在守制时并未忘记关心时局，因此在出任兵部尚书后，对明朝危局的解困提出了详细的对策。

杨嗣昌的解困对策为三点：一、攘外必先安内；二、足食然后足兵；

三、保民方能荡寇。

对于第一点，他认为现在的局势是，外患的烽火在灼烧社稷的肩臂，而且火势甚急；而流寇祸乱于心腹之内，势力日甚，呈蔓延之势，其锋芒直指京师，为当下首患。外患固然不可图缓，但目前还只是手臂肩膀之忧；而内忧更为紧要，是心腹之患，如果听任"腹心流毒，脏腑溃痈，精血日就枯干"，徒有肩臂又有何用呢？所以他主张先与清军和谈，稳住边关局势，一心一意剿灭农民义军，消除心腹之患，以保全社稷江山。

在确定第一点的基础上，才能细化第二点。因此，他建议增兵十一万，其中步兵七万四千人，马兵三万六千人，并增加饷银二百八十万两，采取因粮、溢地、寄监学生事例、驿递四个途径。这是什么意思呢？"因粮"，是按照各地原定税额粮之外，按比例加派；"溢地"，是指民间田地除了纳税田地之外的未纳税田地，核实面积后缴纳税赋；这个"寄监学生事例"，是告诉富裕之民，缴纳一定数量的银子，可以得到监生的官职一年，用白话说就是买官；"驿递"，就是对驿站进行裁员，目的是将省下的银子作为军饷。

正在为局势恶化一筹莫展的崇祯皇帝，听到新任兵部尚书有如此成熟的可操作的解困对策，自然欣然采纳，称：不集兵无以平寇，不增赋无以饷兵。加征税赋吧！于是下旨，先后向民众加派剿饷和练饷。

杨嗣昌提出的方案，通过加征税赋，达到增兵荡寇、固边解困的目的，看似有效良策，其实是饮鸩止渴。因为国家已遭受数年自然灾害，大面积受灾农民受困于田地无收，已到了卖儿鬻女、举家逃荒、人相食的地步，已经加征过数次，哪里还经得起加征？

杨嗣昌的这个加征方案，连朝廷官员们也看不下去了。礼部右侍郎蒋德璟就批评说：嗣昌倡聚敛之议，加剿饷、练饷，致天下民穷财尽，皆为盗。

杨嗣昌的对策是想刨出老百姓口中的最后一点粮食加征上来，作为解救明王朝的救命稻草；没想到这最后一根稻草，把老百姓活生生逼上了梁山！

三点对策是杨嗣昌提出来的应急措施，如何彻底剿灭农民义军，保社稷太平？经过细思缜密的考量，杨嗣昌于崇祯十年（1637）四月中旬在《敬陈安内第一要务疏》中，向崇祯帝提出了"四正六隅十面张网"的"剿匪"战略构想。

在《敬陈安内第一要务疏》中，杨嗣昌将农民军重点活跃的陕西、河南、湖广、凤阳作为"四正"，这四个地方的巡抚对农民义军以剿为主，以防为辅；将"四正"周边的延绥、山西、山东、应天、江西、四川作为"六隅"，这六个地方的巡抚对农民义军以防为主，以剿为辅。"四正六隅"合为"十面张网"，如果农民义军在陕西活动，那么陕西、四川、湖广、河南、延绥、山西各巡抚张网六面合围。以此类推，农民军出现在"四正"任何一个地区，都会有六个巡抚张网以围之，而五省总督和五省总理则负责剿杀。

当然，杨嗣昌心里清楚，以他兵部尚书的权限，不能直接指挥这十个地方的巡抚，为此，他这一计划的实施，还要依靠五省总督洪承畴和五省总理王家桢的配合。这样一来，总督和总理，在剿杀农民义军这件事上，也得要听命于杨嗣昌的。

这是一盘大棋，布局非常严密，充分运用地方政府与官兵密切配合的优势，构筑成一张大网，将农民起义军的生存、活动空间不断挤压、缩小，直到最后予以彻底剿灭。

不得不说，这个杨尚书还真的有超前预谋的战略思想，将一个战区进行网格化划分和目标管理，呈现出现代战争的特点。但他这个宏大的战略方案存在一个绕不过去的隐患，那就是，构筑这个宏大战略构想的基础是否足够坚实牢固，能够承载得起这一战略构想？这一基础是否坚实牢固，杨嗣昌在向崇祯皇上提出三点对策时，其细化的第二点，即通过"因粮、溢地、寄监学生事例、驿递"四个途径向百姓加征作为军饷，以保障剿匪部队有足够的军费开支，就已经表明了，朝廷经济的困难，已到了无力支撑一支常规军队日常开支的地步。缺少坚实牢固的经济基础支撑，这个宏大战略构想不仅不能成为明朝的救命稻草，反而成了压垮明朝这匹骆驼的最后一根稻草。

杨嗣昌的三点对策也好，《敬陈安内第一要务疏》也罢，还只是一个军事斗争层面的问题。再进一步思考，关乎一个政权的更替，最终是一个政治问题，而起决定作用的，是人心的向背。自然，以杨嗣昌的身份，是不会犯忌去想这个问题的。而崇祯皇帝呢，以他的地位，只会想到自己屁股下坐的这把龙椅是祖先传下来的，天经地义，要一直坐下去，根本不会去想什么人心向背的事。

按照杨嗣昌"十面张网"的部署，官军联手配合对付农民义军取得了一定的成效。农民义军以往集中优势兵力攻击一城一地屡屡得手的情况发生了逆转，变成了农民军攻打一个地方，周边五六个地方的官兵都会赶过来将农民军围而击之，以优势兵力将农民军击溃赶跑。这样，农民义军的生存、活动空间果然受到挤压，局势变得向有利于朝廷的方向转变。

《明史》记载，崇祯十一年十月，"洪承畴、曹变蛟大破贼于潼关南原，李自成以数骑遁。""十一月，……罗汝才降。"农民义军的两支劲旅，一支被官兵击溃，主将李自成在潼关地区遭遇洪承畴和孙传庭的伏击，几乎全军溃败，只好带着刘宗敏等部下，进入商洛山中休养生息。另一支农民义军主将罗汝才投降。

还有一支农民义军劲旅，主将是张献忠，在"十面张网"挤压下，他只能领着队伍在湖北地区乱窜。他先是打算进攻南阳，结果被左良玉击败，只好带领人马退居谷城，想在此得到一段喘息、休息时间，恰好此时朝廷前来招降，张献忠环顾四周已无退路，也就接受了兵部尚书熊文灿的招降。

随着几支农民义军败的败、降的降，农民义军的进攻势头被遏制住了，义军实力也被大大削减了。看到这样的局面，杨嗣昌心里暗暗松了一口气，他认为，原来困扰朝廷的心腹大患基本消解，他解决了大明王朝十年以来最大的困局。

且慢，杨阁老的乐观太早了点。

仔细分析一下。农民义军或败或降，表面上这股力量消减了。但他们的首领还在，军力大部还在；投降的军队还完整存在，只不过暂时改换门庭而已；他们生存的土壤还在——明朝社会格局依旧、农民税赋重压依旧，一遇风吹草动，依然会有揭竿而起的农民起义爆发。所以，这几支农民义军是否真心归顺朝廷还很难说，多半是一种暂时的蛰伏，一种权宜之计。

果不其然，到崇祯十二年（1639）五月，张献忠看看自己的队伍养精蓄锐也差不多了，又打出旗帜反叛朝廷。《明史》记载："……张献忠叛于谷城，罗汝才等起应之，陷房县。乙亥，削孙传庭籍，寻逮下狱。六月，畿内、山东、河南、山西旱蝗。己酉，抽练各镇精兵，复加征练饷。秋七月壬申，左良玉讨张献忠，败绩于罗猴山，总兵官罗岱被执死之。熊文灿削籍，寻逮下狱。"（《明史·卷二十四·本纪第二十四·庄烈帝二》）

张献忠反叛，罗汝才响应配合，两个投降朝廷的农民义军首领，半年时间又反了出去，打了朝廷一记闷棍。当时招降张献忠的总督两广都御史、兵部尚书、总理南京、河南、山、陕、川、湖军务、驻郧阳讨贼的熊文灿被崇祯皇上一怒之下削籍，逮捕下狱。

熊文灿挂着一长串的职务，局外人看到这么多要职集一人之身，认为他才能出众堪当大任，其实不然。他的职务有的竟是杨嗣昌为讨好皇上，提议给他加封的。杨嗣昌提出"十面张网"之计时，有一次熊文灿在酒席上趁着酒兴慷慨陈词，评点时局，称自己有计平乱。这话被朝廷派来的太监听到，但太监不熟悉他的习惯，不知道这些话都是他的酒后诳语。熊文灿的酒后诳语被汇报到皇上那儿，崇祯得知，心中尤喜，认为发现了一个治国之才，想让他即刻上任。杨嗣昌得知崇祯心思，便推荐说"文灿可以成大事"。就这样，当时只是总督两广军务的熊文灿便得以加封重用，没想到，这一重用，不仅害了熊文灿，也坏了朝廷大事。

熊文灿也想"成大事"，不负皇恩，所以，在招降张献忠部时，显得轻率，急于求成，他没有对张献忠的投降做详细、周密的论证——是真心改弦易辙，还是暂时韬光养晦？也没有对这支招降义军进行必要的改编，以瓦解他们一致对抗朝廷的战斗力。轻信则带来放虎归山、"养虎遗患"。待这支降军养足了精神，时机一到，再打出义军旗号重出江湖，危害朝廷。

事情到了这个地步，总要有人承担点责任，熊文灿不下监狱谁下监狱？

农民义军东山再起，局势又变得险恶起来，没有办法了，杨嗣昌只得亲自出马，领军平寇。崇祯十二年（1639）八月，"大学士杨嗣昌督师讨贼，总督以下并听节制。冬十月甲申朔，杨嗣昌誓师襄阳"。

崇祯十三年（1640）二月，总督陕西三边侍郎郑崇俭大破张献忠于太平县之玛瑙山，张献忠败走归州。六月，总兵官贺人龙等兵分几路追击罗汝才部，将其打败，罗汝才败走大宁。七月，左良玉及京营总兵官孙应元等大破罗汝才于兴山，罗汝才败走巫山，与张献忠会合。

这边眼见朝廷官兵与张献忠、罗汝才打得不可开交，李自成闻讯，趁此良机，重出江湖，亮出旗帜，又开始攻城略地、开仓放粮。大量饥民因为没有活路而加入了李自成的队伍。在高人指点之下，李自成打出了均田免赋的口号，一句"闯王来了不纳粮"的口号，让连年灾荒又遇朝廷频频加征的穷百姓们踊跃投奔、争相欢迎。李自成义军势力滚雪球般迅速壮大，李自成也一跃成为农民义军的领军人物。

农民军在实战中觉察到官军的战术变了，这一改变，让义军吃了大亏。号称八大王的张献忠提出"以走制敌，避实击虚"的战术，彻底跳出朝廷官兵张开的这张网，以破解杨嗣昌的"十面张网"。义军以游击战破解朝廷官兵的"十面张网"，是一个妙招。

面对农民义军的游击战妙招，官兵似乎黔驴技穷，再无良策对付农民义军。而杨嗣昌再出主意：加征。《明季北略》记载："嗣昌首倡聚敛一议，加剿饷三百万两，又加练饷七百三十余万两，合旧派每年加二千三百万，以致民穷盗起。"（《明季北略》第270页）

一开口就要二千三百万两。朝廷没有更好的办法，明知这是饮鸩止渴的毒药，也得先喝下去再说。

杨嗣昌加征的方法被采纳，随之而来的则是民怨四起，被逼无奈的农民纷纷加入义军行列，农民起义军人马越来越多。

杨嗣昌呈给崇祯皇帝解困对策的第一点就是"攘外必先安内"。所以，在杨嗣昌紧锣密鼓地指挥围剿农民军的同时，也开始筹划对清议和的事宜，以缓解明朝的外部压力。崇祯十一年（1638）三月，杨嗣昌上疏重申攘外必先安内的主张，力主对清妥协，集中全力平息"中原群盗"。五月初三，崇祯皇帝在中极殿以"剿兵难撤、敌国生心"为题策试大臣，杨嗣昌在策论中以天象切入话题，并列举历史上天象示警与异族关系的论据加以阐发论证，如东汉时日蚀火星，汉光武帝与南匈奴议和；宋太宗时月蚀荧惑，宋军兴师伐辽而战败等。如此引史论今，其实是借此表达他对清议和的主张。多数朝臣对杨嗣昌这篇奇葩策论表示不可理解，更有大臣谈迁直率指出："星历之学非嗣昌所谙，而推言之甚详，专为建房而发，力主封赏。"但崇祯皇上看到这篇独树一帜的策论却非常赏识，于当年六月加封杨嗣昌为礼部尚书，"并兼东阁大学士，预机务。嗣昌仍掌兵部"。

其实，杨嗣昌已经开始秘密启动议和行动。崇祯十一年（1638）三月，辽东巡抚方一藻派一个叫周元忠的盲人出使沈阳，试探清廷口风。皇太极给予来者极高礼遇，并明确提出：如有确议，则撤兵东归。

周元忠回到宁远，带回皇太极致高起潜的书信，信中称：仍言讲款，若不许，夏秋必有举动。

杨嗣昌接到方一藻的报告后，即向崇祯皇上建议，允许方一藻及总监太监高起潜便宜从事，办好议和。

但崇祯皇上只命方一藻、高起潜细酌，并不授权与清和谈。

杨嗣昌见皇上不授权与清和谈，认为是皇上听从了言官的误导，上疏批评言官不顾目前局势外患严峻之实际情况，请求皇上批准方一藻、高起潜与清议和。

杨嗣昌公开主张与清议和，引起朝臣激烈非议，掀起一股弹劾杨嗣昌的浪潮。到最后，崇祯皇帝不得不出面来袒护杨嗣昌，但看到群臣强烈反对与清议和，崇祯也不敢接受杨嗣昌的建议，与清的和议遂不了了之。

皇太极得知明朝拒绝和谈，遂于崇祯十一年（1638）九月，派兵大举入塞，对明朝进行惩罚性打击。由于意见分歧，杨嗣昌、高起潜未能与总督天下援兵的卢象升密切配合，导致卢象升战死于巨鹿贾庄，明朝七十余座城池先后失守，包括德王朱由枢在内的四十六万人被俘，到崇祯十二年（1639）三月，清军方才扬长而去。

对外和谈不成，对内"剿匪"也越来越艰难。

崇祯十三年（1640）八月，官军在夔州府大昌县土地岭吃了败仗，局面再度恶化，无奈，杨嗣昌只得亲自来到重庆主持围剿。

张献忠流窜四川，杨嗣昌尾随追击，疲于奔命。杨嗣昌张榜告示：有能擒斩张献忠者，赏银万两。不几天，在他的行营衙门却出现张献忠的告示：有斩阁部者，赏银三钱。这令杨嗣昌惊恐不已。

崇祯十四年（1641）正月，张献忠又在开县黄陵城大破猛如虎所部，出川直逼襄阳。与此同时，一直被围困在奉节鱼腹山的李自成也利用左良玉与杨嗣昌的矛盾，突围转进河南，并攻陷了洛阳，处死皇叔福王朱常洵。二月初五，杨嗣昌一直认为安全的行营襄阳被张献忠奇袭攻陷，襄王朱翊铭被俘。张献忠在处死朱翊铭时张狂地说：吾欲断杨嗣昌头，嗣昌在蜀，今当借王头，使嗣昌以陷藩伏法。

此时，杨嗣昌因为自己提出的"攘外必须安内"对策屡屡受挫而心力交瘁，须发皆白，身患重病。崇祯十四年（1641）正月初八，他就向崇祯皇帝发出感叹：此身之忧劳病瘁，日呕痰血，夜不得眠，奄奄垂毙，不敢言矣！更兼襄库饷无半文，督臣移咨可骇，臣愈增忧愤，不知死所。

二月二十八日，杨嗣昌为追击出川的张献忠而行军至夷陵（今湖北宜昌）时，得知洛阳、襄阳相继失守及福王、襄王被杀的消息，心中顿生凉意。洛阳、襄阳两座重镇失守已经罪过不小，还有两个王被杀，尤其是福王，他是崇祯皇帝的亲叔叔，这怎么向皇上交代啊？闻此噩耗，杨嗣昌深感无颜面对崇祯皇帝，精神彻底崩溃，从此饮食不进。走到荆州沙市徐家园时便卧床不起，一切事务交给监军万元吉处理，并通知亲属来荆州见最后一面。

三月初一日，杨嗣昌死于沙市。他是死在了领衔追剿农民义军的征途中，朝廷当可认作"因公殉职"。

关于他的死因，有不同的说法。《明史·杨嗣昌传》记载："……河南巡按高名衡以自裁闻，其子则以病卒报，莫能明也。"《明季北略》和《绥寇纪略》都记载他是自缢："辛巳三月初二丙子，嗣昌在荆，闻变，惭愤自缢于军。时河南已陷，福王遇害，嗣昌度不免，遂自尽。"但他的孩子却在《孤儿吁天录》中表示父亲是病死。无论病死还是自杀，他都是在内心困苦中离开了人世。

他是如何死的已经不重要了，因为他出任兵部尚书后提出的明朝解困三点对策，无论是"攘外"还是"安内"，在耗费了国家巨大的人力、财力、物力之后，均遭到彻底失败，这对一个还存有一点责任心的朝廷大臣来说，是一个巨大的精神打击，这一打击，足以让他在精神和肉体上死去。

哀莫大于心死。其实，在得知洛阳、襄阳失守，福王、襄王被杀的讯息，杨嗣昌的心已经死了。心已死，肉体就是一个无灵魂支撑的躯壳，存在世间没有什么实际意义了。杨嗣昌自己让自己死去了，这是一个超越世俗境界的选择，免去世俗间那些让自己痛苦、家人不安的服毒、自缢死法，让自己安安静静离去。

如果不死，结果又会怎样呢？怎么向皇上交差？自己可是信誓旦旦当面向皇上献的计，现在，"安内""攘外"均失败了，等待自己的无非两种结果：撤职或被处死，前面八任的命运在等待着。所以，与其被撤职或被处死，还不如自己让自己死，这样，于自己的名声、家人的体面都有好处。

在明朝官方的记录中，他是死于任上的第九个兵部尚书。和前面八个兵部尚书比，他死得还比较体面。

杨嗣昌去世后，崇祯皇上失去一个得力助手，顿感悲伤，亲自拟写祭文，追赠太子太傅，并哀叹：自杨嗣昌殁，无复有能督师平贼者。杨嗣昌以辅臣之礼被安葬于龙阳县。两年后，张献忠破武陵，"发其七世祖墓，焚嗣昌夫妇柩，断其尸见血，其子孙获半体改葬焉"。（《明史·杨嗣昌传》）

尽管舆论对杨嗣昌政绩褒贬不一，有评价他说空话、不务实的，有批评他光知道讨好皇上出馊点子的，等等，不一而足；但有一点，他个人人品尚可。

他是想辅佐朝政走出危局，其提出的"攘外""安内"策略，还是很有针对性，前期按照"四正""六隅"网格化施策，战术奏效，一度将义军打得四下逃窜，缓解了朝廷的险恶局势，如果继续延续、扩大这一方略，一步步挤压农民义军的生存空间，朝廷的危局是可以得到扭转，实现长期"安内"之效果的。对清朝的议和，是建立在接受其为藩属的前提下提出的，这样做并不违背损失国家版图这一根本原则，如得以实现，双方可以实现休战和平，百姓得以休养生息，以这样的方式达到"攘外"的最佳效果，于双方皆有好处。但皇上出于一种单向思维考虑，加上朝廷大臣们出于不同立场而极力反对，议和也只得作罢。

尽管杨嗣昌勤勉工作，个人也没有贪腐的劣迹，但最终，他和他的"安内""攘外"方略还是失败了。他可能并不知道自己失败的原因，这是能理解的，他当时所处的时代和长期浸淫的官场地位，极大限制了他的思维能力和活动权限。他和所有的朝廷官员一样，从骨子里接受"溥天之下莫非王土，率土之滨莫非王臣"这一帝王文化。江山社稷都是皇上的，作为臣子，只需听命于皇上即可。至于天下苍生，他们有没有饭吃，是不是会冻死，把他们用于活命的粮食都加征了他们怎么活命，为什么要造反……这些一提起就头疼的事就不是他要关心的了。在他的官场守则里，只需勤勉地按照皇上的旨意做好分内之事，想皇上之所想，急皇上之所急就好了。作为内阁大臣，他的官运在此，他的命运悲剧也在此。

杨嗣昌死了，时局依旧危艰，内忧外患依旧存在，明朝这艘大船还继续在历史的航道里挣扎着移动。不用担忧，接任他的大臣，还有。

《明史》记载：夏四月，己未，总督三边侍郎丁启睿为兵部尚书，督师讨贼。

下一个继任者又到位了。新的轮回开始。

（三）让皇上"遭温"的内阁首辅温体仁

◎崇祯初，迁尚书，协理詹事府事。为人外曲谨而中猛鸷，机深刺骨。……自体仁辅政后，同官非病免物故，即以他事去。独体仁居位八年，官至少师兼太子太师，进吏部尚书、中极殿大学士，阶左柱国，兼支尚书俸，恩礼优渥无与比。而体仁专务刻核，迎合帝意。(《明史·卷三百八·列传第一百九十六·温体仁传》)

崇祯一朝，大臣更替频繁，尤其是在一些关键位置，如兵部、吏部、刑部和内阁，主要大臣的更换如走马灯一般，待不了多久就被更换，令人目眩，其中内阁首辅换了十九人（其中周延儒两次为首辅），任期最短的不到一个月。内阁大学士先后有五十个。但温体仁是个例外，他在崇祯三年（1630）以礼部尚书兼东阁大学士入阁辅政。入阁后他逼迫周延儒引退，自己成为首辅，并在首辅位上稳坐了八年，于崇祯十年（1637）致仕，堪称"长青树"，算得上是一个奇迹。

他能够稳居高位八年，并不是因为他的德识才学，而是因为他的"内战"出众，在这里用得上一句歇后语：耗子扛枪——窝里横。

《明史》将他列入"奸臣"行列。

温体仁显示自己出色"内战"才能的第一回合，是在崇祯元年（1628）会推阁臣这件事上。

崇祯元年（1628）十一月初，经过清理魏忠贤死党，崇祯皇上要组建新的内阁，吏部按崇祯皇帝的旨意，经斟酌筛选后，推出了新内阁成员候选人名单，共十一人：有吏部侍郎成基命、礼部侍郎钱谦益、吏部尚书王永光、都察院左都御史曹于汴，另外还有郑以伟、李腾芳、孙慎行、何如宠、薛三省、盛以弘、罗喻义等七名大臣。

这份名单一出，自然引起朝廷大臣们的热切关注，因为出来为官，谁不想跻身高位？太祖朱元璋废了宰相一职，以殿阁大学士帮助皇上处

147

理政事；明成祖时设立内阁，帮助皇上处理政务，内阁就成为替代宰相的职位了。虽然内阁拥有的权力没有宰相那么大，但居于仅次于皇上权力之下的高位，也是一个令万众仰慕向往的地位了。

大臣中有两位就对这份内阁人选名单很有想法。一个是很受崇祯帝朱由检器重的侍郎周延儒，不知为何这次没有进入候选名单；还有一位叫温体仁，此时官职为礼部右侍郎并佐部，他是因为威望太浅，还不足以进入候选。

不服气归不服气。其实，官场上并没有什么服气不服气，当官靠的是德识才学和皇上赏识加运气多种因素的叠加。

周延儒个人修为还沉稳，他对候选名单没有表示出不服的举动。而温体仁心中大不服气，但他也清楚，自己资历浅、威望不够，直接站出来竞争内阁，显然会遭到群臣反对甚至攻击，不但进不了内阁，还会当众丢脸，在皇上面前留下不良印象，得另想办法，迂回前行。而迂回前行的最好办法，就是从候选名单中找到一个"有问题"的，然后攻其一点不及其余，把水搅浑，说不定还有希望"摸鱼"，至少给皇上留下一个忠心耿耿的好印象。金无足赤，人无完人，总会找到这么一个"有问题"的人。

于是，一双小人的势利眼就在这份十一人的候选名单上反复逡巡。有了，温体仁的目光在"礼部侍郎钱谦益"这个名字上打量、琢磨着。

钱谦益是万历三十八年（1610）考取一甲三名的进士，授翰林院编修。同年，因为父亲去世，他回乡丁忧守制。

明天启元年（1621），钱谦益出任浙江乡试主考官，转右春坊中允，参与修撰《神宗实录》。同年，浙江发生了科场舞弊案，钱受牵连，受到罚俸的处分。天启二年（1622），因病告假，钱回归故乡常熟。天启四年（1624），钱谦益再度复出，主要承担《神宗实录》的编纂工作。这段时间，钱谦益作为东林党魁首，受到魏忠贤为首的"阉党"排挤。同年，受御史崔呈秀和陈以瑞的弹劾，钱谦益被革职回乡。

明崇祯元年（1628），钱谦益再度复出任詹事、礼部侍郎。

钱谦益的这份简历，给了温体仁信心和一种兴奋，你看，那一年的浙江科场舞弊案，钱谦益都受了处分，说明他并非没有问题。

于是，温体仁抓住时机向崇祯上了一份奏疏《直发盖世神奸疏》，揭发天启元年（1621）钱谦益在浙江主持科举考试时，接受考生钱千秋的贿赂。身为主考官，如此"神奸结党"，怎能成为阁员候选人？温体仁在奏疏中甚至上纲上线，称钱谦益"欲卿贰则卿贰"（想让谁当大官就让谁当大官），"欲枚卜则枚卜"（想选谁做官就选谁）。这个问题就很严重了！在当时，除了皇上有这样权力，谁还能这样大的权力？

温体仁这一招阴毒而且见效。崇祯收阅奏疏，感觉这问题非同一般，于是决定，次日召对阁部科道诸臣于文华殿，命温体仁与钱谦益当面把问题说清楚。

钱谦益万万没有想到，一件七年前已经处理结案了的不大事情，此时被温体仁扒剔出来，作为弹劾自己入阁的证据，因此在应辩时言辞中表露得十分委屈。

温体仁要的就是这样的效果：你原来是有案底的，还感到委屈吗？于是，他抖擞精神，盛气凌人，话语如滔滔江水般奔涌而出："臣职非言官不可言，会推不与，宜避嫌不言。但枚卜大典，宗社安危所系。谦益结党受贿，举朝无一人敢言者，臣不忍见皇上孤立于上，是以不得不言。"一番话说的是理直气壮，慷慨激昂，满腹正气，溢于言表：我不是言官不能在这里发言，会推这么重要的事我没有列入候选，也应该避嫌不谈论这件事。但钱谦益结党受贿，整个朝廷没有一个人敢出来说话，我做臣子的不忍心看到皇上孤独，所以我不得不说了！

温体仁这番话说出来，文华殿大臣为之震惊！

崇祯皇上即位后剪灭了魏忠贤阉党集团，但还是怀疑朝廷有阉党余孽未肃清，听到温体仁这么一说，不由得警惕起来。

在场的内阁大臣都帮着钱谦益说话，一件七年前结案的科场舞弊案，仅涉及一个考生，在当时来说，这是个多大的事？何况钱谦益已经受罚。吏科都给事中章允儒说：温体仁其实是热衷权力，如果钱谦益有错，为什么他等到今天才揭发？温体仁立即反驳：我当初只是小官员，今天揭发钱谦益，也是为了朝廷要慎重用人，像章允儒这样的肯定是钱谦益的同党。

听到"同党"两个字，崇祯皇帝再也坐不住了，命礼部将考生钱千秋的卷子调出来察看，并切责钱谦益说：如果没有温体仁把这些事说出来，我几乎就犯下错误了。

这事的结果是，章允儒被捕下狱，钱谦益被罢官，许多官员被怀疑为"同党"而受到牵连。

温体仁大殿上舌战群臣，将一个内阁候选大臣拉下马，将另一个大臣送进大狱，使许多官员受到牵连，此役大获全胜。

这一回合温体仁大出风头，把他的攻击对象挤出了内阁候选人名单。但温体仁并不满意，因为他设置的目标只达到了一半，他自己并没有入阁。

温体仁在等待机会。崇祯二年（1629）春，群臣对温体仁这样的小人作祟自然不服气，有大臣弹劾他收受贿赂、夺人家产、娶娼妓等诸多不法和有违道德之事。温体仁感觉表演的机会又来了，于是请求辞职。他在辞职报告中装得十分委屈，说：因为我公开举报钱谦益的缘故，所以攻击我的人很多，但是没有一个人为我辩护，我现在很孤立啊。

崇祯看到这位为皇上的孤独敢于"仗义执言"的爱卿自己孤立了，小孩子脾气又来了，看这么多大人吵架也是蛮好玩的，又一次召集大臣们当廷对质。温体仁和毛九华、任赞化在大殿上你来我往唇枪舌剑辩论很久，最后他又使出撒手锏，指责这两人都是钱谦益的私党。

崇祯皇帝最忌讳臣子结党营私。他把大学士韩爌等大臣召集到内殿，严厉批评道，你们这些大臣们不知道为国事操劳，只知道挟私报复，都应当重罚。

温体仁再次上演他的拿手好戏：装委屈。他向皇上提出了辞职。崇祯皇帝毕竟嫩了一些，看不透这些官场油子的把戏，果然中计，于是，好生温言安慰那位满腹委屈的爱卿温体仁。

当时审理钱千秋一案的左都御史曹于汴等官员对温体仁的说辞和表演十分反感，他们联名上疏，称：臣等亲自审理钱千秋一案，旁听和听到的人达数千，不是一个人能够随意掩饰歪曲的。温体仁是在欺骗皇上，以达到自己升官的目的。

温体仁见自己犯了众怒，老奸巨猾的他已经有了上次的经验，知道皇上最忌讳臣子们结党营私，于是又祭出那一招撒手锏，攻击那些人是"朋党"。果然，这一招又撩动了皇上心底那根红线，崇祯皇上再次拿起了权力的大棒，最终钱谦益被杖责。

钱谦益被人揪住历史旧账没能晋升内阁不说，还当庭挨了皇上的棍杖，实在是有点冤。当然，要说冤，只能说以钱谦益文士的性格，不适应封建王朝的土壤。作为一个文士，做学问恐更能发挥其聪明才智，但他和当时的文士们一样，博取功名的目的还是为了谋取朝廷命官的光环，以耀祖光宗。作为文人加名士，钱谦益性格中偏重文人成分要多一些，他身上除了文人的一些酸腐气息，骨子里还有点缺钙。崇祯十七年（1644），清军占领北京后，明王室在南京建立了弘光小朝廷，钱谦益的夫人柳如是支持丈夫出任南明政权的礼部尚书。清军南下攻到南京城，柳如是劝丈夫一起投水殉国，钱面有难色，沉思不语，在柳如是的逼视下，钱谦益磨磨蹭蹭极不情愿地下水走了一下赶紧上来，说，水太冷不能下。柳如是看出来丈夫的贪生怕死，自己奋力欲跳入池水中，被钱托住。二人没能自尽以殉国。之后，钱谦益降清去了北京，但柳如是却留在南京不随。受到夫人的影响，钱谦益半年后称病辞职而归，柳如是鼓动他联系反清人士秘密反清。消息走漏，钱谦益被捕下狱，柳如是四处奔走将他营救出狱。不久，钱谦益因病去世。钱谦益人生的最后时光在两个政权之间摇摆，其立场态度还不如曾经是秦淮名妓的夫人那样鲜明硬朗，真让人大跌眼镜。是不是因为他记起了崇祯皇上曾经对他的冷淡粗暴？真有点难说。但这些都是后话了。

两次出色的表演，让崇祯皇上认为温体仁在朝廷也像自己一样孤独，有点惺惺相惜，变得更加支持他。不久，周延儒进入内阁。第二年六月，温体仁以礼部尚书兼东阁大学士，也实现了入阁的愿望。

温体仁胜了，他以出色的表演，和一针见血的精准攻击，博得了皇上的信任，昂首进入大明王朝的核心权力圈。

温体仁入阁之后，应该满足了吧？错！他看到周延儒走到他前面了：温体仁入阁是在崇祯三年（1630）六月，三个月后，即九月，周延儒成为内阁首辅。

温体仁入阁，进入大明王朝权力的高地，这块高地视野开阔，天下尽在眼中，皇上近在咫尺。但好像不对，前面有一个阴影在挡着自己，谁？首辅周延儒。温体仁心里不那么爽。

本来周延儒在进入内阁后，对温体仁心存感激，因为是温体仁当廷发难，将钱谦益挤出内阁候选人行列，才使得自己进入内阁，因此，投桃报李，他向皇上推荐了温体仁，让温体仁也进入了内阁。但温体仁却不像周延儒这样想，他对周延儒的官位在他之上感到嫉妒。俗话说，不怕贼偷，就怕贼惦记。温体仁惦记着周延儒，他的麻烦来了。

崇祯四年（1631）会试，周延儒亲自挂帅担任主试。按照惯例，这个主试应该由次辅担任。但周延儒想借此机会将名儒收在自己名下，以逐渐扩大自己的势力，所以打破惯例。

温体仁当然对此大为不满。会试结束,温体仁从自己的亲信薛国观那里得到一个重要消息:周延儒作弊。原来,周延儒的老友之子吴伟业会试廷对考中会元,周延儒要帮老朋友,就暗中嘱咐吴伟业的本房考官李明睿在呈卷之前偷看试卷做手脚,让吴伟业得第一名。这下有文章可做了,薛国观把这件事故意散布出去,朝廷一片哗然,御史袁鲸正组织材料、遣文造句撰写疏文,准备奏周延儒一本。周延儒得知作弊一事走漏消息,老奸巨猾的他抢先一步赶到皇上面前,呈上吴伟业的试卷,夸赞这个试子。崇祯皇上一看,是不错哈,后生可造。御笔一批:正大博雅,足式诡靡。批为会元。

皇上御批吴伟业为会元,这件事就板上钉钉了。温体仁无奈,只得将此事先放下。

周延儒跻身高位,大权在握,尝到权力的滋味后,弄权之事就会不断。在他的运作下,他的哥哥周素儒假冒籍贯进入锦衣卫,并升到一个千户的职位;他把自家一个当奴仆的家丁周文郁安排当上了副总兵;他提拔的大同巡抚、登莱巡抚都与他有着不可告人的利益关系。

这些不法行为引起了朝臣对他的不满。这一年闰十一月,朝廷言官们群起弹劾周延儒,掀起了一个高潮。陕西道御史余应桂在奏疏中说:周延儒凡事关权位,必攘臂而裁决。若与自己权位不相干之事,即使关系到国家大计,也必推诿模棱。登莱巡抚孙元化,耗费的军饷超过毛文龙数倍,不但毫无战功,反而使岛兵两次哗变,周延儒千方百计维护他而不追究其责任,原因何在?就是因为他是周延儒的同乡和幕僚,每个月都有大批的人参、貂皮、金银送到周府。周延儒家人贪横,兄弟占尽江南良田好宅,激起了民变!

陕西道试御史(作者注:试御史为试监察御史的简称)卫景瑗举报周延儒接受张廷拱贿赂银三千五百两、琥珀数珠一挂,即授以大同巡抚官职;接受了孙元化的贿赂人参貂皮金银珠宝,就周密安排其官职并护着他；吴鸣虞从户部调到吏部，常常渎职，惹得皇上几次要处罚他降职，但都被周延儒保护了下来，原因就是周延儒收了他在常州的五千亩肥田。

四川道试御史路振飞奏疏指责周延儒贪贿肥家、结党营私、欺君误国，但他善以小忠小信济其贪，而使皇上信而不疑，堪称奸雄之魁首！

崇祯皇上对言官和大臣的举报周延儒不信，听得多了，反而发怒，一一下旨斥责：延儒清贞任事，不树私交，何得诬诋！

在群臣攻击弹劾周延儒的合唱中，温体仁不仅暗自高兴，而且暗中使力。

温体仁唆使刑科给事中陈赞化上疏弹劾周延儒招权纳贿，揭露了一个具有爆炸性的内容：周延儒曾对李标说："上先允放，余封还原疏，上遂改留。余有回天之力，看来今上是羲皇上人。"这事就严重了，周延儒把皇上看作是一个不务政事、可以任其摆布的庸人！而且，陈赞化列举了上林苑典簿姚孙渠、给事中李世祺、前湖广副使张凤翼为人证，让此事板上敲钉转角。

这件事终于激怒了崇祯皇上。崇祯六年（1633）六月，周延儒以生病为由向皇上乞告回家。奏折刚好到了温体仁手上，他利用票拟职权，拟旨批准周延儒返归故乡宜兴休息。

在周延儒和温体仁的宫廷争斗中，温体仁的阴毒、险恶本性也暴露出来了，朝廷群臣讨厌温体仁做内阁首辅，让皇上召回曾经和周延儒一起入阁的何如宠。何如宠原来在内阁中的地位在温体仁之上，重回内阁，可以阻挡温体仁升任内阁首辅。但何如宠不愿重回内阁，他在内阁任职的一年多时间内，目睹了周延儒和温体仁弃国事于不顾，一心热衷于个人权力的明争暗斗，对此十分反感而又无奈，九次上疏请求回家休息。回家后还很认真地劝皇上常常阅读《资治通鉴》，从历史中汲取治国理政的经验教训。现在得到皇上圣旨召他重回内阁，他实在不愿再卷入这样的内斗，赶紧上疏辞谢。但没有得到皇上恩准之前，他还是启程前往北京，途中，再次上疏称身体有病而推辞。何如宠执意辞任，崇祯皇上也无奈，只得作罢。何如宠后来说：君子和小人不并立，如果我不回到朝廷任职，温体仁还会顾忌我好好主政的。

不久，温体仁终于如愿以偿坐上了内阁第一把交椅首辅。

温体仁成为内阁首辅，坊间即流传出一句"崇祯皇帝遭温了！"京师朝野舆论一片哗然。

温体仁执掌内阁，大权在握，他那些让皇帝"遭温"的特殊才华得以充分展现。

温体仁几番内斗，把对手挤出内阁，并由此得到崇祯皇帝的恩宠，行事便更加骄横了。他想要推荐启用的人，先秘密让人先提出，自己再去支持，以显得自己的公允无私。他想要陷害一个人，出现在这个人面前的并不是恶脸相向的表情，而一张堆满笑意的脸，听到的是温暖、体己、仁义的话语；一到崇祯皇上面前，他的脸就变了，说，那个谁谁在外面说了皇上什么事，而这事是皇上最为忌讳的，皇上自然很生气，那个人的下场就可悲了。就这样，温体仁用这种两面三刀的手段，借皇上之手一一除去了他的政敌。崇祯皇帝被温体仁这一套蒙蔽已久，觉得他忠诚可靠，一直没有察觉他的阴险狡猾、两面三刀。

崇祯七年（1634）八月，吏部尚书出现空缺，皇上召集五府六部九卿科道官在平台商议人选。勋戚大臣们进入西室，文臣进入东室，书写推举名单。

待皇上召对时，吏部左侍郎张捷抢先将奏本呈给皇上。皇上看了张捷呈上的名单，脸上露出不愉，问道：吕纯如是上了钦案名单的，你怎么推举他？

张捷答道：吕纯如有才华。他被列入钦案名单说是颂美逆贤，但案卷上并没有证据记录,怎么能定为"颂美"?

崇祯皇上严厉驳斥道:他自己曾经申辩过了,不能开启用钦案官员的先例。

张捷辩解:臣确实了解吕纯如是一个真正的贤人,所以出于公心推举他。即使在钦案中也要有所区分,小民犯罪,朝廷也有五年大审、每年热审,唯恐有冤案,何况是大臣,怎么能让其蒙冤?

事至于此,君臣之争已偏出召对商议主题,出人意料,在场的大臣纷纷发声批评张捷,认为其推举的人选身在钦案,决不可用。

张捷还要絮絮叨叨申辩,给事中姜应甲大声呵斥道:张捷你推举这样的人,心事可知,还敢在皇上面前狡辩!

见在场官员一起反对,皇上命张捷退下去。张捷这才收敛起刚才的气势,脸色顿变,退出大殿。

张捷一个不大的官员,为何在皇帝面前敢于数度抗辩?原来,他是事先得到温体仁的指示,由他提名吕纯如。张捷觉得有内阁首辅温体仁在背后撑腰,胆气便壮了起来,竟然连皇上也敢顶撞。

崇祯转过来问温体仁谁是吏部尚书的合适人选,温体仁早就准备了第二方案,从容地回答皇上:谢陛。

张捷退下去了,并遭到言官弹劾,但他心中有数:有温首辅撑着,皇上不会拿他怎么样。于是,他连上三十二疏文乞求回家休息。崇祯皇上虽然因为张捷推举吕纯如并同自己争辩,但碍于温体仁为其开脱,也就将此事放下。见张捷上疏乞休,他也就好言安抚留任。

但此人并不因此收敛。朝廷选拔地方官员,张捷托巡按四川的大臣刘宗祥为他的姻亲按"特别优秀"推荐,以便在这次能够胜出。他在写给刘宗祥的推荐信末尾还特别写道:忠言不入,朝事日非。信中明显流露出他对推举吕纯如不成一事心怀不满。刘宗祥入川后经过调查,张捷的这位姻亲贺儒修品行很差且劣迹斑斑,便据实参报,于是,皇上下旨将贺儒修革职逮捕。张捷对刘宗祥怀恨在心，在刘返京考核时，提出对他严厉处罚。刘宗祥不服啊，我是认真考察，据实禀报，并无过错。于是他上疏辩解，并将张捷写给他的信一并呈上。皇上收到刘宗祥的申辩疏文，明白其中原委，批示：张捷革职提问。

对一些与自己不是一条路的，或者自己看不上眼的官员，温体仁就会千方百计将其免职或调离重要岗位。

礼部侍郎罗喻义在朝廷官员中颇有声望，因为给崇祯皇上的文章中有一句"左右未得人"的话，温体仁觉得很不妥，皇上的左右是谁？温体仁认为罗喻义是在影射自己，一定让罗喻义删除这句话，罗喻义坚持不删。于是，温体仁就向皇上弹劾他，说：今日罗喻义讲进规例太过简单，让他更改他也不同意。这样，我这个内阁首辅没法做百官的首领。崇祯皇上令吏部商议，尚书闵洪学等趁机附和温体仁，说：皇帝圣明，不需要罗喻义多言。于是，罗喻义就这样被免职了。

姚希孟是讲官，因为才望擢升为詹事。温体仁讨厌他，就抓住他假冒武生的事，将他夺职去掌管南院。

文震孟因为讲《春秋》讲得好进入内阁。温体仁不能阻止他入阁，就派出特务每天守着刺探他的过错，又派人弹劾。起义军进犯凤阳，皇陵被焚。有人弹劾温体仁只知道受贿庇护自己的同党，致使皇陵被焚，温体仁就借了个由头上奏要将上疏之人免职。文震孟反对温体仁的做法，温体仁借此机会将文震孟赶走。赶走了文震孟，温体仁还是不满意，又将和文震孟关系好的庶吉士郑鄤陷害下狱。

郑鄤之冤，堪称又一个袁崇焕。

郑鄤是天启二年（1622）的进士，授庶吉士，因为建言而受到处罚，回家待了十余年。当朝廷言官们批评、攻击周延儒和温体仁时，他公开发表意见说，周绝不可用，温可大用。有大臣向温体仁推荐郑鄤。

郑鄤进京后自然要拜谒首辅温体仁，感谢他的知遇之恩。但温体仁不知郑鄤底细，心里另有一番盘算，对郑试探性摸摸底。

温体仁问，你们南方对朝政有什么评论？

郑并不提防，直言说，大家都说国家需要人才，而没看到朝廷用人才。

温说，不是不用人才，而是无人才可用。

听到温体仁这样说，郑鄤打开心扉侃侃而谈，说，用人才则人才出，不用人才则人才隐藏起来。现在边关抗击流寇最为要紧，如果能像萧何信任韩信、宗泽信任岳飞一样，何患不能成功？

听到郑鄤这番慷慨陈词，温体仁心里十分反感，他不露声色，心中有了打算。

温体仁等待的机会来了。崇祯八年（1635），与温体仁一同晋升为东阁大学士参与朝政的吴宗达，写了一份举报材料，揭发郑鄤"杖母蒸妾"。这其实只是没有证据的一些传闻。温体仁得到这份材料，如获至宝，立即写成一份弹劾郑鄤的奏疏。

崇祯皇上见到这份奏疏，十分震怒，朕以孝悌风气勉励天下，却来了一个不孝不悌之官员，成何体统！即下令将郑鄤下狱严加审讯。

刑部审讯后向崇祯皇上禀报，郑鄤迷信幻术走火入魔，假借幻术强迫其父杖母。至于蒸妾一事则缺乏证据，此案只得暂时搁置。

到崇祯十一年（1638）夏，崇祯皇帝要求各衙门梳理一下积压的政事和案子，郑鄤案被作为冤案上报。此时温体仁已被罢官，但皇上对郑鄤案情的怒气未消，不同意宽恕，他说，像杖母这样大逆不道的行径，违反法律不轻。如果他是无辜的，怎么没有人为他申冤？让常州府在京城的人秉公回话。

刚好，此时有个叫许曦的武进生员，考取了武英殿中书还未授实职。锦衣卫将他请进去"作证"。锦衣卫都是些什么人？都是些极善揣摩皇上旨意的人精，他们十分清楚皇上要的是什么证据。许曦一进去，御史刘光斗等人即代他写好奏疏，内容除了证实郑鄤杖母，还买一送二，补充揭发他奸媳、奸妹，以坐实郑鄤罪不可赦。到了这个份上，许曦感到不对头，这杖母、奸媳、奸妹是什么罪？叠加一人身上，那还得了，要出人命的！他害怕了，反悔这份奏疏，于是对刘御史说：郑鄤这些事，他是朝廷命官，我一个草民没有亲眼看到、亲耳听到过。锦衣卫镇抚司再审，许曦仍然坚持说自己没有见过、听过。镇抚司只好据实向皇上禀报。

按理，郑鄤一案在朝廷有关部门经过审理拿不出确凿证据的情况下，不能判其有罪，更不能重判。但崇祯却摆出了皇帝的权威，做出了"圣裁"：将郑鄤脔割处死！《明史·温体仁传》记载："而帝怒鄤甚，不俟左证，磔死。"圣旨一出，满朝震惊！

北京西市甘石桥下的四牌楼刑场，是郑鄤的归宿。他万万没有想到自己是这么一个结局：没有犯罪，却得到一个大罪的下场。刑场周围早已挤满了看客，场面用"火爆"还不足以形容。《瑞严公年谱》记载，刽子手把从郑鄤身上割下的肉一条条地出售。计六奇在《明季北略·郑鄤本末》一文中写道："……归途所见，买生肉以为疮疖药料者，遍长安市（作者注：北京的一条街市名）。二十年前之文章气节、功名显宦，竟与参术甘皮同奏肤功，亦大奇矣。"（《明季北略》第 263 页）

如此疯狂的场面，崇祯三年（1630）有过一次，那是处死袁崇焕。不知道这样的群体疯狂行为为什么会出现在明朝首善之都，是皇上的爱好，还是那里的土壤使然？

袁崇焕和郑鄤都是崇祯手下的冤死鬼，但冤得不同。

袁崇焕是于国家有功之臣，他维护了国家边关安全，敌方强悍的军事力量对其无可奈何，用了一个并不怎么高明的离间计，就让崇祯皇上将他处死，死得奇冤。

郑鄤是一个无辜臣子，他只是言行不合一个奸臣和皇上的意就被处死，死得糊里糊涂，冤。

此时，温体仁已罢官，但郑鄤确是因为温体仁处心积虑的构陷而遭此下场。温体仁在家听到这消息，心中是谢主隆恩还是感到愧疚？

温体仁在首辅位上辅佐朝政，精力多用于内斗，和大多数朝廷大臣结怨，多行不义必自毙，他的仕途也走到了尽头。

他指使陈履谦捏造一份以曹化淳名义攻击温体仁的匿名信，而且再让王藩出来自首，诬陷是钱谦益花费四万两银托周应壁求曹化淳署名。你看看，这份匿名信的链条编织得多么严丝密缝啊，有人捏造匿名信，有人自首，还另有揭发，人证物证俱全，多么完美，似乎可成为"铁证"了。谁都不会想到，这是温体仁让别人告自己，以达到自己整别人而煞费苦心设计的一个阴谋。

不知道温体仁设计这么一个堪比谍战片情节的"完美"计谋，耗费了多少精力。

温体仁的这个曲里拐弯的计谋，自以为得意，但他没想到惹怒了这个计谋中的"匿名信署名人"曹化淳。曹化淳向皇上请求彻查此案，皇上同意。

曹化淳何许人也？是崇祯皇帝还在做皇孙时期的伴读。天启初年，太监魏忠贤得宠弄权，害死王安，曹化淳被逐出北京，发配到留都南京待罪。朱由检继位皇帝后，曹化淳即被召还并委以重任，负责处理魏忠贤时的冤案，平反昭雪两千余件。因办事得力，深得崇祯皇帝的信任和倚重。崇祯十一年（1638），曹化淳任司礼秉笔太监、东厂提督，总提督京营戎政。

曹化淳奉旨查案，经过一番周折，查清了"匿名信"的炮制者为陈履谦父子两人。于是，他会同东厂太监王之心、锦衣卫掌印指挥吴孟明一起，突审陈履谦。在这样空前强大的审讯阵势下，陈履谦很快招认出张汉儒怎样起草告钱谦益的状子、王藩如何自首、他们父子二人如何捏造"款曹和温"后又改为"款曹击温"等细节，最后陈交代：这些事情都是温体仁在幕后一手操作。

审讯结果报至崇祯皇帝，崇祯看到这个结果，大吃一惊，他从这个结果中看到：温体仁有朋党！

温体仁设计了一个自认为"完美"的害人计谋之后，像以往一样，每临大战之前，他躲在一个安逸的场所，一面谎称身体有恙，向皇上请病假，一面静候佳音。他以为皇上仍然会像过去一样，对他温言有加。

崇祯皇上已得到曹化淳报来的审讯结果，下了决心除掉温体仁。所以，在温体仁的请假报告送达他时，崇祯皇上毫不犹豫拿起朱笔，批了三个字：放他去！

圣旨传达到温体仁时，他正在吃饭，一听到皇上御批"放他去"，他心头一惊，手上未来得及放下的筷子掉落在地上，声音清晰可闻。

温体仁被免职的消息传出，京城百姓欢声雷动，连妇人孩子也举手相庆。

此时为崇祯十年（1637），算来，温体仁入阁足足七年，进入第八个年头。他在阁臣和内阁首辅的时间，差不多是崇祯任大明皇帝时间的一半。

自温体仁入阁始，充塞于史籍的，多有记载水患、旱灾、蝗灾、地震等灾害信息。频繁不断的自然灾害，带给依靠土地生存生息的农民深重灾难，地方官府不断有灾情上报朝廷，饥民断粮，一些地方竟到了"人相食"的地步了！

正史上记载最多的是两大政治军事集团不断的军事攻击和骚扰，尤其是农民起义风起云涌，义军攻陷城池。这些得不到朝廷和地方政府救助的"饥民附之""饥民争附之"的农民义军，使明朝政局震荡加剧，明朝大厦的根基加速动摇，墙体裂缝不断增多、加大。

就在温体仁内斗正酣的崇祯十年（1637）上半年，《明史》记载：

十年春正月辛丑朔，日有食之。丙午，老回回诸贼趋江北，张献忠、罗汝才自襄阳犯安庆，南京大震。二月甲戌，遣使督直省逋赋。丁酉，贼犯潜山，总兵官左良玉、副使史可法败之于枫香驿。是月，朝鲜降于我大清。三月辛亥，振陕西灾。丁巳，赐刘同升等进士及第、出身有差。甲子，官军援安庆，败绩于酆家店。夏四月戊寅，大清兵克皮岛，副总兵金日观力战死之，总兵官沈冬魁走石城岛。癸巳，旱，清刑狱。是月，洪承畴剿贼于汉南。闰月壬寅，敕群臣洁己爱民，以回天意。江北贼分犯河南，总督两广都御史熊文灿为兵部尚书，总理南京、河南、山、陕、川、湖军务，驻郧阳讨贼。五月戊寅，李自成自秦州犯四川。六月戊申，温体仁致仕。是夏，两畿、山西大旱。（《明史·卷二十三·本纪第二十三·庄烈帝一》）

朝廷大难临头，作为大明王朝内阁首辅，史籍中未见其有良策建树记载。

崇祯十一年（1638），温体仁病死家中。他死后六年，明朝和崇祯皇上一并死了。

袁崇焕、杨嗣昌、温体仁，只是明朝崇祯年间三个重要岗位上的官员，他们不同的为官风格和人生结局，折射出明朝末年社会复杂动荡的背景、朝廷政治风气、崇祯皇帝的执政理念和性格特点。

袁崇焕是有作为的兵部尚书，他驻守的边关，让敌方多年未能突破，由于他的存在，困扰社稷江山安全的外患基本得到遏制。但不幸，他被敌方离间计构陷，皇上轻易中计，愤怒地将他残忍杀害。不该杀的功臣被杀了，明朝自断一臂。

杨嗣昌想努力有所作为，他的"攘外安内"方略总体设计是对路的，操作手段上，将地方区域进行网格化管理是一种有效的创新形式，但在明朝这块盘根错节的怪异土壤上，总有一股无形的力量在消减他的权威，让他的指挥显得无力，使全身力量击出去，像打在一团棉花上。最终，他的总体设计方略失败，他自己死在领军追剿"流寇"的征途上，算是以身殉国。

温体仁可以算得上是政治无能、热衷内斗、品格卑劣的小人。他进入权力核心圈时间最长，却偏偏不干正事而热衷于内斗，心智精力耗费在算计别人、讨好皇上这类宫廷故事上，虽然没有干直接损害国家利益的大坏事，但因为他的"爱好与特长"，朝廷腐败风气加剧蔓延，明朝最终的衰败覆灭，不能说与他毫无干系。

三个人物，三种不同命运，三种不同结局，似乎只是个人的归宿，但其实都和明朝命运有着密不可分的关系，他们都是明王朝国家脐带连接的一个生命体。人物命运一头维系着国运，国家命运一头连着个人命运。对维护国家边关安全有功的杀了，想做事的做不成，扯烂污搞内斗的官运亨长——这样的王朝，焉有不亡之理？

这样的逻辑构建成一部明亡历史。

第二篇
闪现的王朝

一、揭竿于"人相食"

◎臣见诸臣具疏，有言父弃其子、夫鬻其妻者，有言掘草根以自食、采白石以充饥者，犹未详言也，臣今请悉为皇上言之。臣乡延安府，自去岁一年无雨，草木枯焦。九八月间，民争采山间蓬草而食，其粒类糠皮，其味苦而涩，食之仅可延以不死。至十月以后，而蓬尽矣，则剥树皮而食，诸树惟榆皮差善，杂他树皮以为食，亦可稍缓其死。迨年终而树皮又尽矣，则又掘其山中石块而食，石性冷而味腥，少食辄饱，不数日则腹胀下坠而死。民有不甘于食石而死者，始相聚为盗，而一二稍有积贮之民遂为所劫，而抢掠无遗矣，有司亦不能禁治。间有获者，亦恬不知怪，曰："死于饥，与死于盗等耳，与其坐而饥死，何不为盗而死，犹得为饱死鬼也。"最可悯者，如安塞城西有粪城之处，每日必弃一二婴儿于其中，有号泣者，有呼其父母者，有食其粪土者。至次晨，所弃之子已无一生，而又有弃之者矣。更可异者，童稚辈及独行者，一出城外，便无踪迹。后见门外之人，炊人骨以为薪，煮人肉以为食，始知前之人，皆为其所食。而食人之人亦不免，数日后面目赤肿，内发燥热而死矣。于是死者枕藉，臭气薰天。县城外掘数坑，每坑可容数百人，用以掩其遗骸。臣来之时已满三坑有余，而数里以外不及掩者，又不知其几许矣。小县如此，大县可知；一处如此，他处可知。幸有抚臣岳和声弭盗赈饥，捐俸煮粥，而道府州县各有所施，然粥有限而饥者无穷，杯水车薪，其何能济乎？又安得不相率而为盗也？且有司束于功令之严，不得不严为催科，仅存之遗黎，止有一逃耳！此处逃之于彼，彼处复逃之于此，转相逃，则转相为盗，此盗

第二篇 闪现的王朝

> 之所以遍秦中也。总秦地而言，庆阳、延安以北，饥荒至十分之极，而盗则稍次之；西安、汉中以下，盗贼至十分之极，而饥荒则稍次之。
>
> 天降奇荒，所以资自成也。
>
> （清·计六奇《明季北略》卷五第 106—107 页）

这是一个叫马懋才的官员，于崇祯二年（1629）四月二十六日写给皇上的《备陈大饥疏》中的一段。马懋才为天启五年（1625）进士，历任湖广副兵备道、礼部郎中、西蜀参议等职。崇祯元年（1628），陕西大灾后引发大饥荒，饿殍枕藉。马懋才奉命入陕调查，亲眼见到故乡人相食的人间惨景，于是将一路所见所闻写成《备陈大饥疏》，上报皇上。

这份报告罗列诸多由饥饿导致的惨景，分析了由大灾大饥衍生出来的"盗贼"蜂起现象："死于饥与死于盗等耳。与其坐而饥死，何不为盗而死，犹得为饱死鬼也。""此处逃之于彼，彼处复逃之于此。转相逃，则转相为盗。此盗之所以遍秦中也。"农民死于饥饿和死于盗贼都是一个死，所以还不如干脆为盗贼，死也做个饱死鬼；由于饥饿而逃亡，但逃来逃去，逃不出饥饿的地域，为了生存，只得当"盗贼"。这两种情况使"盗贼"的队伍如滚雪球般越来越庞大。

疏文中所称"盗贼"，是指为饥饿所逼的农民义军。他最后给出的结论："天降奇荒，所以资自成也。"

陕西本来算是富庶之地，尤其中部一带，古称关中。关中南倚秦岭山脉，渭河从中穿过，四面有天然地形屏障，即东潼关（函谷关）、西散关（大震关）、南武关（蓝关）、北萧关（金锁关），易守难攻，从战国时起就有"四塞之国"一说。中间是一块大平原，适宜种植庄稼，是一个粮仓，北面水草丰美，适合养马牛羊，所以这块地方又成为兵家必争之地。

由于关中的独特地理位置和富庶，先后有西周、秦、西汉、隋、唐等十三个朝代或政权在长安定都及建立政权。历经一千多年的开发经营，长安繁荣天下无双，因而也带动关中人口日益增多。长安的繁荣富裕，就是放在当下,也是会让人震惊的程度。唐代有个叫圆仁的日本僧人到长安学习佛法,后来写了一本书《入唐求法巡礼行记》。书中记录了唐会昌三年(843)长安的一场大火:"烧东市曹门已西十二行,四千馀家。"当时东市总共有二百二十行,而西市比东市更为繁华。可以想见,当时的长安之繁荣程度!随着人口增加,人们的劳动生活等一系列活动量和范围逐渐加大,大量频繁的伐木、采石、土地开垦等活动引发水土流失,慢慢造成对生态的破坏,导致关中地区的粮食产量日益下降。生态的破坏也影响到大环境的变化,一个比较明显的变化,就是关中一带地区日益显现的干旱。明末时期,干旱等灾害的发生,在史书中多有记载。

《明史》记载:

天启二年(1622)"夏四月甲申,京师旱"。

天启四年(1624)"秋七月……癸亥,河决徐州。振山东饥"。

天启六年(1626)"五月……己酉,以旱灾敕群臣修省"。"是夏,京师大水,江北、山东旱蝗。""八月,陕西流贼起,由保宁犯广元。……是秋,江北大水,河南蝗。"

天启七年(1627)"春正月辛未,振凤阳饥"。"秋七月丑朔……是月,浙江大水。"

崇祯元年(1628)"五月……辛巳,祷雨"。"是年,……诸部饥,告籴,不许。陕西饥民苦加派,流贼大起,分掠鄜州、延安。"

崇祯二年(1629)"六月……癸亥,以久旱,斋居文华殿,敕群臣修省"。

崇祯四年(1631)"春正月己卯,流贼陷保安。丁酉,御史吴甡振延绥饥民"。"夏四月庚戌,祷雨。……五月甲戌朔,步祷于南郊"。

崇祯七年（1634）三月，"山西自去年不雨至于是月，民大饥。夏四月，贼自湖广走卢氏、灵宝。癸酉，发帑振陕西、山西饥"。

崇祯九年（1636）二月，"山西大饥，人相食。乙酉，宁夏饥，兵变，杀巡抚都御史王楫"。

崇祯十年（1637）六月，"是夏，两畿、山西大旱。秋七月，山东、河南蝗，民大饥"。

崇祯十一年（1638）六月，"是月，两畿、山东、河南大旱蝗。……八月戊戌，以灾异屡见，斋居永寿宫，谕廷臣修省。……九月，陕西、山西旱饥"。

崇祯十二年（1639）六月，"六月，畿内、山东、河南、山西旱蝗"。

崇祯十三年（1640）"春闰正月乙酉，振真定饥。戊子，振京师饥民。癸卯，振山东饥。……三月甲申，祷雨。……秋七月庚辰朔，畿内捕蝗。己丑，发帑振被蝗州县"。

崇祯十四年（1641）"六月，两畿、山东、河南、浙江、湖广旱蝗，山东寇起"。

崇祯十六年（1643）"秋七月丁酉，……京师自二月至于是月大疫，诏释轻犯，发帑疗治，瘗五城暴骸"。

从史书中记载的这些情况看，大范围以旱、蝗为主的灾害，一直伴随着天启、崇祯两朝。

水、旱灾害多见，而蝗灾现在少见。这东西成灾，现在难以想象。明末清初人计六奇在他的《明季北略》中有一篇《无锡灾荒疏略》，专门记述了这小东西的厉害：

> 自天启四年至七年，无锡二年大水，一年赤旱，又一年蝗蝻。至旧年八月初旬，迄中秋以后，突有异虫丛生田间，非爪非牙，潜钻潜啮，从禾根禾节以入禾心，触之必毙，由一方一境以遍一邑，靡有孑留。于其时，或夫妇临田大哭，携手溺河；或哭罢归，闭门自缢；或闻邻家自尽，相与效尤。至于今，或机妇攒布易米，放梭身陨；或父子磨薪作饼，食噎而亡；或啖树皮、吞石粉，枕籍以死。痛心惨目，难以尽陈。（《明季北略》第 105 页）

文中记载的，还仅仅是没有长出翅膀的未成熟蝗虫。等这东西成熟，翅膀长全了，飞起来铺天盖地，所到之处，将水旱灾害剩下的庄稼乃至草木啃噬一空，完全断了灾区农民的最后一线生路，将农民们逼上了绝路。

灾害过后，朝廷忙于赈灾以救饥民，但往往是救助不力——或是下拨粮食不足，或是被地方官员截留私分，或者是地方官员趁机加派。灾民们天灾加人祸，雪上加霜，无法忍受，迫于生存，只得揭竿而起，成为"流贼"。

高迎祥就是在这样的背景下站出来揭竿而起的第一代闯王。《明史·李自成传》记载："崇祯元年，陕西大饥，延绥缺饷，固原兵劫州库。白水贼王二，府谷贼王嘉胤，宜川贼王左挂、飞山虎、大红狼等，一时并起。有安塞马贼高迎祥者，自成舅也，与饥民王大梁聚众应之。迎祥自称闯王，大梁自称大梁王。"（《明史·卷三百九·列传第一百九十七》）

当时陕西因连年灾荒歉收，但官府不管农民收成如何、是否能生存，多次增加田赋。官吏们穷凶极恶上门搜刮农民，动辄打骂抓人，贫苦农民被逼无奈，有的卖儿鬻女换来一点钱粮以求活命。到后来，大面积灾区再也难找到粮食，不少地方甚至出现人相食的情况。被逼上绝路的农民们胸中的满腔怒火再也压抑不住了，大声疾呼："与其坐而饥死，何不盗（即起义）而死。"于是，一呼百应，灾区农民纷纷揭竿起义。陕西安塞曾经以贩马为业的高迎祥看准机会，顺势率众起义，打出自己的名号"闯王"。他没想到，他的起义和名号，十几年后彻底撼动了大明王朝，将这个王朝和皇帝送了终！

一个看似偶然的事件，酿成了一个历史大事件。

逼人成为"贼盗"，还有一件事，就是裁削驿站人员。

驿站是古代设立在交通干线沿途的补给、休息地，相当于官办招待所，供往来公干的官员和公务人员使用。明朝的驿站配备比较完善，甚至有点豪华。大部分标准驿站，有十间供官员居住的上房，二十间供差役用的耳房或厢房。还配有马夫、驴夫、步夫、馆夫、库夫、房夫、厨师等数量不等的管理、服务人员。在崇祯皇帝裁削驿站之前，全部驿站工作人员有三万多。驿站的开支，不仅仅是养这三万多工作人员的薪饷，还包括所有接待费用，即每一个过往人员的吃喝、马匹等交通工具的使用开销，还要给官员们数额不等的礼物、交通费。驿站的马不是放养野外吃草，而是吃粮食，所以马匹也享用粮食配给待遇。明初时，每匹驿站马一年的粮食定量是八十石。到了明朝中期后，每匹驿站马的粮食定量增加到每年四百二十多石的惊人数字！而一般农民一顷耕地每年只能生产出七石左右的粮食。这样算下来，遍布全国交通线上的驿站，让原本屡遭灾荒食不果腹的农民和无法收纳税赋的朝廷财政不堪重负。

崇祯上位后，面对捉襟见肘的国家财力，他采信了官员的建议，拿驿站开刀，大刀阔斧裁削驿站——一刀下去，裁员百分之六十！全国驿站一下裁减员额两万多人，其力度不可谓不大！

这一刀裁下去倒是痛快省事，但被裁的两万多人的安置工作没做好。这么多人加上他们的家属，一下子衣食无着落，又逢灾荒之年，多地有灾民们揭竿造反的起义队伍。于是，断了生路的驿卒们从吃朝廷俸禄的公务人员，转身变为造朝廷反的义军。

驿卒们整体素质要比灾民高，他们加入农民义军，给义军增添了一股强劲力量。

把自己的工作人员变成了敌人——这是朝廷驿站裁削方案中万万没有料到的。

《明史·李自成传》记载："以给事中刘懋议，裁驿站，山、陕游民仰驿糈者，无所得食，俱从贼，贼转盛。"

《明季北略》书中对此事记载的略为详细：

> 初，上即位，励精图治，轸恤民艰，忧国用不足，务在节省。给事中刘懋上疏，请裁驿递，可岁省金钱数十余万。上喜，着为令，有滥予者罪不赦。部科监司多以此获谴去，天下懔懔奉法。顾秦晋土瘠，无田可耕，又其民饶膂力，贫无赖者，藉水陆舟车奔走自给，至是遂无所得食，未几，秦中叠饥，斗米千钱，民不聊生，草根树皮剥削殆尽。上命御史吴牲赍银十万两往赈，然不能救，又失驿站生计，所在溃兵煽之，遂相聚为盗，而全陕无宁土矣。给事中许国荣、御史姜思睿等知其故，具言驿站不当罢，上皆不允。众共切齿于懋，呼其名而诅咒之，图其形而丛射之，懋以是自恨死。棺至山东，莫肯为辇负者，至委棺旅舍，经年不得归。（《明季北略》第99页）

这个上疏请裁驿站人员的朝廷官员刘懋，没想到自己为朝廷、为皇上出的这个主意，其结局竟然与初衷南辕北辙，相差十万八千里！待到自己醒悟过来，已是于事无补，只得恨恨而死。死了还事小，连抬棺材的人都不愿抬他，将他的棺材丢在山东一家旅馆，让他的遗体多年回不了家！

这又是一个没有想到!

《明季北略》作者评论道:"祖宗设立驿站,所以笼络强有力之人,使之肩挑背负,耗其精力,销其岁月,糊其口腹,使不敢为非,原有妙用,只须汰其冒滥足矣,何至刻意裁削,驱贫民而为盗乎!"(《明季北略》第99页)

好一个"驱贫民而为盗乎!"实为庙堂设计与实际完全脱离造成。

崇祯二年(1629)朝廷裁削驿站人员之前,李自成就在银川驿站当驿卒,小时候他是寨子里的一个牧羊人。《明史》记载"李自成,米脂人,世居怀远堡李继迁寨""幼牧羊于邑大姓艾氏,及长,充银川驿卒"。

李自成因为力气大,性格好勇斗狠,所以多次犯事,被知县晏子宾抓获并将判死罪。他想方设法从狱中逃出去,做了一个屠夫。(作者注:关于李自成的这段历史,不同的史籍记载有所不同。以上采信的是《明史·李自成》的记载。)

崇祯四年(1631),李自成和他的侄子李过一起投奔舅舅高迎祥,在高迎祥手下做了一个小头目。当时高迎祥手下有八个骨干称"闯将",分领八支战队,分别为眼钱儿、点灯子、李晋王、蝎子块、老张飞、乱世王、夜不收,加上第八个闯将李自成。

此时,山西已有老回回、曹操、八金刚、扫地王、射塌天、阎正虎、满天星、破甲锥、刑红狼、上天老、蝎子块、过天星、混世王、高迎祥、张献忠等多支农民义军,共三十六营,号称兵力二十余万,始成气候。

李自成加入闯王高迎祥义军,一个在当时看起来的小事,却在日后将大明朝搅了个天翻地覆。

高迎祥,看准灾民起义的时机顺势起义,成为第一代闯王。

李自成,被朝廷驿站裁减,生活无着落,干脆反叛出去,加入闯王舅舅的义军,成为闯将,后来成为第二代闯王。最终是他,将明王朝打得落花流水,掀翻在地,把闯王大旗插进紫禁城!

两个看似偶然的行为，却潜伏着许多必然的因素。

比如，朝廷对灾民救助得力、地方官员不从赈灾粮款中克扣、地方官府不再给灾民加征，灾区农民不至于断粮饥饿到"人相食"的绝境，会有那么多农民起义吗？

没有那么多农民起义，贩马的高迎祥会去冒险起义并打出"闯王"旗号吗？而没有第一代闯王，李自成还会加入义军吗？

比如，朝廷裁削驿站人员，如果能给这两万多被裁人员妥善安置，或适当补偿遣散安置费用，但凡有口饭吃，他们还会加入农民义军吗？

这些重要环节，朝廷做周全了，矛盾可以得到化解，至少不会酿成大规模组织武装对抗、颠覆政权的局面。

但，这只是事后的一种假设，而且仅仅是一种好的假设。这样的假设对一个封建王朝没有根本意义，因为，这样的王朝，从家天下的体制上就没有把天下苍生放在首要位置。虽然孟子早就给出了国家体制理想的遵循秩序——"民为贵，社稷次之，君为轻"，但后面的封建王朝统治者都把这个秩序从根本上颠倒了，成为"君为贵，社稷次之，民为轻"。

所以，即便崇祯在位能通过行政手段暂时化解一些局部矛盾，但对于积重难返的社会根本性矛盾，他无法也无意从体制上加以改变，因此，明王朝走向消亡也只是时间问题。

这也是所有封建王朝无解的千年难题。

当然，历史只收纳事实，拒绝假设。

二、两个"闯王"的浴血之路

◎（崇祯）九年（1636）春，迎祥、自成攻庐州，不拔。陷含山、和州，杀知州黎弘业及在籍御史马如蛟等。又攻滁州，知州刘大巩、太仆卿李觉斯坚守不下。象昇亲督祖宽、罗岱、杨世恩等来援，战于朱龙桥，贼大败,尸咽水不流。北攻寿州,故御史方震孺坚守。折而西,入归德,边将祖大乐破之。走密、登封,故总兵汤九州战死。分道犯南阳、裕州,必谦援南阳,象昇援裕,令大乐等击贼,杀迎祥、自成精锐几尽。贼复分兵再入陕,迎祥由郧、襄趋兴安、汉中,自成由南山逾商、雒,走延绥,犯巩昌北境。诸将左光先、曹变蛟破之,自成走环县。未几,官军败于罗家山,尽亡士马器仗,总兵官俞冲霄被执。自成势复振,进困绥德,欲东渡河,山西兵逼之。复西掠米脂,呼知县边大绶,曰:"此吾故乡也,勿虐我父老。"遗之金,令修文庙。将袭榆林,河水骤长,贼淹死甚众,乃改道,从韩城而西。

时象昇及大乐、宽等皆入援京师。孙传庭新除陕西巡抚,锐意灭贼。秋七月,擒迎祥于盩厔(陕西县名,现为周至。从《明史·本纪第二十三·庄烈帝一》改为盩厔,下同),献俘阙下,磔死。于是贼党乃共推自成为闯王矣。(《明史·卷三〇九·列传第一百九十七》)

《明史》这一段记载了崇祯九年(1636)的春到秋,高迎祥和李自成的闯王义军同官兵血战的经历。简短的文字,掩不住的战场厮杀的惨烈呼号与血腥扑面而来。"贼大败,尸咽水不流""故总兵汤九州战死""杀迎祥、自成精锐几尽""尽亡士马器仗""河水骤长,贼淹死甚众""擒迎祥于盩厔,献俘阙下,磔死"。其惨烈之状,非笔墨能书!

从崇祯二年(1629)高迎祥起义开始,这些年,义军过的都是刀口上舔血的日子。

从士兵军事素质、武器装备、给养保障等整体比较,农民义军远不如官军,但如果进一步比较可以发现,农民义军在战斗气势、各部协作、民众支持这些方面,要优于官军。因此,崇祯年间,在多支农民军形成气候并协同作战的局面下,农民军多次战胜官军,给明朝政局造成巨大压力,动摇了统治基础。

崇祯五年(1632),高迎祥和马光玉、张献忠、李自成合攻蒲州、大宁、阳城。八月间,连续攻克大宁、隰州、泽州、寿阳等地。义军进攻所向披靡的气势,令全晋震动。朝廷罢免了丢弃城池的巡抚宋统殷,派遣许鼎臣督贺人龙、左良玉领军八千人进驻平阳；另外宣大总督张宗衡督张应昌、艾万年等率兵七千人堵汾州，试图一举剿灭义军。

面对官军多路精兵围堵，义军暂避锋芒，退城进入磨盘山地区，兵分三路御敌。高迎祥放弃刚攻下的泽州、寿阳城，率部从南面翻越太行山，出其不意攻济源、清化、修武等城，围怀庆，待声势做足，率军潜入西山，突然出兵直捣顺德、真定。义军进逼京畿，京城顿时大惊，一片恐慌哗然。

高迎祥和义军灵活战术和勇猛气势，让朝廷和官军尝到了厉害。

给朝廷官军沉重打击、让皇上和京城百官惊出一身冷汗之后，高迎祥率部退入太行山，让部队休养生息。待到来年正月，高迎祥等率部重出江湖，破房县、保康进入四川境内。二月，义军连破夔州、大宁城。四川石砫宣抚使秦良玉率兵拼死阻扼。义军进攻受阻，将部队一分为二，一路走湖广，另一路由高迎祥率人马冲破官军防线进入陕西南部。五六月间，义军首领王自用在河南济源病逝，高迎祥接替其位，率奇兵出太行山，沿摩天岭西下抵武安，击溃明总兵左良玉军，袭取怀庆、彰德二府，攻卫辉。七月，经过一番周折后，高迎祥与张献忠等部合兵河北，两股农民义军又会合一处，实力大增。十一月，北方进入封冻季节，不利于农民义军休养生息，理想养兵之地是天府之国四川。此时，黄河边有官军重兵把守，义军要强行过河会引发较大规模作战，兵员受损。上兵伐谋，没什么文化的高迎祥也粗略懂得这个道理，于是，他看准朝廷领兵官员贪腐的致命弱点，设计贿赂监军太监杨进朝，假称自己领兵投降，使官军放松警惕，然后趁着黄河封冻，悄悄地过黄河进入河南，连破渑池、伊阳、卢氏三县，然后经枣阳、当阳进入湖广，破夔州，攻广元，直逼四川。通过一连串令人眼花缭乱的突袭、进攻，义军在四川打出了一个足以休养生息的局面。

转眼间到了崇祯七年（1634），农民义军的兴起，气势风起云涌，对明朝各地的攻略往往出其不意、攻其不备，常有各地告急奏报抵京，让朝廷头疼不已。散布各地的农民义军的作乱，犹如插在朝廷身上的芒刺，碰着就疼。朝廷要下大气力解决这一愈演愈烈的内忧了。

这一年，朝廷提拔陈奇瑜为兵部侍郎，总督山陕、河南、湖广、四川各路军马，与郧阳巡抚卢象昇一道，水陆并进，四面包围夹击义军。

面对强敌围困夹击，义军分散御敌，四出河南、淅川、商雒等地。

高迎祥、李自成进入陕西，不巧，时逢久旱的陕西竟然连下两月大雨，连续奔驰的马匹困乏倒毙不少，因潮湿弓箭大量受损，部队士气大受影响。危急时刻，高迎祥采纳部将顾君恩的计谋，以假投降迷惑敌军。围困义军的官军果然中计，认为大军围困中的这些农民军已经无路可逃，消灭这支作乱的农民军已经是指日可待了，于是放松了对义军的围困攻打力度。义军抓住机会，率部从汉中冲出重围，进入宝鸡，突入关中。此时明廷上下正为将义军围困于死地而欢欣鼓舞，忽闻义军突围而去，君臣大惊。到嘴的鸭子飞了，要有人承担责任，于是，陈奇瑜被削籍戍边，原职位由洪承畴取而代之。高迎祥、李自成略施小计躲过一劫，率部进入终南山。

到崇祯八年（1635），高迎祥和李自成再次出山时，干了一件震惊朝野的大事：他们率领农民义军，一路攻打至凤阳县，杀了留守朱相国、指挥袁瑞征、吕承廕、知府颜答暄等一干朝廷大员，释放囚犯百余人，并焚皇陵。崇祯皇上闻报，几欲惊死过去，之后素服避殿，哭告祖庙，并下旨"速总督漕运尚书杨一鹏下狱，寻弃市"，以怪罪其护卫皇陵不力。

高迎祥干完这件震惊朝野的大事，于崇祯九年（1636），遭遇他人生的"麦城"。这一年七月，高迎祥出南山，挥师直驱西安。他没料到，崇祯皇上对他毁皇陵之举恨之入骨，派巡抚陕西都御史孙传庭剿灭这支义军。

孙传庭在榆林建立了一支强悍的军队，称秦兵。秦兵的主力来自陕西榆林，个个体型彪悍，且作战勇猛，颇有几分当年始皇帝秦兵虎狼之师遗风。

高迎祥率义军遇到孙传庭的秦兵，一交战，义军虽在人数上占优势，但一战下来，却吃了大亏，义军的作战素质远不如孙传庭的秦兵。

眼看硬打不行，高迎祥改变战术，想绕过秦兵。于是，高迎祥率主力部队走一条叫子午谷的蜿蜒绵长的小路，想偷偷经过这条山谷袭击西安，以图占领陕西。这条道路狭窄绵长，高迎祥的大部队通过得很慢。这时又偏偏天逢下雨，道路泥泞难走，义军走了几天才走了一半路程，几万军队人困马乏，军需物资减损严重。

待高迎祥率义军行至子午谷黑水峪（今陕西省周至县黑河水库）时，孙传庭和两万秦兵正以逸待劳埋伏多时。这一场惨烈战斗足足激战了四天。义军人数虽众，但以疲劳之师应战力不从心，死伤严重。每逢作战总是白袍白巾身先士卒的高迎祥力战几天，身上几处负伤，血染战袍，无力再战，被部下藏在一个山洞中。战至最后，义军彻底溃败，高迎祥在山洞中被俘。和他一同被俘的，还有他的心腹将领刘哲、黄龙。

高迎祥被俘后，被押解至北京。对高迎祥毁皇陵恨得咬牙切齿的崇祯皇帝，看到被俘的高迎祥，怒不可遏地下旨凌迟处死。

第一代闯王，在一系列让朝廷震惊的惨烈征战后，悲壮地结束了自己传奇的人生。

高迎祥被杀后，起义军推举李自成为新一代闯王。农民义军就如俗语所说"发如韭，剪复生"。

崇祯皇上万万没有想到，正是这个曾经的朝廷驿卒、现在的第二代闯王，八年后会将他拉下龙椅，逼得他灰头土脸在煤山那棵歪脖子树上吊。

闯王高迎祥壮志未酬身先死。余下的事业就落在继任者李自成肩上了。

算起来也是巧合，高迎祥的闯王当了九年，李自成接任闯王，当了八年，甥舅两人把崇祯皇帝的任期从中分开，一人占据了一半。

崇祯皇帝下旨凌迟处死高迎祥时大概没有想到，这个令他恨之入骨的闯王还有个外甥,而这个外甥比舅舅还厉害,继续打着闯王的旗号,把大明王朝彻底颠覆了!

三、目标紫禁城

◎岩初见自成,自成礼之,岩曰:"久钦帐下弘猷,岩恨谒见之晚。"自成曰:"草莽无知,自惭菲德,乃承不远千里而至,益增孤陋兢惕之衷。"岩曰:"将军冬日在人,莫不忻然鼓舞,是以谨率众数千,愿效前驱。"自成曰:"足下龙虎鸿韬,英雄伟略,必能与孤共图义举,创业开基者也。"遂相得甚欢。(《明季北略》第653页)

从饥民到义军,从弱小到强大,从乌合之众到训练有素,农民义军一路走来实属不易,走过的是一条剑戟刀丛、鲜血生命铺就的路。义军屡屡攻击明朝官军,让朝廷和官军吃亏头疼。但官军凭借其强大势力,也屡屡围剿追打义军,让义军狼奔豕突,四处逃窜,成为名副其实的"流寇"。

这种居无定所的"流寇"日子,不是义军最终想要的。

闯王和义军们的目光,一直没有断离过既远又近的紫禁城。这是他们的最终目标。

现在,第一代闯王离世,第二代闯王能实现这个目标吗?李自成将用自己的行动作出回答。

李自成并没有因为舅舅高迎祥被俘牺牲而害怕退缩,而是采取了积极的行动来证明闯王义军没有被击垮。

《明史》记载:崇祯十年(1637)"五月戊寅,李自成自秦州犯四川"。"九月癸巳,李自成陷宁羌。冬十月丙申,自成自七盘关入西川。壬寅,陷昭化、剑州、梓潼,分兵趋潼川、江油、绵州,总兵官侯良柱战死,遂陷彰明、盐亭诸县。庚戌,逼成都。"这一年,李自成在交战中将官军总兵官侯良柱杀死，并先后攻陷昭化、剑州、梓潼和彰明、盐亭等县，进而攻打成都，七天未能攻克。

此时的李自成还是凭着一股血性作战，他对官军的总体实力和韧性缺乏足够的判断。知己而不知彼，实为用兵之大忌。

崇祯十一年（1638）春，朝廷官军在梓潼击败闯王义军，李自成逃往白水，此时义军的粮食用尽了。洪承畴、孙传庭在潼关联合向闯王义军发起进攻，义军大败，李自成几乎丧失全部士兵，只和刘宗敏、田见秀等主要将领共十八骑拼死杀出官兵重围，逃到商县、洛南山中躲避隐藏起来。这一年，张献忠投降，李自成的闯王义军元气尽丧，农民义军迎来自起义后的一个低谷。

到了崇祯十二年（1639）夏，假降的张献忠在谷城造反，重新出山。得知此消息后，李自成十分高兴，觉得重出江湖的时机到了，出来收集部众，闯王的队伍又慢慢壮大起来。

朝廷岂能容忍李自成东山再起，派官军将李自成紧紧包围在巴西、鱼腹诸山中。李自成此时兵力不够，士兵又多为饥民，未经过作战训练，自感无力冲破重围，情势十分窘迫。此时的李自成回想自己这些年在义军中的浴血生涯，舅舅被杀，多少一起并肩战斗的义军兄弟战死沙场，而这样刀头舔血的日子，不知哪天是个尽头？似乎走到了英雄末路。想到悲伤处，李自成想自行了断。养子李双喜得知义父心思，多般劝解，才让李自成打消了自尽的念头。

处于被官军围困中的义军将领，也有不少投降官军。李自成手下大将刘宗敏，投义军前是蓝田县的一个打铁匠，他作战最为勇猛，是义军的一员骁将。此时，面对义军弹尽粮绝被围的绝境，他也想投降。看到自己的爱将也想投降，李自成无理由反对，便和他一并走进一座神祠。李自成叹道："人们都说我可以做天子，现在何不去问一卜，如果不吉利，你就将我的头砍去投降。"刘宗敏答应了。连问三卜，结果都是大吉。

刘宗敏回军营后,将他的两个妻子全部杀掉,对李自成说:我现在死心塌地追随你了。军中的将士听说后,也多有杀妻儿表示愿意追随闯王的。李自成顿时勇气大增,于是下令将军中辎重全部烧掉,率轻骑从郧阳、均州杀出官军重围,进入河南。

这一年又逢河南大旱,一斛谷子卖到了一万钱,逼上绝路的饥民跟随李自成闯王义军的达数万人。这也正印证了马懋才于崇祯二年(1629)写给皇上的《备陈大饥疏》中的这句话:"天降奇荒,所以资自成也。"(《明季北略》第107页)

李自成脱困,从南阳出来,一路进攻宜阳,杀知县唐启泰。又进攻永宁,杀知县武大烈,残杀万安王朱采𨥤。又进攻偃师,知县徐日泰骂闯王义军而死。这时已到了崇祯十三年(1640)十二月。

崇祯十四年(1641),李自成率义军进军河南。皇上以原尚书傅宗龙为陕西总督,让他专门对付李自成,另外命令保定总督杨文岳前往会师。

杨文岳率领虎大威的部队一起到了新蔡,与李自成大军遭遇,虎大威部下贺人龙的士卒首先逃跑。李国奇、虎大威见势不妙,也跟着逃跑了。无奈,傅宗龙、杨文岳两位总督率领亲军筑垒固守。到了晚上,杨文岳的部队看到义军进攻声势浩大,无心守城,弃守而溃奔陈州。只剩下傅宗龙一支孤军与义军相持数日,直到粮食用尽而援军无望。傅宗龙想突围而走,被义军抓住杀死。

接着,李自成率义军攻陷叶县,杀官军副将刘国能,并将左良玉包围在郾城。

朝廷见战场局势不妙,派汪乔年取代傅宗龙为总督,驻扎襄城。李自成尽发精锐部队前去进攻。一战下来,总督汪乔年与副将李万庆均战死。李自成大军乘胜攻陷南阳、邓州等十四城,再围开封。巡抚高名衡、总兵陈永福领兵拼死抵抗,激战中,一箭射中李自成眼睛,其部将上天龙等人中炮战死。

李自成带兵打仗,自有一套战法。攻城时,不用传统云梯和冲车撞城那样硬碰硬的战法,那样打人员和装备消耗大,于义军不利,所以不用那一套,而发明了一种"撬砖头"战法,即士兵从城墙上撬下一块砖头就回营休息,落后的人一定斩首。取完砖头后,就挖洞穿城。古代筑城,是里外用厚实的砖砌墙,中间筑土夯实。开始掏的洞只能容纳一人,后来逐渐增到可容十人、百人,进去的士兵挨个将土传运出来。掏洞时隔三五步就留一土柱,系上粗绳。打完洞后,百千人拉着绳子一声呐喊,土柱被拉断,城墙便倒塌了。攻打开封城,义军用的就是这样的方法。

开封守城官兵在城上凿横道,一听到下面有声音,便将有毒和污秽的东西往下灌,这一招给义军造成不少人员伤亡。于是,义军改变战法,在城墙已毁坏的地方采用火攻,并将装满火药的坛子投入火中引爆。这样的土炸弹爆炸,其威力不小,在场的官兵都被炸得血肉横飞。义军将这样的土炸弹称为"放迸"。

崇祯十五年(1642)正月,开封城的城墙已被毁坏了一半,闯王义军连续用放迸法土炸弹攻打,数千铁骑来回呼叫,只等城墙一倒便蜂拥而入。开封城原是宋朝都城,金朝又加以重建,城墙厚达数丈,土块坚实,结果火药爆炸,其冲击力炸不穿内墙,土石反而往外击出,将义军骑兵炸死了不少。看到这种情况,李自成感到不能再战下去,于是领兵撤退。

两次攻打开封受挫,李自成自不甘心,待义军休整一段时间,又起兵第三次攻打开封。这次,李自成改变战法,将硬攻改为围城,筑起长围做持久之计。

见闯王大军围困开封,朝廷诏令起用孙传庭为总督,释放原尚书侯恂,命他领兵,并召左良玉援助开封。左良玉到朱仙镇,与义军一战大败,逃到襄阳。官军各部队都屯驻黄河以北,不敢前进。闯王义军做了长期围困准备，时间一长，被困的开封城粮食消耗殆尽。

总督孙传庭眼看着开封城危急，在西安召集诸将商讨对策，要求诸将赶紧出关救援开封。但还未等救援部队抵达，守城的巡抚高名衡等人商议，在朱家寨口挖开黄河淹灌义军部队。义军探得消息，也在马家口挖开黄河准备淹灌开封城。

转眼到了十月九日这天，天降大雨，被官军和义军挖开的黄河两口决开，滔滔黄河之水响声如雷，从决口奔腾而下。洪水冲破开封城北门进入城内，又从东南门席卷而出。可怜开封城中百万住户被水冲淹，只有周王和王妃、世子以及巡抚以下不到两万人得以逃生。闯王义军一方也被滚滚黄河水冲走一万多人。李自成见久围也攻不下开封，且受损不小，于是率军拔营离去。

三次打开封，两次硬攻，一次软围；一次撬砖打洞，一次用火，一次用水，义军都未能拿下开封。

李自成率领义军经过多年浴血奋战、两次绝处逢生，这一年迎来了一个重要转折：一个读书人加入了他的义军，给这支农民义军注入了一股颇有文化气息的清流，使闯王义军名声大振。

《明史·李自成传》记载：

> 杞县举人李信者，逆案中尚书李精白子也，尝出粟振饥民，民德之曰："李公子活我"。会绳伎红娘子反，掳信，强委身焉。信逃归，官以为贼，囚狱中。红娘子来救，饥民应之，共出信。卢氏举人牛金星磨勘被斥，私入自成军为主谋，潜归，事泄坐斩，已，得未减。二人皆往投自成，自成大喜，改信名曰岩。金星又荐卜者宋献策，长三尺余，上谶记云："十八子，主神器。"自成大悦。岩因说曰："取天下以人心为本，请勿杀人，

收天下心。"自成从之,屠戮为减。又散所掠财物振饥民,民受饷者,不辨岩、自成也,杂呼曰:"李公子活我。"岩复造谣词曰:"迎闯王,不纳粮。"使儿童歌以相煽。从自成者日众。(《明史·卷三百九·列传第一百九十七·流贼》)

这个举人李信,投奔李自成后,李自成将他的名字改为李岩。

李岩给李自成出了几招。第一招劝说李自成"取天下以人心为本,请勿杀人,收天下心"。这一招很厉害的。自古以来那些有作为的君王都知道"得人心者得天下"这个道理。李自成原来只是一个鲁莽的农民起义领袖,运兵作战的韬略还粗通一二,如何得天下的大道理是不太懂的。现在经过李岩的点化,他的理念为之一新,他的农民领袖品位得以提升。

第二招是让义军把抢夺来的财物散发出去,以救济饥民。这一招如久旱之甘霖,让处于濒死边缘的饥民顿时得救。所以,那些得到义军救助的饥民,纷纷对让他们活下来的"李公子"感激涕零。饥民们的情感是十分淳朴的:谁给我饭吃让我活下去,我就记谁的恩。这些饥民在饥饿慌乱中记住了给他们饭吃的"李公子",却没弄清楚李自成、李岩的区别。而恰恰是众饥民的这一点模糊,为李岩后来的杀身之祸埋下了伏笔。这是后话了。

李岩出的第三招,是编了宣传口号,派义军扮作商人,四处传播:"闯王仁义之师,不杀不掠。"还精心编写了极富创意的响亮民谣,教会许多儿童四处传唱:"吃他娘,穿他娘,开了大门迎闯王。闯王来时不纳粮。""朝求升,暮求合,近来贫汉难求活。早早开门拜闯王,管教大小都欢悦。"

正是这样朗朗上口通俗易懂的民谣,唱出了广大农民的心声,把闯王义军经过之处的饥民和农民的情绪撩拨起来,将千百年来为有一口饱饭吃而拼命劳作的农民的激情激发出来,使这场轰轰烈烈的农民革命终

第二篇 闪现的王朝

于有了一个理直气壮的纲领性口号！

因为这么一些简单的口号，农民们就如蚁附般跟着你干了。由此可见，文化宣传的力量是多么厉害！

李岩的三招，让李自成闯王的队伍面貌焕然一新，并日益强大，为李自成闯王义军日后打进紫禁城、推翻明朝统治起到决定性作用。

李自成兵马日益强壮，又得到李岩、牛金星、宋献策几位军师相助，羽翼逐渐丰满，踌躇满志，用兵目标渐渐锁定说远不远、说近又不近、一直让他心仪的紫禁城。那里，是他梦想的归宿。

牛金星建议，现在闯王义军已成规模，应该创设官爵名号以示正规。李自成采纳，给部下及攻占的州府县大行设官。田见秀、刘宗敏被封为权将军；李岩、贺锦、刘希尧等人为制将军；张鼐、党守素等人为威武将军；谷可成、任维荣等人为果毅将军，共五营二十二将。又设置上相、左辅、右弼、六政府侍郎、郎中、从事等官员。府的长官叫尹，州叫牧，县叫令。封崇王朱由𣏌为襄阳伯、邵陵王朱在城为枣阳伯、保宁王朱绍㲼为宣城伯。以张国绅为上相，牛金星为左辅，来仪为右弼。李自成无子，便把哥哥的儿子李过以及内弟高一功，留在自己身边，作为亲信。

这其中还有一个插曲，封为上相的张国绅是定远人，曾在朝廷担任的官职为参政，投降义军后，特献上曾当过县令的名士文翔凤的妻子邓氏，以取媚李自成。李自成看到张国绅来这一套，十分厌恶他竟然为了自己的利益不惜伤害同僚，于是将他杀掉，并将邓氏送回家。

《明史·李自成传》描写李自成性格有其张扬残暴的一面，也有其治军严厉、律己的一面。

李自成号称奉天倡义大元帅，他的部队建制，他以下一个叫标营，领兵一百队；还有前、后、左、右营，各领兵三十余队。五营按顺序昼夜值班，依次休息，巡察严密。逃跑的人称为落草，抓回来要被肢解（这就有点残忍了）。他的队伍招收十五岁以上、四十岁以下男子为兵。凡精兵一人，配给管草料、掌兵械以及负责炊事的共十人。闯王义军有军令：不得私藏白银黄金，所过城邑不得占住民房，除妻子之外不得携带其他妇女。连使用的被单都规定只能用单布。作战用的棉甲规定厚一百层，弓箭炮石都打不透。每个士兵配给三四匹马，冬天则用棉褥子包裹马蹄子。他们训练战马的方法匪夷所思，别人喂马的马槽是木头做的，他们的马槽是将人腹部剖开做成"人腹马槽"，使用这样的马槽喂马，战马习惯后，一上战场见到人，便条件反射，像虎豹一样张开牙齿想咬人，这样的场景令对方将士感到十分恐怖。军队驻扎下来并不急于休息，而是拉出去比赛骑射。半夜四鼓时分，全体将士就坐在寝褥上吃饭，准备听令。军队行动时，路崇山峻岭，并不下马步行，而是策马直上。队伍遇到江河，只害怕水急浪卷的黄河，而像淮水、泗水、泾水、渭水这样的河流，则一声令下，万人竞渡，只见有的翘足于马背，有的抱着马鬣，有的拉着马尾，如旋风一般地渡过河去。千军万马集中竞渡，往往由于马蹄壅塞，致使河水为之不流。作战对阵时，列马三万，名叫三堵墙。前排若有回头者，后排便杀了他。如久战不胜，骑兵便佯败以引诱官兵。官兵上当追过来，则步兵长枪三万，击刺如飞，骑兵再回头杀回马枪。使用这样的战术，无不大胜。攻城时，出来迎降的不杀；守城一天的城池被攻破后，杀全城人口十分之三；坚守两天则杀十分之七；坚守三天则屠城。城池将要攻破时，步兵一万人围集在城堞下，骑兵往来巡察，无一人得以走脱。

李自成投入高迎祥的闯王义军，第一次在各路义军首领面前崭露头角，显示自己的军事才能，是在崇祯八年（1635）。那一年正月，各路义军首领集聚在荥阳召开大会。老回回、曹操（罗汝才）、革里眼、左金王、改世王、射塌天、横天王、混十万、过天星、九条龙、顺天王以及高迎祥、张献忠共十三家七十二营，商议如何共同御敌。各路首领从自身利益考虑，面对强敌难免有些徘徊犹豫。

此时，身为下级军官的李自成走上前说：一夫尚且奋起，何况十万呢！官兵对此是无能为力的。应该分兵，各定攻打方向，成败利钝，就听天命了。这一番慷慨陈词把各位义军首领的斗志激发出来了，大家一致叫好。于是，建议由革里眼、左金王抵挡川、湖官兵；横天王、混十万抵挡陕西官兵；曹操、过天星扼守黄河；高迎祥、张献忠以及李自成等攻击东方；老回回、九条龙往来策应；陕西官兵精锐，由射塌天、改世王去抵挡。各路义军所攻取的城邑，子女玉帛大家平分。这个御敌方案，照应了各路义军的属地、兵力等实际情况，而且对作战成果平均分配，充分体现了一种与往常不同的"协同作战、利益均分"的思想，这对各路义军，尤其是势力较弱的义军来说，是一个能调动其积极性的方案。

众人同意了李自成的意见，也对高迎祥手下的这位闯将留下了深刻印象。所以，一年后高迎祥被官军俘获杀害，李自成从排位最后一名的小将而被推举为闯王，除了因为他是高迎祥的外甥，还和他具有一定的军事素养有关。

就个人品质来说，担任闯王的李自成自己不好酒色，吃的是粗粮，与部下同甘共苦。另一支义军首领罗汝才则过着完全不一样的生活，他拥有成群妻妾，这些妻妾的被服面料，用的都是很有讲究的绫罗绸缎。对罗汝才的这些奢侈生活，李自成常常耻笑他。

罗汝才生活腐化奢侈是一回事，但打起仗来十分拼命，或许他明白，不拼命战胜敌人，敌人就会要他的命。他队伍渐有数十万之众。李自成和罗汝才两支义军常配合作战，配合得如同左右手。但毕竟是农民出身，养成流寇习惯，稍遇挫折便相互埋怨猜忌，进而起杀心，欲将对方除之而后快。清人计六奇在《明季北略》书中有一篇《李自成杀罗汝才》专门记述：

三月（注：指崇祯十六年，即1643），自成屯襄阳，命罗汝才攻郧阳，久不下，多死，汝才所部怨自成。初，汝才闻显陵之异，以天命未改，潜谋归顺，欲杀自成献功。寻以印马分营，起自成疑。至是四月，自成数十骑突入汝才营，汝才卧未起，入帐中斩其头。汝才一军皆哗，自成以大队兵胁之，七日乃定，并其众。汝才，陕西延安人，多智而狡，贼中号为曹操。初隶高迎祥，后合献忠，又合自成，折节下之。自成兵长于攻，汝才兵长于战，相倚为用。每破城，自成取六，汝才取四。群贼推自成为"奉天倡义大元帅"，号汝才为"代天抚民德威大将军"。汝才嗜声色，所至郡邑，辄择子女之美者，后房数百，女乐数部，珍食山积，酣燕歌舞。自成每嚎之曰："酒色之徒也！"以山东人玄珪为谋主，每事取决焉。自成并杀珪。汝才死，所部多散亡。（《明季北略》第359页）

李自成派手下将领分别扼守襄阳、荆州、夷陵、澧州、安陆、荆门、汉川、禹州等要地，于是，河南、湖广、江北各路义军无不听命于他。李自成杀了罗汝才、贺一龙后，又袭杀蔺养成，夺取马守应的部队，在杞县击杀袁时中。

当时，农民义军十三家七十二营各个首领，不是投降朝廷就是战死，只剩下李自成和张献忠，数李自成这一支义军力量最强，于是自称为新顺王。

见形势渐趋明朗，李自成召集牛金星等人商议下一步进军方向。

牛金星建议，先取河北，直奔京师。

杨永裕建议，东下金陵，断绝燕京粮道。

从事顾君恩则不同意牛金星和杨永裕的意见，他说：金陵位置在下游，虽说可以成功，但失之过缓；直奔京师，如果不胜，大队人马将要

第二篇　闪现的王朝

退到哪里去呢？这又失之过急。而关中，是闯王您的家乡所在，百二山河，占了天下三分之二，应该先夺取它，建立基业。然后略取三边，用这些兵力攻取山西，然后指向京师，直捣黄龙。这样则进可战退可守，万无一失。

李自成边听边琢磨，相比之下，顾君恩阐述的战略意图比较稳妥——先建立稳固的根据地，然后再取山西，最后夺取京城，实现最后的战略目标。

李自成采纳了他的意见。

闯王义军开始新一轮的进攻了。

总督孙传庭回到陕西，厉兵秣马，准备再战闯王义军。他先是添置先进器械，制造作战用的火车二万辆。这是一种进攻用的战车，上面装有火炮，车厢存放士兵的粮食和衣物，作战时运动快速机动灵活，为战场新利器。孙传庭还启用白广恩、高杰为将。他接受前几次与义军作战失利的教训，想后发制人，以逸待劳，等义军饥饿疲劳时攻击他们。但朝廷不这么想，皇上和兵部急于得到官军消灭义军的捷报，几乎每天都催促他作战。孙传庭不得已出关，以牛成虎、卢光祖为前锋，由灵宝进入洛阳；高杰为中军；并让白广恩从新安前来会师；河南将领陈永福守新滩；四川将领秦翼明出商县、洛南，互为犄角。

官军前锋在渑池与义军交战，一举击败义军。挟胜利之余威，官军一路攻击前进到宝丰，再拔其城，进到郏县驻扎。

李自成亲自率领一万骑兵回头交战，无奈官军作战实力太强，义军又被打得大败，李自成也差点被俘。

这时却赶上天降大雨，道路泥泞，官军粮车无法前进。李自成抓住天赐良机，派轻骑出汝州，截断官军粮道。孙传庭见势不妙，于是分兵为三，令白广恩走大道；要高杰随从他走间道去接应粮车；命陈永福守营。

谁知孙传庭走后，陈永福部下的士兵见总督大人率领着陕西官军走了，把他们留下忍饥挨饿充当替死鬼，心中愤然不平，竟然也跟着陕西官军后面撤退，结果造成前军移、后军乱的混乱局面，陈永福斩之不能止。官军全线溃乱，义军乘势发起攻击，一路追到南阳。孙传庭发现这一情况，回师与义军交战。

这次义军以守为攻，设立了五重阵营。第一重是饥民战阵，第二重是步兵，第三重是骑兵，第四重是精锐骑兵，第五重是家属。官军主力大部队进攻，攻克了义军的三重阵营。但不久官军见久攻未能最后取胜，士气减退，古时战场用兵，正所谓"一鼓作气，再而衰，三而竭"。官军进攻阵脚开始松动，进攻的火车营率先撤逃，接着骑兵也纷纷掉头奔逃。这一来，战场上攻守双方瞬间发生根本性逆转。义军抓住机会，纵铁骑冲出阵营对官军做践踏碾压式冲锋，将孙传庭部杀得大败，溃不成军。李自成尽调部众前往追击官兵，一昼夜追击竟达四百余里。这一战，官军大败，死亡四万多人，丧失兵器辎重数十万，失地四百多里。总督孙传庭逃到黄河北岸，转而逃奔潼关，势败气沮，从此一蹶不振。

到这一年冬十月，李自成发兵攻陷潼关，孙传庭战死。

李自成大败孙传庭部，并致孙传庭战死，一举报了崇祯九年（1636）孙传庭在子午谷黑水峪大败闯王义军、俘获闯王高迎祥并将他押送北京处死的大仇；也洗刷了崇祯十一年（1638），孙传庭与洪承畴就在潼关以重兵埋伏，使闯王李自成部队几乎全军覆没，李自成仅带着十八骑突围仓皇而逃的奇耻大辱。

孙传庭给前后两任闯王重创，这次李自成连本带利全让他偿还了。这也正应了江湖上的一句俗语：出来混，总是要还的。

说起来，孙传庭还真是明朝一位有作为的官员，尤其是在与义军作战这方面，颇富韬略，屡屡重创义军。

史料记载，孙传庭一表人才，多有谋略。万历四十七年（1619）中进士，初授永城知县。天启初年进入北京任职，为吏部验封主事，再升至稽勋郎中，两年后因不满魏忠贤专政，弃官回乡。崇祯八年（1635）秋，孙传庭出任验封郎中，后越级擢升为顺天府（今北京市）府丞。崇祯九年（1636），请缨任陕西巡抚，在榆林组建军队，称秦军，专门对付农民义军。次年，在陕西周至县将闯王义军大败，并俘获闯王高迎祥。之后，孙传庭与各路明军配合，给义军圣世王、镇天王等部以沉重打击，平定了关中以南地区。崇祯十一年（1638），在潼关大败李自成部，陕西境内义军几乎全部被镇压下去。崇祯十二年（1639），孙传庭因与杨嗣昌不合，崇祯皇帝将他贬为平民，又将其囚禁。到崇祯十五年（1642），崇祯皇上见李自成义军风头正盛，又想起了孙传庭，将他从狱中放出，令其率劲旅救援开封。但这次重新出山，却是不顺，因为皇上在盯着，作战要按皇上的意图，虽然也打过几次胜仗，但最后功亏一篑。到崇祯十六年（1643）十月，潼关一战，孙传庭战死，时年五十一岁。消息报至朝廷，心胸狭窄的崇祯皇上却偏偏认为他诈死潜逃，没有按朝廷惯例给予赠荫抚恤。

纵观孙传庭匆匆一生，他顶着荣耀的光环出场，却以悲剧潦草收场。他虽然是明朝一位较有作为的高官，但他只能听命于皇上，改变不了时代格局。

义军连破华阴、渭南、华州和临潼，一路高歌猛进，剑指西安。西安守将王根子见义军势不可挡，直接打开城门迎接义军进城。李自成兵不血刃拿下西安，基本掌控了陕西，第一步战略目标实现，心中高兴，下令将西安为长安，称西京，并赐给顾君恩女乐一部，作为他提出的入关策略的奖赏。

既然将长安作为暂时京城，得有个京城模样。于是，李自成广招民工，修筑长安城，开通驰道。李自成每隔几天便到校场检阅士兵们演练比武，百姓们远远望见黄龙纛，都纷纷拜倒在地高呼万岁。朝廷几个官员将领白广恩、高汝利、左光先、梁甫等先后投降李自成，只有陈永福因先前交战时射中李自成的眼睛，心中害怕他报复，躲在附近的山顶上不敢下来。李自成得知后，与他折箭为誓招抚他，于是，陈永福也投降，归顺了李自成。

闯王此时何其威风，定了都城，百姓高呼万岁，军队兵强马壮所向披靡，眺望北京，他志在必得，只待时日。于是，他趁眼下无战事，回家乡米脂祭祖。说是祭祖，其实还有一层意思：光耀门厅。

李自成因为造反，被朝廷定为"盗贼"，祖坟被官军掘开，遗骨被焚烧抛弃。李自成回家后重新将剩下遗骨好生安葬。做完这事，他又寻访同宗族人，赐封他们金银爵号方离开。

此时，李自成家乡这一带已被义军控制，于是，李自成便按照自己的意愿，将延安府改为天保府，米脂叫天保县，清涧叫天波府。凤翔还不肯投降，便一声令下屠城。当初，李自成进入陕西时，说这是自己的故乡，没有侵害百姓。但时隔不到一个月，他又故态重发，忘记了这是自己的家乡，对老百姓又杀又抢了。李自成是扛粗活出身，没什么文化，后来走上造反道路，因此认为士大夫肯定不会归附自己，便搜索乡里缙绅，将他们抓起来拷打，索要金银，被折磨死了便挖个坑埋了。榆林城仍然死守不降，李过等人攻不下，李自成便派大军将其攻下。城中官员副使都任、总兵王世国、尤世威等人，都因不肯屈从而被杀死。义军乘胜攻取宁夏，屠戮庆阳，捉拿韩王朱亶堉。继而移师攻打兰州，甘肃巡抚林日瑞等人因抵抗，或战死，或被杀。义军又进而攻陷西宁。肃州、山丹、永昌、镇番、庄浪等城见义军所到之处摧枯拉朽，为保全城内百姓生命，纷纷投降。自此，陕西全境之地统归李自成义军占有。

军师们设计的第一步战略目标已经实现，虽然这个实现过程有不少艰难曲折甚至血腥残酷，但毕竟实现了，而且所费时日不长，自采纳顾君恩建议始,还不到一年,快得有点出乎意料。

此时,胜券在握的李自成踌躇满志。放眼望去,现在的闯王义军兵强马壮,声势浩大,军师将领也已配齐,各司其职,只等进军号令。

李自成的目光掠过脚下这片广袤土地,眺望紫禁城里那张天下人为之向往的龙椅。

四、李自成闯王义军在北京的四十二天

◎自成毡笠缥衣,乘乌驳马,入承天门。伪丞相牛金星,尚书宋企郊、喻上猷,侍郎黎志升、张嶙然等骑而从。登皇极殿,据御座,下令大索帝后,期百官三日朝见。文臣自范景文、勋戚自刘文炳以下,殉节者四十余人。宫女魏氏投河,从者二百余人。象房象皆哀吼流泪。(《明史·卷三百九·列传第一百九十七·流贼》)

崇祯十七年(1644)的风霾、地震比以往来得更早一些,史书多有记录,《明季北略》记载略为详细些:"正月初一庚寅,大风霾,震屋扬沙,咫尺不见。占曰:'风从乾起,主暴兵至,城破。'时凤阳守陵谷国珍奏报地震。"(《明季北略》第 415 页)

占卜这样的事现在来看缺少科学依据,但在古代却很盛行,尤其是在一些重要事情决定之前,如一场战争、当年收成等,都会采用这样的方式来预测一下吉凶。《史记》中有记载:"闻古五帝三王发动举事必先决蓍龟。"考古发现,龟甲上刻的甲骨文,许多就是占卜用的卜辞。

所以,崇祯十七年(1644)正月初一这一天的天象和地象,在崇祯皇上看来是极不吉祥之兆。

但同处天地间,对闯王李自成来说,却有着天助我也的感觉。

新年伊始,李自成在西安忙于定国号、年号,称王,搭建内阁班子,并发兵向北京进军。一阵快意的忙碌中,他没忘记一直挂念着的紫禁城那

位老冤家崇祯皇帝，抽空给朝廷兵部下了一份战书，约定三月十日决战。

此时，沿途各地官军除少数之外，皆无斗志，远远见闯王大军开到，多开门送款投降。

闯王大军攻击前进，所向披靡，一路高歌：二月渡过黄河，三月十三日攻陷昌平。以后几天，除了崇祯皇上下死命令让贴身太监组织抵抗，那些平日里威风凛凛的将军和御林军们死的死、逃的逃、降的降，已组织不起有效的反击了。

三月十八日，北京外城被攻破；次日，内城被攻破，崇祯皇帝见大势已去无力回天，自己到煤山吊死。

李自成是三月十九日进的北京城。这个划时代的日子，史书都有记载，有的记载浓墨重笔，描写生动。

《明季北略》对李自成进京是这样描写的："……自成从西长安门入，弯弓仰天大笑，自恃百发百中，射长安牌坊，祝曰'若射中间字上，天下太平。'一箭射在瓦楞内。宋献策姑慰之曰：'射在沟中，以淮为界。'其实为空虚之处，一旦成空，乃必亡之兆耳。自成貌奇陋，眇一目。至承天门，顾盼自得。见'承天之门'四字，欲藉以惑众，复弯弓指门榜，大声语诸贼曰：'我能为天下主，则一矢射中四字中心。'射之，不中，中'天'字下，俯首不乐。牛金星趋进曰：'中其下，当中分天下。'自成喜，投弓而笑。"（《明季北略》第 456—457 页）

此时，李自成心中的高兴是溢于言表的。

他当然有仰天长笑的资格，更有满满的弯弓射天之豪气！进北京意味着夺得天下，坐上龙椅，号令天下！回眸过往，环顾四周，向往这事的大有人在，最后成功者舍我其谁！

历史翻开了新的一页。这崭新的一页属于李自成，当然需要李自成来书写。

李自成进得皇宫，金碧辉煌没看到，却看到一地血腥和狼藉。皇后、贵妃们或自杀，或被皇上杀得血流一地，只剩袁贵妃满身血污，还有一口气。两个公主也是躺在血泊中，小公主已死，长公主断一臂还有气。李自成令人救下活着的人。

当然，首先得找到崇祯皇帝，无论是死是活。

先是找到了太子和定王。

当初太子按照父皇的安排，逃到嘉定伯周奎府第。但周奎正在睡觉，没听见太子的叩门声，无奈，只得藏身内臣的住处，被内臣献出来了。李自成得到太子，封他为宋王，太子不肯降。这段情节，《明季北略》有所记载："自成命之跪，太子怒曰：'吾岂为若屈耶？'自成曰：'汝父何在？'曰：'死寿宁宫矣。'自成曰：'汝家何以失天下？'曰：'以误用贼臣周延儒等。'自成笑曰：'汝亦明白。'太子问曰：'何不速杀我？'自成曰：'汝无罪，我岂妄杀？'太子曰：'如是，当听我一言：一不可惊我祖宗陵寝；二速以皇礼葬我父皇、母后，三不可杀戮我百姓。'又曰：'文武百官最无义，明日必至朝贺。'次日，朝贺者果一千三百余人。自成叹曰：'此辈不义如此，天下安得不乱！'于是始动杀戮之念。"（《明季北略》第458页）

太子生于崇祯二年（1629）二月，此时虽然还刚满十六岁，从年龄上看显得稚嫩，但还不像是个纨绔子弟，从他和李自成的这段对话来看，是个有骨气的明白人，面对国破家亡，他还显得冷静，处理问题条理清晰得体。

此时，胜利者李自成显得十分大度宽容。他接受了太子和明朝百官们的请求，于三月二十四日为崇祯皇帝举行隆重的葬礼。为崇祯皇帝的遗体穿戴好翼善冠、衮玉、渗金靴，为周皇后遗体也穿上袍带，设立祭坛。而后将帝、后灵柩送至昌平州田贵妃墓，与之合葬。

李自成也听懂了太子对明朝官员的评价，对这些乐于投降以求保命保官的前朝大臣，投以轻蔑态度。三月二十一日，明政府文武百官依照大顺政权的命令，集体进宫觐见李自成，结果吃了闭门羹，坐在露天等候了一天，中午连饭也没吃。李自成晾了他们一天，没有见。

直到三月二十三日下午，摆足了新皇帝架子的李自成才与这些前朝百官们见面。见面时按名册点名，第一个点到大学士魏藻德，李自成立即羞辱他说："你受崇祯帝特殊恩遇，为何不殉死呢？"魏藻德回答："方求新朝效用，哪敢死？"

话虽然是魏藻德第一个说出，却也是这些前朝官员的普遍心声。听到这般厚颜无耻的话，李自成和牛金星相视大笑：崇祯啊崇祯，你手下尽是一班这样毫无廉耻之心的奴才，焉得不亡！

草草见一面，知道这班前朝官员的德性，李自成自然知道怎样安排他们。

第二天，新政权公布了对前朝官员的任命。三品以上的官员极少得到任用，仅原户部尚书侯恂授工政府尚书。录用四品以下官员二百余人，而等待新政权录用的原明朝官员达四千余人。对于有可能危害新政权的武官，则不问青红皂白，毫不客气地举起了屠刀。仅三月二十四日这天，牛金星就集中斩杀大明皇室禁军武职官员五百余人。

大顺也公布了官制改革：内阁改为天佑殿，翰林院改为弘文院，六部改为六政府，文选司改文谕院，六科给事中改谏议，十三道御史改直指史等；军事制度也做了改变，五军府改为五军部，正总兵改正总权，副总兵改副总制，守备改守旅，把总改总旗等，并将太监数量限定为不超过一千人。废除和裁并了几个部门，使得机构总人数明显缩减，有利于减轻财政负担。

闯王大军进城，大顺国定都北京。接下来，大顺国这艘航船怎么走？面临的问题千头万绪。

正当李自成和众将军们一头忙乱之时，已被封为制将军的李岩，上疏李自成，给出了当下最紧要的四点建议：

一、扫清六宫后,请主上退居公厂,俟工政府修葺洒扫,礼政府择日,率百官迎请大内,次议登极大礼,选定吉期。先命礼政府定仪制,颁示群臣演礼。

一、文官追赃,除死难归降外,宜分三等:有贪污者,发刑官严追,尽产入官;抗命不降者,刑官追赃既完,仍定其罪;其清廉者,免刑,听其自输助饷。

一、各营兵马,仍令退居城外守寨,听候调遣出征。今主上方登大宝,愿以尧舜之仁自爱其身,即以尧舜之德爱及天下。京师百姓熙熙暤暤,方成帝王之治。一切军兵不宜借助民房,恐失民望。

一、吴镇(作者注:吴镇指吴三桂。原文为"各镇",据郭沫若《甲申三百年祭》考证改,下同)兴兵复仇,边报甚急,国不可一日无君,今择吉已定,官民仰望登极若大旱之望云霓。主上不必兴师,但遣官招抚吴镇,许以侯封吴镇父子;仍以大国封明太子,令其奉祀宗庙,俾世世朝贡,与国同休。则一统之基可成,而干戈之乱可息矣。(《明季北略》第673页)

李岩的疏文点明了李自成进京后的四件当务之急,其辅佐君王之心,跃然纸上。

但李自成此刻的心思却有点变化,并不像与李岩初次见面那样真诚,那样相得甚欢。《明季北略》记载,他见到李岩的疏文"不甚喜",仅在疏文后冷淡地批了三个字"知道了"。从事后李自成及部下的行为来看,有没有采纳的呢?有,那就是追赃。

李岩建议追赃,是从大军进京,急需大量资金,用以安定社会秩序、恢复百姓生产生活、数十万驻军开支和新政府机构的运行等多方面考虑的,除明确由文官追赃,还根据不同情况划分了等级,以便于操作。但这件事一旦实施起来，其情况远远超出了李岩的设想，到后来变得失控：追赃对象不仅不分什么等级，连老百姓也成为被追赃对象；不仅由文官追赃，连武将和士兵也积极参与到追赃行列。这段时间，由于拷打被追赃者，北京城四处哀号声不绝于耳。

潘多拉的魔盒打开，一时，"追赃"成了原明朝官员和京城百姓的梦魇。

主持追赃的，是李自成手下得力干将刘宗敏。三月二十三日，他一天就拘捕明朝旧臣八百多人，直接拷打追赃。名曰追赃，实际上就是敲诈。对这些明室旧臣追赃开的价格是：内阁大学士十万两银，部院、京堂、锦衣卫官员七万两、五万两、三万两不等，科道、吏部官员五万两、三万两不等，翰林院官员三万两、两万两、一万两不等，一般官员一千两。

对于新政权来说，惩治明朝贪官、追缴赃款赃物，是有必要的，但应该制定相应规制。而闯王大军一进城，就这样大张旗鼓大批捕捉旧臣追赃，显然是一种变相搜刮行为。这样代表新政权的公开行为，并且夹带着追赃者个人私利的变相搜刮，使这件事彻底变味了。

据明朝旧臣杨士聪说，他看到刘宗敏居住的府邸有三个大院，每个大院都关着百余个被上刑追赃的人。

追赃上刑一般用夹棍，这种刑具简单，用起来方便。夹棍亦称三尺木之刑，是用三根相连木棍夹挤受刑者足部，使之产生剧痛。夹棍刑具始于南宋理宗，明沿用之。这些明朝旧臣万没想到，这种原来用作对付罪犯和百姓的刑具，现在会用在自己身上。

刘宗敏有大院，关押追赃的人多。而对一些下级军官来说，他们的追赃地点就不那么确定，而是随时随地：兵营、旧臣官员家中、街头路边，都可以作为用刑之地。在这样一种普遍用刑追赃的氛围之中，追赃的效果是明显的。原来崇祯皇帝因为库银空缺，要皇亲国戚和大臣们捐点银子出来，大家纷纷哭穷，挤眼药似的拿出个仨瓜俩枣，还寻死觅活地摆地摊卖家当做给人看。这次闯王军队夹棍一伺候，大堆银子流水般交出来了。

　　文献记载，嘉定伯周奎交出赃银五十多万两。这个嘉定伯周奎是周皇后的父亲，崇祯皇帝的岳父大人。这年初，崇祯皇帝号召大臣捐银，以解边饷空缺燃眉之急，派太监去给他做思想工作，希望老丈人带个头，多捐点银子。谁知他哭穷没钱，最后只抠抠搜搜拿出了两千两银子。现在挨一顿夹棍，就交出这么多银子。不知他在交出这五十万两银时，是否后悔应该带头把这些银子交给女婿，或许还能对挽回时局发挥点作用。太监王心之交出十五万两，大学士陈演交出四万两。交不出钱的，在不断用刑拷打下，只有死路一条。

　　那个被李自成嘲弄的大学士魏藻德，被拷打后交出一万两银子，这个数目距他应交的十万两相去甚远，因而被活活拷打致死。老子死了也不能就这么算了，父债子还，又把他儿子抓来继续追赃。他儿子说，如果父亲还在，还可以向他的门生旧友借点钱，现在父亲死了，借债无门。

　　确实没钱了？

　　确实没了。

　　没钱了还留着你干什么！

　　咔嚓。把他儿子也杀了。

　　从追赃到为了搜刮财产而滥杀无辜，这种风气蔓延开来，也通过不同渠道传到李自成耳中。李自成想管，但此时却也管不了，因为他也曾听说，刘宗敏几个大将在外不无嚣张地说：没有我们几个兄弟拼死相助，李自成哪有今天？

　　但这样的事完全放任不管也不行，会毁了大业。因此，李自成换了另一种方法来提醒刘宗敏。

　　他问刘宗敏，追到了多少赃银？刘报了一个数。

　　李自成接着说道，宋军师说，天象示警，应该减少一些刑狱了。那些人被夹刑时间长了，可考虑酌情放掉。

看，李自成要刘宗敏把大量被关押拷打的旧官员放掉，还要假借一个宋军师观天象的理由。

见新皇发了话，刘宗敏只好放人。他放出千余人，但此时被关押拷打的官员已死者过千了。史料记载，刘宗敏"杀人无虚日，大抵兵丁掠抢民财者也"。他"先令十家一保，如有一家逃亡者，十家同斩。十家之内有富户者，闯贼自行点取籍没；其中下之家，听各贼分掠。又民间马骡铜器，俱责令输营。于是满城百姓，家家倾竭"。（《明季北略》第479页）后来又进一步升级，将抓来的人五个人一串押锁着，然后用夹棍拷打，逼他们招认赃银，连续十个昼夜。所以，在三月二十二日至三月二十六日这些天，"满街遍捉士大夫拘击，行路之人如汤鸡在锅"。

大将如此，下面将领也不甘落后，一个将领带领长班五十人，缉访旧朝官员和百姓是否藏有积蓄。这些人站满路边，手里拎着麻绳索，见到脸色肥胖身材魁梧者，就怀疑其家中有钱财，用麻绳索套住他的颈脖，向他要银子。"凡追赃输纳，见银加二；首饰十不当一；珠玉玩好，一概掷弃；衣服极新者，准价钱许；大段匹不及两，纱罗减之。前门商铺，凡有乡亲株连，无不搜括立尽，如蝗螟集野，草木为空。"（《明季北略》第479页）

有文献记载，大顺军进北京后的很短时间，搜刮各库银三千七百万两，黄金若干万两，加上用这种夹棍拷打搜刮到的银子三千多万两，达七千万两之多！而《明季北略》中说："宗敏进所追银万万。"（《明季北略》第478页）远远超过崇祯在位时三饷加派的总和，也远超过追赃预期。

除搜刮到如此多的银两之外，还有一个意外惊喜：在义军打开明朝廷国库时，发现库房内有数额巨大的银两！李自成喜不自胜，这么多财富，统统运回老家西安去。《明季北略》对这件事有记载："贼拘银匠数百人，凡所掠金银，俱倾成大砖，以骡马骆驼驮往陕西。旧有镇库金积年不用者三千七百万锭，锭皆五伯两，镌有'永乐'字，每驮二锭，不

用包裹。"(《明季北略》第488页)

看到这段文字，真令人惊讶，又不可思议！守着一库房的金银，数以亿计啊！崇祯皇帝却天天为朝廷缺钱而哭穷犯愁，甚至闹得和皇亲国戚不合，最后因为缺钱发军饷闹出多起兵变，官兵无心作战，连江山也丢了！

糊涂的皇帝，糊里糊涂丢了江山。

《礼记·檀弓下》有一句名言"苛政猛于虎"。闯王进北京城后，其部下之所为，比之"苛政猛于虎"有过之而无不及。

这种局面，和李自成进京时，向三军号令的军纪完全两样了！

那些闯王手下的将军和士兵，在大肆搜刮前朝官员和百姓财物、拷打杀害无辜时是否还记得：闯王李自成进北京城时，从箭囊中抽出三支箭，拔去箭镞，向后面的士兵连发三箭，大声号令，大军入城，"伤一人者斩！"进城后贴出告示："大师临城，秋毫无犯，敢有掳掠民财者，凌迟处死。"

闯王的官兵们，还有谁记得?!

此时的闯王，你自己还记得吗?!

《明史·李自成传》记载他"不好酒色"。《明史》为清代官方修撰的史书，李自成能得到这样的评价，应该是比较客观的。

但进城后的李自成却不是这样洁身自好。史料记载了他的另一面：进城后，李自成和他的亲信将领把皇宫的宫女作为战利品分享，李自成、刘宗敏、李过各自挑选宫女三十人，牛金星、宋企郊等各得宫女数人。李自成得到的宫女有姓名可查的有张氏、杜氏、陈氏、窦氏，其中以窦氏最为得宠，成为"窦妃"。一般军官，则配与各勋臣外戚的女性。据记载，有将领得到年少貌美之女性，高兴得立即抱上马，洋洋得意，向同伴炫耀。

入城后，刘宗敏的主要工作就是追赃劫色。当他听说陈沅（即陈圆圆）之美貌倾国倾城，即四下寻访，得知是吴三桂爱妾，被藏匿在其父吴襄处，立刻将吴襄捉拿拷打。由此惹出一件大事出来，不仅断送了大顺国的国运，也改写了历史。

《明史·李自成》记载：

> 初，三桂奉诏入援，至山海关，京师陷，犹豫不进。自成劫其父襄，作书招之，三桂欲降。至滦州，闻爱姬陈沅被刘宗敏掠去，愤甚，疾归山海，袭破贼将。自成怒，亲部贼十余万，执吴襄于军，东攻山海关，以别将从一片石越关外。三桂惧，乞降于我大清。四月二十二日，自成兵二十万，阵于关内，自北山亘海。我兵对贼置阵，三桂居右翼末，悉锐卒搏战，杀贼数千人，贼亦力斗，围开复合。战良久，我兵从三桂阵右突出，冲贼中坚，万马奔跃，飞矢雨堕，天大风，沙石飞走，击贼如雹。自成方挟太子登高冈观战，知为我兵，急策马下冈走。我兵追奔四十里，贼众大溃，自相践踏死者无算，僵尸遍野，沟水尽赤。自成奔永平，我兵逐之。三桂先驱至永平，自成杀吴襄，奔还京师。（《明史·卷三百九·列传第一百九十七·流贼》）

陈圆圆为明末姑苏名妓，红极一时，后由田贵妃之父田弘遇带到京师，作为结交明朝将军之礼物，送给了吴三桂。当时，边事告急，崇祯皇上严诏催他出关，吴三桂不便携陈圆圆到军营，他父亲在京城督理御营，于是将陈圆圆留在父亲府中，自己出关打仗去了。

不料时局变化太快，到三月初，吴三桂又接到崇祯皇上圣旨，要他放弃宁远，率兵勤王。待得他三月十六日进入山海关、二十日到达丰润时，得到消息京城陷落，他便率兵退守山海关。

李自成率大军进城后，问过太监，后宫三千，为何无一个国色天香？太监回答，先帝忧心于国事，屏绝声色，所以后宫鲜有佳丽。有一个陈圆圆，绝世所稀，为田弘遇进献，而帝谢绝，后田弘遇将其赠予吴将军。将军出关，陈圆圆留府内，现在吴襄处。

　　李自成下令查找，吴襄见大势已去，只得将陈圆圆交出。李自成此时头脑还清醒，考虑到吴三桂为明朝大将，统率的军队战斗力强，是义军的劲敌，不便夺其所爱逼他死拼。于是他派降将唐通带人，携犒师银四万两及吴襄的手书，前往山海关招降吴三桂。

　　此时，吴三桂也得知明朝已亡，崇祯皇上已死，自己何去何从，正感犹豫，看到大顺国新主派人送来的犒银和父亲的手书，便准备投降了。

　　吴三桂带兵入关，走到永平西沙河驿站驻扎。这时，他派往京城打探消息的细作回来报告说：李自成军在京城大肆捉拿皇亲国戚文武大臣，拷打追赃，将军的父亲大人也未能幸免，交了五千两银。过不多时，吴襄也派手下亲信赶来，把京城真实情况一一禀告吴三桂。吴三桂这才知道，其父的那封手书，乃李自成逼迫他写的。吴三桂听后，怒火中烧。随后，吴三桂派往京城的探子先后返回，情况进一步明了。

　　一个探子回来，吴三桂问：我家怎样了？

　　答曰：被贼军抄没了。

　　另一个探子回来，吴三桂问：我的父亲怎样了？

　　答曰：被闯王关押起来了。

　　又一个探子回来，吴三桂问：陈夫人还在府内吗？

　　答曰：被贼军抢去了。

　　听到这里，吴三桂再也无法忍受，他拔剑而起，怒道：逆贼如此无礼，我吴三桂堂堂大丈夫，岂能降此贼子！于是，下令进军山海城，准备进攻北京城。

　　这就是吴三桂"冲冠一怒为红颜"的大致由来。也据此说李自成打进北京只待了四十二天就失败,也是因为一个女人。

其实,这只是后人为夺人眼球的一个说法,有些偏颇。

要说吴三桂与李自成结仇,不仅有夺妻之恨,还有府上被抄,父亲被关押。再退一步说,即便没有这几件事,李自成的大顺国在北京城又能多维持几天?

吴三桂率大军回师山海关,显然带着家恨国仇,一战全歼闯王义军八千多人。之后,他宣布此举为"兴兵剿贼,克复神京,奠安宗社",明确以崇祯皇帝钦差身份向大顺军宣战。

吴三桂多年在战场上厮杀,掂量自己手中仅有的关宁铁骑这点兵力,是远不能与闯王拥有的百万大军抗衡的,要实现自己为大明朝、为自己家复仇的目标,得要有另外一支强有力的军事力量才行。四下环顾,朝廷在北方一带的军队已经土崩瓦解了,南方倒是还有军队,但自己能否调得动是个问题,即便南方能出兵,劳师远征从千里之外赶来,只怕是远水难解近渴。周边现成的军队另有一支,那就是早已对大明垂涎已久的清军。

明朝已经灭亡,自己父亲被杀、爱妾被掳;已经代表明朝向闯王义军宣战,逼得没有退路了。于是,吴三桂转身向身边清军投去求助的目光,他向摄政王多尔衮修书一封,"泣血求救"。

多尔衮是个具有战略眼光的政治家。清军多年在明朝边境地区骚扰滋事,每每得到一些小利即退回,他们很清楚自己的实力,无论是国力、军队、人口、地域面积,都无法和明朝进行一场大规模决战。只是这些年来,明朝受困于农民义军的战争,朝廷无暇对大清做彻底清算,大清得以好整以暇,强兵富国。但大清的目光,他们从来没有放弃身边大明这块肥肉,并随时在等待机会。现在明朝军队已基本被农民义军打垮,明朝已亡。清军的对手只剩下大顺军,这对清朝来说,是一个千载难逢的好机会。

四月初八，多尔衮挑选清军精兵强将共十四万大军，从盛京（即沈阳）出发，向关内进军，于四月十五日开进到阜新附近。

就在这时，多尔衮收到吴三桂的那封"泣血求救"信函，请求清军入关联合讨伐李自成。信中说，乱臣贼子也非北朝所宜容也。并许诺，事成之后，定"裂地以酬"。

吴三桂乱急之中犯了个致命错误：过高估计了自己的身价——一个亡国臣子有何权力"裂地以酬"；过低估计了多尔衮代表的清朝之雄心——将明朝版图全部收纳归大清国。

对大清来说，现在是千载难逢的绝好机会。

吴三桂来信函求救。此时的多尔衮十分清楚，吴三桂现在犹如丧家之犬，急于寻找一个新主子，依靠新主子的力量帮他报仇。对吴三桂现在的主动上门求助，清朝当然是求之不得，因为吴三桂手中有关宁铁骑，还有山海关雄关。但仅仅是求救？如果这样的求救发生在早两三个月，多尔衮或许还能答应，因为那时闯王军队还在陕西，明朝廷还在，明朝大军还在，局势还不明朗，如帮助明军，可以阻挡甚至打败闯王义军，到时候大清可从明朝廷那里名正言顺分得一杯羹。但现在不一样了，明朝已亡，明军基本消亡，一支曾经庞大军队已经没有威胁了，从军力对比上说，发生了巨大变化。这个变化对清军十分有利，而对吴三桂来说是十分不利，因为作为明朝残存的一支军队，军力十分有限，而且没有政府的支撑，断绝了补给来源，生存下去都是困难的。

这些问题理清楚了，多尔衮知道吴三桂的求助已经没有了对等谈判的筹码，对吴三桂的单纯"求救"，多尔衮采取了相应对策：回函吴三桂，先是称赞了他一番"思报主恩，与'流贼'不共戴天，诚忠臣之义也"，然后毫不含糊地向他劝降。

同时，多尔衮下令清军急速前进，六天后到达山海关。

四月二十一日，闯王的军队抵达山海关，随即向防守的吴三桂军发起攻击。一场激战过后，攻打西罗城的闯王军队受挫；防守北翼城的吴三桂军失守。而这一天，抵达山海关外欢喜岭的清军按兵不动，在此观望闯王义军与吴三桂明军激烈交战。

吴三桂见清军已到，心中一喜；但又见清军按兵不动，心里发急，多次派人催促多尔衮立即进攻农民义军。但多尔衮并不理睬吴三桂的催促，一直按兵不动，坐山观虎斗。

吴三桂的喜悦心情换成了焦虑和担忧，亲自出关与多尔衮会谈。

吴三桂从多尔衮的回信中知道清朝的意图，所以这次不谈与清军联合讨伐李自成，而是变了个方案，提出向清军借兵十万，以恢复明朝山河，为明朝雪耻。

多尔衮当然予以拒绝——复国是你的事，凭什么借我大清军队，天下哪有这样的事。他说：明朝的文臣素来不讲信义，你想建立盖世之功，却要我国举兵，但只怕是事成之后，连你自己的安身之地在哪里都不知道。

吴三桂急了，发誓诅咒，说，我今天誓死报国，虽肝脑涂地也在所不辞，哪里还会考虑别的事。

多尔衮十分清楚吴三桂此刻的心情，更知道对这样的人应采取的策略——拖延时间，吊你胃口，你急我不急。于是，他提出明天再议。

不知吴三桂这一个晚上是怎样在纠结焦虑中度过的。有史书记载，第二天一早，吴三桂穿着孝服、披头散发去见多尔衮，痛哭流涕苦苦哀求。

多尔衮见吴三桂这副模样，知道自己吊胃口的招数成功了，这才答应派兵十万相助。但这是有条件的，多尔衮提出，双方盟誓为信，为了在战场上区别闯王兵与吴三桂兵，吴三桂军按满族风俗薙发（即剃发）。

此时，吴三桂心中即便有一万个不同意也无奈：闯王大军进攻，自己已经抵挡不住了，最后一线希望就是清军出兵解围，否则，自己的性命难保。想到这一层，吴三桂清楚多尔衮此时是乘人之危坐地起价，但已没有别的办法，只得咬咬牙答应。于是，吴三桂与多尔衮歃血为盟，剃发称臣。

按照约定，清军以前锋阿济格的两万骑兵为左翼，豫王多铎的两万骑兵为右翼，形成左右夹击之势，向闯王军队发动突袭。四万清军铁骑旋风般的突击，打得闯王军措手不及，只见，清军三吹角，三呐喊，顿时冲击闯王军阵；发矢三巡，剑光闪烁，杀得闯王军大败，大将刘宗敏中箭身负重伤。

闯王大军近来屡战屡胜，摧枯拉朽，一路打进北京城，将明朝军队打得无法招架。闯王军却没想到在这里遇到强敌，将自己打败。

此地叫一片石。这里是李自成的麦城，是闯王军由盛到衰、由胜到败的转折点，也是历史的一个拐点。

对于这场战斗，《明季北略》记载得略为详细：

> 然九王（作者注：指清摄政王多尔衮）多谋，不肯先与自成轻战。十九日丙子，使三桂为前锋，与自成大战于关内一片石，一以观三桂之诚伪，一以觇自成之强弱，欲坐收渔人之利。日暮战罢，九王始信。二十日丁丑，三桂、自成两军复合战。战方酣，九王使铁骑数万，以白标为号，绕出吴兵之右，锐不可当。自成随数十骑，挟太子方登庙冈观战，有僧进曰："此非吴兵，必东兵也，宜急避之。"已而见白标军如风发潮涌，所到之处，无不披靡，闯兵大败。自成狼狈遁，虽刘宗敏勇冠三军，亦中流矢，负重伤而回。时闯兵入都，恣意淫掠，身各怀重赀，无有斗志，故尔大败，尸横八十余里，马无置足处，所弃辎重不可胜计。然吴兵检贼尸内，有数十金，犹可私取，若百金以外，则不敢匿，必献之于帅，恐怀金既多，则不肯力战而思逃也。（《明季北略》第496页）

闯王军大败的其中一个重要原因：士兵"身各怀重赀，无有斗志"。

一片石之战，多尔衮指挥的混合军力约七八万人，李自成的闯王军约十万人，从交战双方兵力上看，李自成军力略占优势。但交战结果，李自成军输得惨不忍睹，如《明季北略》所述："尸横八十余里，马无置足之处，所弃辎重不可胜计。"加上大将刘宗敏中箭重伤，可谓损兵折将，大败而溃。

这一战，让新生的大顺朝从顶峰上坠落。

历史，也在这里拐了一个大弯。

还是这支军队，还是这些将士，一个多月前是那样气吞如虎，打败明军进了北京城，怎么一下就不行了呢？

还是《明季北略》解开了这个谜："时闯兵入都，恣意淫掠，身各怀重赀，无有斗志，故尔大败……然吴兵检贼尸内，有数十金，犹可私取，若百金以外，则不敢匿，必献之于帅，恐怀金既多，则不肯力战而思逃也。"吴三桂的士兵在战后打扫战场发现：闯王军的士兵尸体身上都怀揣几十两钱财！原来，士兵抢掠的金银财物，几十两的可以自己得，而超过一百两的，就要上缴给军官。所以，闯王军官兵都带着金银财宝上战场，都"无有斗志""不肯力战而思逃也"！

这仗还怎么打？

敌人的刀枪剑戟，打不垮闯王的义军；

而闯王军将士身怀金银财宝上战场，却压垮了自己！

不知道闯王李自成是否知道自己的将士是身怀金银财宝上战场的？

士兵为区区数十金，反丢了性命！

李自成因此最终丢了到手的江山，可悲，可叹！

闯王军兵败，退守永平。

吴三桂见闯王军撤退，知道这场胜仗是清军打的，他心里清楚，自己那点人马，并不能彻底打败闯王军、夺回京城完成复国梦。他盘算，清军的意图是要全部接收大明版图，自己只有抢先进京复国，才有筹码和闯王、清军谈判。于是，他派人同闯王议和，提出条件，闯王交出太子即可停战。

兵败的李自成领教了清军铁骑的厉害，同时手下大将刘宗敏受伤不能再战，权衡再三，同意了吴三桂的议和条件，派人将太子送至吴三桂军营。

吴三桂接到太子，同意停战，而后提出李自成"速离京城，吾将奉太子即位"。这一招一石二鸟：太子即位，大明仍在，清军和闯王军再发兵，势必引发冲突，可让明朝获得较大利益。

于是，吴三桂带着太子，举兵向北京进发。

李自成回到北京，和军师牛金星商量：清军攻势猛烈，我们在此立足未稳，还是先回陕西吧，那里有义军经营多年的基业。还有一层，在京城拷掠得来的和明廷国库那亿万金银，正由庞大骡马骆驼队运往西安的路上，这既是今后过日子享用的本钱，也是东山再起的老本。有了钱害怕什么。

但牛金星不同意就这么走了，他希望李自成立即登极。身负重伤的刘宗敏也同意牛金星的提议，说，如果不登极就回关中，也不能名正言顺地得到那块地盘。

李自成想想也有道理，同意两位军师的建议，宣布第二天登极。

吴三桂得知李自成登极，率军抵近北京城下，对李自成形成攻击之势。

李自成得知吴三桂兵临城下，即将吴三桂的父亲吴襄押上城墙，向吴三桂喊话。吴三桂不顾李自成拿自己父亲当作人质，命令士兵向城上射箭，将其父亲身边的士兵射死。

李自成见到吴三桂的疯狂举动，动了大怒，下令将吴襄及其家属三十多口人全部杀死。

四月二十九日，李自成在京登极称帝。第二天便匆匆撤离北京。

吴三桂准备进城，完成复国大业。此时，老谋深算的多尔衮却不许他护太子进京，命令他绕过北京城，去追击李自成。多尔衮清楚吴三桂的心思，知道如果太子一登极，明朝复国，清军再近北京就是开战了，就会陷入一场三方争夺的混战，而此时清军兵力不足，立足未稳，又是外来之敌，在这样的战争中得不到什么好处。所以，不许吴三桂拥太子进京称帝，明朝复不了国，三方混战这样的局面出现不了，大清才能获最大利益。

吴三桂的如意算盘未能得逞。京城就在身边，眼看就可完成复国大业，却不准进京。吴三桂心中有十二万分不愿意，却也不得不执行多尔衮的命令，因为他没有实力。

此时，多尔衮之心，已是路人皆知：大明和北京城是大清的。

五月初三，当北京城的一众明朝官员和一大群百姓，在北京朝阳门外，"延颈望太子归"时，等来的却是穿着满族服装的多尔衮和他率领的清兵。稍做停顿，他们和欢迎人群见了面，清军骑兵护卫着换乘銮舆的清和硕睿亲王多尔衮，直奔紫禁城去。

五月初五，入主紫禁城的多尔衮向明朝官民发布了第一份文告，文告中称：天下者非一人之天下，军民者非一人之军民，有德者主之。我今居此，为尔朝血君父之仇，破釜沉舟，一贼不灭誓不返辙。所过州县能削发投顺开诚纳款者，即予爵禄，世守富贵；如抗违不遵，大兵一到，尽行屠戮。

文告为清军进入明朝都城找了一个冠冕堂皇的理由：替明朝臣民复仇。所以，大家要服从清军指挥。听话削发投顺的，封官加爵世代富贵；违抗者格杀勿论！

多尔衮不愧为一个政治家，这份文告表露得是软硬兼施，有礼有节。

就这样，清军兵将觊觎已久的大明朝连同他的首都兵不血刃地拿下了。

吴三桂的复国梦想破裂。明朝彻底亡了。

李自成也败了，大顺国也将不国了。

有没有好一点的结局？纵观李自成进京这段历史，答案应该找得到。

比如，按照进城时的纪律约束，不扰民，而是安定人心，恢复京城百姓的正常生产生活，及至全国各地百姓。

比如，不用拷掠的残暴方法敛财，而是用区别对待的方法，只没收皇亲国戚和大贪官的财产，对中小官员只要归顺新政权则不予没收其财产。对老百姓的财产不仅应做到秋毫无犯，当务之急，而且还应该开仓放粮、放款，以赈民之饥饿、灾荒，救民于水火。

比如，对待像吴三桂这样握有重要军权的明朝大将，应分别采取不同方式安抚，如封官、加爵、延用，使其归顺，而万不能抄其家、拘其父、夺其妾，最后逼其反。

比如，关键的军事要塞，如山海关，应当派重兵强将把守，以拱卫京畿，而不是将绝大多数兵力囤积在京城作拷掠敛财之用。

当然，还有更多"比如"。

这样做了，结局显然不会如现在这样，历史将会改写。

但这只是一种事后假设。历史从来拒绝假设。

从闯王军队一进城，自上而下疯狂的拷掠杀人开始，大顺这个政权就注定要亡了。只不过因为吴三桂这件事的介入，加快了其灭亡的步伐。

从崇祯四年（1631），加入闯王义军开始，到西安建立大顺国，几度生死，李自成在这条充满腥风血雨的路途上走了十四年。

从西安到北京，一路浴血征战了两个多月。

从进入北京到被迫退出北京，闯王军在这座紫禁城只停留了四十二天。

从登极成为大顺国新皇帝，到第二天仓皇撤退，李自成在那张向往了十几年的龙椅上只坐了几个时辰。

在北京的这四十二天，大顺国留给历史和民众的，只有两件事：拷掠官员以敛财，张罗登极。前一件事用了大量时间，做得大张旗鼓；后一件事用时不多，做得匆忙慌乱。

唯独有一件最应该做的事，除了李岩有过一次简单提醒，李自成和那些军师、大将军们都把这件正事大事丢在脑后了。

这件事就是建国方略。

一个新国家的建立，是要有方略的。建立一个怎样的国家？怎样建立？这其中有着千头万绪的工作，需要一件件谋划、组织、引导、落实。

而准备定都北京的大顺国创建人，对此大事漠然视之。

就这样，在一片追赃拷掠的哭喊声中，在一片吃喝享乐声中，大顺官兵是否还有人记得曾经呐喊过的"闯王来了不纳粮"这一宗旨？

丢了宗旨，也就丢了国之灵魂。没有灵魂的国家徒具一层躯壳，稍有风吹来，就会把国家吹散了，把自己也吹丢了。

历史给了机会，历史也是无情的。

这就是历史。

《明季北略》评点这段历史称："自古大寇成败未有如此之速者。"（《明季北略》第727页）

大顺国短短三个月的兴亡史，对《左传》中"其兴也浡焉"，"其亡也忽焉"这句话做了精确形象的注解！

"也许走得太远，以致忘记了为什么出发。"（纪伯伦诗）可才刚刚跨入北京城一步，并没有走得太远，怎么就忘记了？

难道，出发的目标也就是终点？

细思这段历史，让人脊背发凉！

五、大顺悲歌

◎顺治二年（注：1645）二月，我兵攻潼关，伪伯马世耀以六十万众迎战，败死。潼关破，自成遂弃西安，由龙驹寨走武冈，入襄阳，复走武昌。我兵两道追蹑，连蹙之邓州、承天、德安、武昌，穷追至贼老营，大破之者八。当是时，左良玉东下，武昌虚无人。自成屯五十余日，贼众尚五十余万，改江夏曰瑞符县。寻为我兵所迫，部众多降，或逃散。自成走延宁、蒲圻，至通城，窜于九宫山。秋九月，自成留李过守寨，自率二十骑略食山中，为村民所困，不能脱，遂缢死。或曰村民方筑堡，见贼少，争前击之，人马俱陷泥淖中，自成脑中钼死。剥其衣，得龙衣金印，眇一目，村民乃大惊，谓为自成也。时我兵遣识自成者验其尸，朽莫辨。(《明史·卷三百九·列传第一百九十七·流贼》)

李自成生于1606年，卒于1645年，一生可谓短暂。自崇祯四年（1631）加入闯王军开始，到顺治二年（1645）秋死于湖北九宫山，李自成有十四年的时间在军营中度过。这十几年长年征战，刀枪剑戟丛中求生存，过的是刀口上舔血的日子。

作为闯王，一个义军中赫赫有名的战将，随时准备在与敌人的作战中死去，这是一位战士的荣光。他多次遇险，准备过多种死法，但从未想到过会死于农民的锄头下。怎么会呢？他出身于农民家庭，当过农民，投奔义军造反是为了救农民，喊出的口号"闯王来了不纳粮"更是为了农民，但到头来，一生为了农民奋斗的闯王，最后竟死在了农民的锄头下！

历史和他开了一个大玩笑。

李自成的义军在一片石战败，回到京城匆匆完成了登极大典，将拷掠得来的黄金以及宫中库藏、器皿，全都熔化，铸为饼，每饼千金，约有数万饼，调集大量骡马车和骆驼运回西安。当天晚上，李自成下令焚烧宫殿以及九门城楼，大火烧了一晚，算是提前为大顺国、为自己祭奠。第二天早晨，李自成率大军挟持太子、永王和定王向西逃走，派左光先、谷可成断后。

五月初二，清军大部顺利进入京师地区，派遣将领与吴三桂一起追击李自成。李自成带着义军逃到定州，被一路狂追的吴三桂和清兵追上，双方激烈交战。此时，吴三桂集国仇家恨于一身，恨不得抓住李自成将他千刀万剐才解恨。清军锋芒正锐，个个想杀敌立功。而李自成军正当慌忙逃遁，两军相交时已无心恋战。战不多时，吴三桂追兵斩杀谷可成，左光先脚部受伤，由部下背着他夺路而逃。李自成向西逃往真定，吴三桂和清军又死死追上，并向闯军发起攻击。激战中，李自成被箭射中，身受重伤。主帅受伤，义军已无心再战，于是，李自成率部向西逃奔，进入山西。此时，恰遇清军东返，挡住了李自成退路。李自成自感不敌，于是，整合被打散的部下，退走平阳。

此时的闯王，一败再败，又受重伤，部队情绪沮丧，昔日大顺国皇帝、百万大军统帅不再凛凛威风，真有"虎落平阳"之状。

李自成义军大败后，河南原归顺闯王义军的州县见势不妙，又纷纷反正了。义军失去大片领地后，活动范围以及粮食、兵员补给大大受限，这对义军今后的生存极为不利。李自成召集诸将商议，看如何打破这一困局。李岩请求率兵前往河南开辟新局面。

对于李岩自告奋勇领兵前往河南，牛金星心里极为不快，他背地里对李自成说："李岩雄武有大略，并非久居人下的人，河南又是李岩的故乡，如果交给他大军，必然不可控制。十八子那句谶语，难道就不是指的李岩吗？"

牛金星说出这番极具杀伤力的话，是有原因的，因为他看不得李岩在李自成面前得宠。而且，对李岩进京后的所为尤为反感，因为李岩与牛金星以及整个闯王义军官兵所为大相径庭。

牛金星看不惯李岩进京后的所为，主要有两件事：一件是保护懿安太后；另一件是没有拷掠明朝皇亲国戚及官员敛财。

先说保护懿安太后。

《明史·后传》记载，懿安太后姓张名嫣，河南祥符县人，明天启帝的皇后，崇祯皇帝的嫂子。天启元年（1621）二月，十五岁的张嫣入宫，四月即被册立为皇后。史料记载，张嫣具有"严正"的性格，颇有皇后风范。她非常不齿宦官魏忠贤和熹宗的乳母奉圣夫人客氏两人为非作歹的行径，经常在熹宗面前提起两人的过失，更以皇后的身份惩处过客氏，因此，魏忠贤与客氏对她恨之入骨。天启三年（1623），张皇后怀有身孕，一次腰痛，想找一个宫女来按摩。一直想报复张皇后的客氏感觉机会来了，她让魏忠贤安排亲信冒充宫女，在为皇后按摩时使用重手捶打腰部，不仅使张皇后生下死胎，还导致张皇后自此再未生育。这一事，后来成为杨涟弹劾魏忠贤的第十条罪状。在信王朱由检即位一事上，张皇后说服了明熹宗将皇位传弟。朱由检想推辞，张嫣自屏风后走出，说：皇叔义不容辞，且事情紧急，恐怕发生变故。这样，信王才愿意继承皇位，成为崇祯帝。北京城破，崇祯皇帝逼得皇后、贵妃自杀，亲手砍杀两位公主，然后自己到煤山自缢，对太后却是网开一面。

义军进入皇宫，李岩见到张嫣，知道是太后，即告诫士兵们不得对其侵害，并派士兵同老宫人用两人抬的轿子送她回到娘家。懿安太后也是个性刚烈之人，眼见国破家亡，自己不愿苟活，就自缢而亡了。

牛金星对李岩如此"厚待"一个前朝皇太后，心存不满。

再说拷掠敛财事。

闯王军进京，其官兵主要事即为抓捕旧臣进行拷掠以大肆敛财，以致一时间北京城满城哭嚎声终日不绝于耳。李岩身为制将军，不仅没有参与这种惨无人道且有失人心的暴行，反而向李自成上疏，提出四条建议，其中关于追赃一事，建议根据不同旧臣行为，区别对待。后见李自成对此建议搁置一旁不予采纳，虽无奈，但并不随波逐流，自己不但不去抓捕那些可怜的士大夫拷掠敛财，为了完成上缴敛财数额，甚至拿出自己的一点积蓄充数。

他有没有拷掠过人呢？有史料记载过这样一件事：

有一位河南姓周的官员，和同乡范孝廉是儿女亲家。范孝廉科举不中，正在京城候选，时间一久，身上盘缠用完了。正当此时，闯王义军大举攻城，北京城一时米珠薪桂，范孝廉每日为腹中饥饿愁肠百结，竟然忧郁成疾。等到北京城破崇祯帝死，忽然听到说姻亲家周某用家中宝物贿赂闯王麾下官员，以求谋得一官半职，范孝廉贫病气交加，竟然郁闷愤恨而死。范孝廉的儿子得知父亲之死，赶到岳父家哭泣，并告知家中贫困，无钱为其父收敛安葬。这个周某不但不予资助安葬姻亲，并对女婿加以呵斥，后悔结了这样一门穷亲。

这事传到李岩耳中，李岩大怒，即派兵将周某抓到营房，拷打三天将其打死。

一个文弱书生干出如此失态之事，一是他的正直个性使然，再则也是借此对同僚疯狂暴行的一种愤怒发泄。

其实，李自成进城之初，头脑还是比较清醒的，如号令三军不得扰民。李自成进皇宫见到一片血腥惨状和倒在血泊中的袁贵妃、太平公主，感叹崇祯皇帝的过分残忍，并命手下将二人救起，扶入宫中悉心照料，还遵照公主意愿，将她送到嘉定伯周奎府中养伤；对崇祯的遗体予以收敛，并接受明朝百官的请求，以帝礼将其安葬。得知皇后已去世，李自成便命人用宫中门板运出，装入柳棺，放置在东华门外。后来李自成采纳军师建议改殓皇后，给她戴上哀冕，穿上绣有野鸡图案的衣，并加盖一间草棚，对其亲属也并无虐待。太子、永王、定王无处藏身，先后被抓来见李自成，他们都不屈服。李自成将他们暂时关押在宫中，并封太子为宋王。这些胜利者的系列大度包容行为，足以说明李自成具有正常的人性，并非杀人魔王。

所以，李岩在进京后，自己所持温良恭俭让的行为，不仅符合他的性格，也与李自成进城之际的主导思想相吻合。

但闯王义军进城后,面对空前的巨大胜利,全军上下出现了行为失控,几乎所有人员的全部精力,都投入到拷掠敛财这一件事情上了。将领高官自然可以名正言顺抓捕明朝皇亲国戚和旧臣进行拷掠,士兵们分散居住在京城百姓家中,他们也有自己的拷掠方法:先借口搜查家中是否藏有火药兵器,没有,士兵搜查辛苦,那就得供应士兵的饭食。吃饱了饭,看看这家人家,有年轻女子未婚配者,强行配给下级军官或士兵,有不从或稍有反抗者,则刀背马鞭招呼,重手之下,多有伤毙。继而,士兵们上街入市,见到好东西就拿,付银子?往往十不偿一。如此,以至于民怨沸腾。

牛金星、顾君恩见此情况,担心这种状况蔓延开来,会激起民怨,这对刚进城的闯王大军来说,是一个极大的隐患。他们向刘宗敏提出,约束官兵们这种强盗行为。刘宗敏竟蛮横地说:这个时候我只担心兵变,不怕民变。军队兴则耗费钱财,不强取,谁能送给你?

在这样的一种强取豪夺氛围中,李岩的上疏和行为,牛金星、顾君恩的劝说,统统被一片海啸般疯狂的举动所淹没。

如果李岩仅仅不与闯王军的这种拷掠敛财风气同流合污,那也还罢了,几个大将们最多不理睬他就是了,但他们眼见得李岩加入闯王队伍后,李自成将他视若上宾,对他的主意差不多到了言听计从的地步,尤其李岩编的歌谣,经传唱后深得人心,帮助闯王广聚人心,攻占北京,夺取天下,起到不可估量的作用。李岩在闯王心目中和义军上下的威望日益高升,地位与他们几个不相伯仲,这就令几个老将心中极为不快:我们这帮老兄弟都是跟随闯王十几年,刀枪剑戟丛中拼死杀出来的铁杆弟兄,能有今天这样的出头之日,弄点钱财花花还不应该吗?你凭什么要装模作样来管束大家?你才来了几天?杀了几个官兵?有什么功劳?

一连串的不服,刚好遇到李岩这时提出带兵到河南去开辟新根据地,牛金星觉得机会来了,他做出了与市井小人一般的举动:在闯王面前诬告李岩。

牛金星背地悄悄对李自成说："李岩雄武有大略，并非久居人下的人，河南又是李岩的故乡，如果交给他大兵，必然不可控制。十八子那句谶语，难道就不是指的李岩吗？"

一听牛金星说到"十八子谶语"，李自成眉宇间掠过一阵警觉。这句暗示他将成为人主，帮助他争取人心、树立威望的口号，怎么会忘呢。

这句口号是军师宋献策提出来的。

宋献策也是河南人。史书记载他刻苦读书，学识渊博，尤精通术数，长期云游四方，以术士为生，替人占卜吉凶祸福。

明崇祯十四年（1641）四月，宋献策由牛金星推荐，来到李自成军中。由于他的非凡才智，受到李自成的器重并拜他为军师，凡有要事必先听取他的意见。宋精于奇门遁甲及图谶等术，李自成把他奉若神灵。宋献策根据明王朝政治腐败、民不聊生状况，借用术数指出其"国运将终"。为了尽快帮助李自成夺取政权，他编造出一句"十八孩儿当主神器"的口号。在闯王义军和当时社会文化水平普遍低下的时代，这样朦朦胧胧的口号很有神秘性和迷惑性，孤陋寡闻的百姓对这类神秘口号比对官府文告更为相信。所以，这句口号一经提出，很快在民间流传开来，对于更多的农民知道李自成，起到了极大的作用。

崇祯十七年（1644）正月，李自成在西安称帝，建立大顺政权。宋献策因帮助李自成有功，被封为"开国大军师"。二月，李自成统率大军东渡黄河，进军北京，一路所向披靡，月余后兵临北京城下。此时，宋献策又向李自成奉献谶语："孩儿军师孩儿兵，孩儿攻城管教赢。只消出了孩儿阵，孩儿夺取北京城。"李自成听从大军师建议，钦点强壮童子五千人，参加攻城。此时，北京城周围云梯林立，孩儿兵们手持短刀，如同猿猴般四面登城，前赴后继，势不可当，守城官兵从没见过如此疯狂的孩儿兵，顿时惊慌失措，溃散而逃。北京城攻克，孩儿兵有功，大军师有功。

进入北京城后，闯王和手下各将军们陶醉于空前的胜利之中。牛金星不听宋献策的规劝，大批任用降官；刘宗敏对降官旧臣实行酷刑拷掠的追赃。宋献策看在眼里急在心中，不便明说，只得借天象示警上疏李自成说："天象惨烈，日色无光，亟应停刑。"李自成何尝不知部下的胡作非为，只是这个时候说扫兴的话，那些个将军们心里抵触不肯听。正好借用大军师的建议，才让刘宗敏等酷刑拷掠行为得以收敛，放了被关押者千余人。

现在，李自成带领军队退出北京城，先败于定州，再败于真定，一败再败，损兵折将，将士离心。宋献策叹息：恐此亦非真主，十八孩儿另有其人哉。遂心向李岩。

谶语说"十八子主神器"，民间都知道，这"十八子"指的是李姓。当初宋献策是帮助李自成夺取政权而提出这句口号，正中李自成下怀，李自成满怀欣喜笑纳了。现在经牛金星这么一说，李自成心里一愣，是啊，闯王军中不止一个"十八子"，身边这个李岩就是，而且，他的表现事事争先、与人不同，已然成为闯军中的一个热点人物，而民间传诵的那句"李公子活我"，当初还只认为是老百姓记闯王李自成的恩，现在来看，只怕未必。

丞相牛金星此时恰到好处地点出这句很有杀伤力的十八子谶语，一下就击中了李自成。

"十八子主神器"、"李公子活我"、进城后急忙上疏提出四点建议、不肯拷掠敛财、提出带大军前往河南，把这些事连起来看，李自成感觉有点不妙：这个李岩究竟想要干什么？

这些疑点在李自成心中聚集，凝结成警觉，此时已转换为决心：此人不能留！

于是，李自成和牛金星密谋，让牛金星请李岩饮酒，在席间将李岩杀死。

第二天，牛金星以李自成的名义邀请李岩到军营中饮酒，四周安排伏兵，李岩和他的弟弟李年同时被擒杀。

这是大顺国立国后的一个大冤案。李自成仅听身边大将几句扑朔迷离的谗言，就将一位真心辅佐国君的大臣杀了，无疑自断一臂。

大顺国内讧由此开始，也由此拉开了从盛转衰继而走向灭亡的大幕。

李岩其实是一介书生。他读书很用功，年纪轻轻就中了举，一些史籍上称他"有文武才"，从他后来参与闯王义军的军事活动看，确实如此。《明季北略》卷十三《李岩归自成》对李岩加入李自成义军有较为详细的记载：

> 李岩，河南开封府杞县人。天启七年丁卯孝廉，有文武才。弟牟，庠士。父某，进士，故世称岩为李公子。家富而豪，好施尚义。时频年旱饥，邑令宋某催科不息，百姓流离，岩进曰："暂休征比，设法赈给。"宋令曰："杨阁部（作者注：指兵部杨嗣昌）飞檄雨下，若不征比，将何以应？至于赈济饥民，本县钱粮匮乏，止有分派富户耳。"岩退，捐米二百余石。无赖子闻之，遂纠数十人哗于富室，引李公子为例，不从，辄焚掠。有力者白宋令出示禁戢，宋方不悦岩，即发牒传谕："速速解散，各图生理，不许借名求赈，恃众要挟。如违，即系乱民，严拿究罪。"饥民击碎令牌，群集署前，大呼曰："吾辈终须饿死，不如共掠。"宋令急邀岩议。岩曰："速谕暂免征催，并劝富室出米，减价官粜，则犹可及止也。"宋从之。众曰："吾等姑去，如无米，当再至耳。"宋闻之而惧，谓："岩发粟市恩，以致众叛。倘异日复至，其奈之何？"遂申报按察司，云："举人李岩谋为不轨，私散家财，买众心以图大举，打差辱官，不容比较。

恐滋蔓难图，祸生不测，乞申抚按，以戢奸宄，以靖地方。"按察司据县申文抚按，即批宋："密拿李岩监禁，毋得轻纵。"宋遂拘李岩下狱。百姓共怒曰："为我而累李公子，忍乎？"群赴县杀宋，劫岩出狱，重犯具释，仓库一空。岩谓众曰："汝等救我，诚为厚意。然事甚大，罪在不赦，不如归李闯王，可以免祸而致富贵。"众从之。岩遣弟牟率家口先行，随一炬而去，城中止余衙役数十人及民二三百而已。岩见自成，即劝假行仁义，禁兵淫杀，收人心以图大事，自成深然之。岩后荐同年牛金星等，归者甚众，自成兵势益强，岩遣党伪为商贾，广布流言，称自成仁义之师，不杀不掠，又不纳粮。愚民信之，惟恐自成不至，望风思降矣。

予幼时闻贼信息，咸云李公子乱，而不知有李自成。及自成入京，世犹疑即李公子，而不知李公子乃李岩也。（《明季北略》第 225—226 页）

这篇短文把李岩投闯王的来龙去脉交代清楚了，也印证了农民造反其实是被官府所逼，可谓"官逼民反，不得不反"。短文还漏了一个细节，即李岩到县衙劝说宋县令暂时不要催征，要想办法赈济饥民，而后回家拿出二百石粮食赈济饥民。为争取更多的富裕人家拿出钱粮来救济穷苦百姓，李岩作了一首《劝赈歌》，拿到各家富户去劝勉赈济：

年来蝗旱苦频仍，嚼啮禾苗岁不登。
米价升腾增数倍，黎民处处不聊生。
草根木叶权充腹，儿女呱呱相向哭。
釜甑尘飞爨绝烟，数日难求一餐粥。
官府征粮纵虎差，豪家索债如狼豺。

可怜残喘存呼吸，魂魄先归泉壤埋。
骷髅遍地积如山，业重难过饥饿关。
能不教人数行泪，泪洒还成点血斑。
奉劝富家同赈济，太仓一粒恩无既。
枯骨重教得再生，好生一念感天地。
天地无私佑善人，善人德厚福长臻。
助贫救乏功勋大，德厚流光裕子孙。

(《明季北略》第652页）

救出李岩的，不仅是杞县的饥民，还有一名传奇女子。对这段具有轰动性的传奇故事，《明史·李自成传》也有简要记载：

> 杞县举人李信者，逆案中尚书李精白子也，尝出粟振饥民，民德之曰："李公子活我。"会绳伎红娘子反，掳信，强委身焉。信逃归，官以为贼，囚狱中。红娘子来救，饥民应之，共出信。卢氏举人牛金星磨勘被斥，私入自成军为主谋，潜归，事泄坐斩，已，得末减。二人皆往投自成，自成大喜，改信名曰岩。
>
> (《明史·卷三百九·列传第一百九十七·贼寇》）

这位红娘子的个性可谓率性刚烈，敢爱敢恨，只是听说过李公子这么个人，就不管三七二十一，把这个人抓了去，也不问人家是否婚配、意下如何、家中长辈同意不同意，就强行委身于他。李公子是个饱读诗书懂得礼仪的文士，还是个有妻室的人，自然觉得这事有点荒唐，于是逃跑回家。官府把他当作造反的盗贼又抓到监狱去了。红娘子得知，不管不顾前来救他。那些曾经得到李公子救助的饥民知道后，一起响应红娘子号召，救出了李公子。时至如此，李公子和红娘子只好一并投奔闯王,双双做了"流寇"。

这段情节具有鲜明的戏剧性,其跌宕起伏、匪夷所思、峰回路转之内容,堪为文学创作的极佳素材。这也表现出李公子、红娘子二人性格中不拘于封建礼数的叛逆精神。

从一些史籍记载中看,李岩很懂得舆论传播的奥妙和力量。他派人扮成商人,在民间四处散布流言:"闯王仁义之师,不杀不掠",还编出童谣,让小朋友到处传唱"开了大门迎闯王,闯王来时不纳粮""早早开门拜闯王,管教大家都欢悦"。这些通俗易懂、朗朗上口的口号童谣,让更广泛地域的民众知道了有这么一位闯王,有这么一支闯王的仁义之师,这为闯王义军的发展壮大,乃至推翻明朝统治、夺取政权,凝聚了民心,奠定了一定的民意基础。这是李岩功不可没之处。

但李自成经历了巨大成功和紧接着的巨大失败之后,大脑被大喜大悲的沮丧情绪所占据,已丧失了正常理性思考的能力,只简单听到一些谗言和不实之词,就对自己的贴心幕僚动了杀心。他这一刀下去,无疑自断一臂,还让身边更多人对他的变脸感到心寒。"飞鸟尽,良弓藏;狡兔死,走狗烹。"可飞鸟未死,狡兔仍在,目前正是用人的非常时期,不问青红皂白,仅听得一两句谗言就开杀戒,匆匆除掉一个能人功臣,岂不是一个亲痛仇快的作死节奏?

李自成率领他的闯王义军,又开始了新的征途。和原来的征途不一样,原来的征途方向明确,目标清楚,行动也很执着:打进北京城,着龙袍,坐龙椅。现在的方向则相反,目标也很茫然。退回到西安,毕竟只是权宜之计,想往河南开辟新的根据地,但原来已归顺大顺国的河南各县,现在见闯王被打出北京,又纷纷反水。想要重开局面,需耗费军力财力,且非一日之功。至于义军将士们的原动力就更不用提了,原来大家一股劲打进北京坐享江山富贵,士气高涨;现在则是被打出北京城一路逃窜,军中弥漫着一片沮丧之气。

既然被打回原处，自然心有不甘，要想生存享受好日子，仅困守西安或陕西是远远不够的，得打出去扩大地盘。

于是，李自成派兵攻打汉中，首战降服了朝廷总兵赵光远，进而又进攻保宁。

没想到，半路杀出个程咬金，张献忠竟然派兵抗击，闯王军抵挡不住，只得悻悻然收兵。

张献忠何许人也，竟然也敢和闯王的义军作对？

其实，张献忠也是一支农民义军的头领，是两任闯王的盟友和难兄难弟。

在农民义军的领袖中，张献忠算得上一个有影响的人物。

崇祯三年（1630），张献忠在家乡聚集十八寨农民组织了一支队伍响应王家胤等人的暴动，自号"八大王"。张献忠小时候读过书，又受过军事训练，为人多智谋，果敢勇猛，很早就显示了军事指挥才能，他的部队成为当时以王自用为盟主的三十六营中最为强劲的一营。此后，张献忠随着农民义军队伍，转战陕、晋、豫、徽、鄂、川等地，屡立战功，他的队伍也由几千人发展到几万人之众，成为义军人数和战斗力最强大的一支。崇祯六年（1633）冬，农民军大部渡过黄河南下，张献忠所部成为以高迎祥为盟主的十三家之一。

崇祯十年（1637）四月，明朝兵部尚书、内阁大学士杨嗣昌策划了对农民义军"四正""六隅""十面张网"的围剿战略，李自成的闯王义军在陕西遭遇几次失败，刘国能等义军在河南归顺朝廷，都给张献忠的队伍带来了巨大的打击。张献忠在进攻南阳的战斗中被左良玉军击败，他本人也受了伤。脱险后，他带部队退往谷城。在官军的强大攻势下，为了保存实力，张献忠在谷城接受了朝廷兵部尚书熊文灿的"招抚"。但他有条件：他的部队拒绝接受改编和调遣，不接受官衔，保持了独立性。接受"招抚"期间，张献忠打造兵器，招兵买马，训练士卒，等待时机

第二篇　闪现的王朝

东山再起。

崇祯十二年（1639）五月，张献忠在谷城重举义旗。张献忠离开谷城时，把官府上下大小官员向他索贿的人员名单、具体数字和时间，都详细地张榜公布于城墙内外的墙壁上，狠狠地抽了那些朝廷贪腐官员一个大耳刮子。

张献忠再次反出时，罗汝才、马守应两支农民义军也一起响应，并到谷城与张献忠会合。这时，隐伏在商雒山中的李自成也重整旗鼓东山再起，经湖北进入河南。沉寂了一段时间的农民起义烈火，再次在中原大地呼啦啦烧了起来。

崇祯十三年（1640）初，张献忠在枸坪关再次被左良玉击败，率部逃入四川。途中，在太平县的玛瑙山又遭到郑崇俭和左良玉两支官军的夹击，张献忠部队伤亡惨重。逃跑路上，张部又受到湖广军、四川军和陕西军的追击堵截，致使张部农民军连遭重创。张献忠带着部队一直退到兴安归州山中，又被左良玉等官军团团围住，致使张献忠农民军深陷困境。

张献忠见势不妙，硬打是不能，不但打不出去，还会全军覆没，在这种困境下，张献忠那种能屈能伸的灵活性又显现出来了。他早就对杨嗣昌和左良玉二人的矛盾了如指掌，于是派人携重金珍宝贿赂左良玉，并捎话给他说：正是因为有张献忠的存在，朝廷才重用你。你的部下滥杀无辜，朝中早有人看不顺眼并一直想弹劾你，如果张献忠不存在了，你的作用没有了，你还有活路吗？

左良玉一想，这话对呀！灭张献忠不就是把自己往死路上逼吗？一语点破梦中人！左良玉出了一身冷汗，头脑顿时清醒起来。于是，他灭张献忠的劲头没了。

张献忠见计得逞，赶紧收聚散落的部下，在山民的帮助下，走出兴安，与罗汝才等部会合，重整旗鼓。

脱困的张献忠如鱼得水，活过来了。他利用四川巡抚邵捷春和杨嗣昌的矛盾，猛攻邵捷春防守的新宁（今四川开江）。邵捷春根本没想到张献忠的农民军会如此迅猛攻打新宁，没有准备好的官军一触即溃。

张献忠率军突破新宁防线后，顺利地进入了天府之国四川。

此时，杨嗣昌满以为官军已把张献忠、罗汝才等部包围在鄂、川、陕三省交界地区，胜利在握了，正暗自得意。但实际情况是官军常常被张献忠的快速流动搞得疲于奔命，狼狈不堪。

到了崇祯十三年（1640）底，杨嗣昌眼看无法消灭农民军，就采用招抚的办法，企图分化瓦解农民军。他宣布赦免罗汝才的罪行，归降者授予官职。但不赦免张献忠，并且悬赏有能擒获张献忠者赏万金，封侯爵。但就在悬赏令发布的第二天，在杨嗣昌驻地的墙壁上就出现"有能斩督师来献者，赏银三钱"的布告。农民军对杨嗣昌不屑一顾的嘲讽和针锋相对的回击，让杨嗣昌感到颜面无存，非常沮丧。

崇祯十四年（1641）正月，张献忠的农民军在开县黄陵城被官军左良玉部追及，其左部参将刘士杰、游击郭开力出战。张献忠抽出一支精兵绕到官军后方出击。官军遭遇突袭，部队溃散。左良玉见无力再战，赶紧逃走，其部下刘士杰、郭开力被张献忠军击毙。农民军获得全胜。

二月，打了大胜仗的张献忠一鼓作气率部攻克襄阳。襄阳是明朝的军事重镇，饷银等军需物资都集中放在城内。张献忠将所获饷银拿出十万两赈济饥民，并将俘获的襄王朱翊铭和贵阳王朱常法等处死。至此，杨嗣昌的"四正六隅"和"十面网"计划彻底失败。

当得知张献忠率军出川，杨嗣昌急忙逃回宜昌。在沙市，他得知李自成攻破洛阳杀了福王的消息，自感死罪难逃，忧惧病痛交加而死。

崇祯十六年（1643）五月，张献忠率农民军西取汉阳，渡过长江，攻打武昌城。守城官吏闻风而逃，楚王所募兵大开城门迎接农民军。

在武昌，张献忠自称"大西王"，建立了大西农民政权。此时，李自成在襄阳建号称王，得知张献忠占据武昌，派人带书信给他，对他占据武昌称王表示不满。两个农民军领袖、盟友，因为地盘问题矛盾公开化了。

在现存的农民义军中，无论兵力人数还是战斗力、影响力都排在前两位的领军人物翻脸，这实在不是一个好兆头。

此时，左良玉率官兵西上，张献忠以手上兵力对付强大的官军显然处于下风，大西政权官员多被官军擒杀。

一面是官军大军压境，一面是李自成农民义军的敌视，张献忠知道自己势单力薄，官军或李自成闯王军，抵挡一支都力不能支，何况两支强敌。面对这样两面压力的危局，张献忠感到了害怕。再三权衡，八月，张献忠忍痛放弃武昌，另寻出路。于是，他率部南下湖南，以二十万重兵攻占岳州，随后进攻长沙，明总兵尹先民、何一德投降。

崇祯十七年（1644）正月，张献忠率部向四川进发，农民军一路攻克夔州、万县，接着，连克梁山、忠州和涪州，击败总兵曹英，明四川总兵秦良玉率兵来战，也被农民军击败。张献忠攻克泸州后，于六月二十日占领重庆。七月初四，张献忠命刘廷举守重庆，他亲自率农民军分三路向四川首府成都进发。沿路州县得知农民军攻来，皆望风瓦解，报警烽火绵延数百里，成都大震。四川巡抚龙文光由顺庆驰援成都，又调总兵刘镇藩及附近士兵守城。一时间，成都援兵四集。

张献忠见状，派其部下假扮成援兵混入城内。忙乱中，巡抚龙文光根本无法辨识哪些是真援兵，哪些是假援兵。

八月初七日，张献忠率领农民军从四面同时攻城，里应外合，激战三日，成都城破。明藩成都王朱至澍、太平王朱至㵎自杀，巡抚龙文光、巡按御史刘之渤、按察副使张继孟等朝廷派驻四川的主要官员因拒不投降，均被农民军处死。

接下来，张献忠亲自指挥军队，将李自成进入四川的部下打了出去，四川大部地区被张献忠的农民军所控制。

到这一年的十一月十六日，张献忠见局面稍稍稳定了，就在成都称帝，建国号"大西"，把李自成的国号作为年号，改元"大顺"，把成都改为西京。

不管地盘有多大，实力是否足够强，龙椅是否安放得稳当，先做一回皇帝尝尝滋味再说。这都是农民起义领袖们的一个愿望。

张献忠命孙可望取汉中，被李自成部将贺珍击败。乙酉年（1645）元旦过后，张献忠对部下说："三国以来，汉中原属四川，今吾定都于川，不取汉中，难免他人得陇望蜀乎？闻闯王遣马爌守汉中，爌庸才耳，若不早取，他日易以能人，则难图也。"为了保证四川的安全，张献忠派平东、虎威二将军，向北平定汉南地区；又命都督张广才早灭曾英，以便打开东下的道路。十六日，农民军两军齐发，但不知道李自成已经换将，以贺珍换下张献忠眼中的庸才马爌，结果，张献忠大西军的三万兵马被贺珍部击败。两支农民义军再次兵刃相见，互损实力。

顺治三年（1646）初，清朝派肃亲王豪格为靖远大将军，和吴三桂等统率大军，全力扑向大西农民军。而当时，明参将杨展正领兵与张献忠部激战于彭山的江口。张献忠大败，退回成都。杨展由南面逼向成都。王应熊又派曾英为总兵，王祥为参将，联师进攻，阻挡农民军东下。

顺治三年（1646）五月，豪格率清军攻占汉中。

此时的张献忠农民军面临明、清两方面大军的挤压围剿，而环视四方，昔日农民义军多被剿灭，闯王李自成上一年退往九宫山时，被农民打死，闯王军群龙无首，四下散逸，己方孤立无援，局势到了万分危急的时刻。

七月，为了北上陕西抗击清军，张献忠决定破釜沉舟，放弃成都，并"尽杀其妻妾，一子尚幼，亦扑杀之"以示其决心。其情景犹如崇祯皇帝自缢之前状。接着，命令四位将军，各率兵十余万向陕西进发。

九月，张献忠率部离开成都，北上迎击清军。

原大西军将领刘进忠叛投清军后，先在合州（今重庆合川）同明军曾英勾结，后又出保宁（今四川阆中），投降了南下的清军统帅豪格。清军以刘进忠为向导，带领清军进入川北。顺治三年（1646）十一月二十六日，豪格派护军统领鳌拜等将领，分率八旗护军轻装疾进，出其不意，对农民军发起突然袭击。二十七日晨，清军与张献忠的农民军相遇。

面对这意外的袭击，张献忠临急应战，指挥农民军马步兵分两面抗击清军。这时，清军统帅豪格率大军继至，指挥参领格布库等向农民军右翼进攻，都统准塔攻击农民军左翼。此战双方以生死相搏，战斗非常惨烈，清军将领格布库等阵亡，农民军也损失惨重。

战斗进行到白热化，张献忠披挂上阵，他身穿蟒衣露出半条手臂，腰间插着三支箭，带着部下将领走到河边察看双方交战情况。

刘进忠见张献忠出现，指着他告诉清将说：此人就是八大王。清军阵中和硕肃亲王豪格张弓搭弦，猛发一箭，张献忠应声中箭而死。时年仅四十岁。

话说回来，李自成军攻打保宁遭张献忠军抗拒，保宁未能攻下，李自成军只得退回。

一座城池未能攻下，看起来是件小事，但对李自成和张献忠来说，确是一件极为重要的事，因为这不仅仅意味着两个领袖、两支农民义军开始撕裂，而且因为这两支最具实力的农民义军的分裂，将导致整个农民义军走向内讧并走向灭亡。

多米诺骨牌的第一张轰然倒下。

历史将由此改变。

顺治二年（1645）二月，清军大举攻打潼关，伯爵马世濯统领六十万兵马迎战。只习惯步战的明朝军不敌精于骑术的清军，马世濯战败而死。

227

见潼关已破，李自成掂量自己兵力不足以抵挡清军，于是放弃西安，从陕西进入湖北，入襄阳，走武昌。清军分两路紧追不舍，接连在邓州、承天、德安、武昌追上闯王军，接战八次，闯王军无心战斗，一路败北。

此时，明将左良玉已经东下，整座武昌城空虚无人。李自成在武昌休养生息，休整了五十余天。盘整部下，尚余兵力五十多万。

清军步步紧逼武昌城，做挤压式攻击、封锁，不断缩小李自成义军生存空间。时间一长，武昌城内军民生活补给出现严重短缺，加上清军不断攻打、骚扰、诱降，闯王部队军心浮动，许多部众投降清军，还有的则四处逃散。

眼看武昌孤城难守，李自成又收拾部众奔往咸宁、蒲圻，到达通城，进入九宫山。他无论如何也没想到，这里竟然是他人生的归宿之地。

进入九月，秋天到了，这是农民们收获的季节，一眼望去，金灿灿的稻田散发着稻谷的阵阵清香，农民们辛辛苦苦劳作一年，就指望着田里的这些收成养家糊口过日子。

稻田飘出的香味，曾经是农民的李自成自然也闻到了。义军要生存，这几十万人首先要有粮吃才行。于是，李自成留下侄子李过守寨，自己率领二十余骑兵到附近村里去抢粮食。

注意，是去抢粮食。

李自成此时又犯了一个大错，抢农民的粮食，这无异于虎口夺食，农民要拼命的。他忘记了当初自己是为什么走上造反这条路，他的舅舅高迎祥为什么走上造反这条路，还有像他们一样千千万万的农民为什么走向造反这条路？

就是因为没有饭吃，粮食都被官府抢走了啊！

他还忘记了，自己为什么曾经得到许许多多农民的支持拥护，打下了北京城，就因为有一句承诺：闯王来了不纳粮！

你现在还是闯王吗？

你没粮吃可以买，没银子可以同乡亲们商量，先借一点粮渡过难关。唯独不能抢！

闯王来了不纳粮，不是抢粮。

抢粮，就不是农民心中的闯王！

《明史·李自成传》记载："自成走咸宁、蒲圻，至通城，窜于九宫山。秋九月，自成留李过守寨，自率二十骑略食山中，为村民所困，不能脱，遂缢死。或曰村民方筑堡，见贼少，争前击之，人马俱陷泥淖中，自成脑中鉏死。剥其衣，得龙衣金印，眇一目，村民乃大惊，谓为自成也。时我兵遣识自成者验其尸，朽莫辨。获自成两从父伪赵侯、伪襄南侯及自成妻妾二人，金印一。"（《明史·卷三百九·列传第一百九十七·贼寇》）

说的是抢粮的李自成被村民们团团围困，无法走脱，结果被勒死了；另一种说法，村民见李自成这边人少，争相前去击打，此刻李自成连人带马都陷在泥沼中，被乡民程九伯用锄头击中头部而死。之后，村民剥下他的衣服，看到传说中的龙衣和金印，又发现死者瞎了一只眼睛，这才大惊，这是一代雄主闯王李自成啊！

清军听到传说，派认识李自成的人去验尸，但尸体已经腐烂，不可辨认。

闯王军群龙无首，清军趁势大举剿杀，抓获李自成的叔父、伯父及他的妻妾，收缴金印一枚；又抓获李自成手下大将汝侯刘宗敏、总兵左光先、军师宋献策。牛金星、宋企郊等人逃亡。

李自成从农民中来，死在农民的锄头下，年仅三十九岁。

曾经叱咤风云、名震四方的闯王李自成和他的农民义军，就此消亡。其经历，成为一段令人回味、咀嚼、慨叹的历史。

简单梳理一下李自成退出北京城后这段时间的行为轨迹，他在几件事上是犯了不该犯的大错。

其一，不该杀李岩。

李岩加入闯王军后，成为李自成身边一个具有战略谋略远见，且头脑保持清醒的军师级人物，为李自成广聚人心，扩大影响，攻进北京，做出了不可替代的贡献。李自成撤出北京，李岩提出带兵河南，也是为闯王义军东山再起建立一个战略根据地着想，不管能否成功，起码这是一招积极的富有战略意义的棋。杀了李岩，不仅这一步棋受损，而且开启内讧大幕，成为内部倾轧、实力瓦解的先声，其影响破坏力之大，难以估量。《明季北略》记载，牛金星受命杀李岩后，"宋献策素善李岩，遂往见刘宗敏，以辞激之。宗敏怒曰：'彼无一箭功，敢擅杀两大将，须诛之！'由是将相离心，献策他往，宗敏率众赴河南"。（《明季北略》第677页）

其二，不该与张献忠义军开战。

张献忠义军是所有义军中人数和战斗力排名前两位的一支农民义军劲旅，其本人除作战勇猛外，还以足智多谋见长，所以在被官军多次围剿处于绝路中屡屡得以生还，并且还能东山再起。李自成退出北京回到西安，如能从长远考虑，联张抗清，或能得手，或至少可以同敌对实力相持抗衡一段时间，李、张义军也不至于这么快被分别击败，农民义军先后消亡。合则两利，斗则两败。这两支农民军用最后失败的惨痛教训，再一次证明了这一古训。

其三，不该去抢农民的粮食。

李自成之所以投奔第一代闯王舅舅高迎祥农民义军，和千千万万个义军战士一样，是因为没有饭吃，他知道粮食对于农民的重要性，视同生死攸关的命根子。所以，他在接纳李岩加入后，欣然接受了李岩的建议，提出了一系列凝聚人心、扩大闯王义军影响力的宣传鼓动口号，最为打动人心的一句"闯王来了不纳粮"，成为闯王被广大农民接受拥戴的直接原因。但被赶出北京的李自成未能从根本上反思自己失败的原因，反而在躲进九宫山后走了一步致命的昏招：去村子抢农民的粮食。他不但忘记了自己当初"不纳粮"的承诺，忘记了自己当初为什么投奔义军，忘记了自己也是农民出身，以致穷途末路。这看是偶然，其实蕴含着必然的结果。

三次不该犯的大错误，不仅彻底断送了李自成的性命，也彻底断送了闯王农民义军的前程，彻底断送了大顺国的国运。

错误已无法挽回，教训不可谓不深刻！

错误只是表象，根子是闯王义军造反、大顺国立国究竟为了谁？

你为了广大农民，一句"闯王来了不纳粮"，喊出了广大农民的心声，农民们拥护你，加入你闯王的队伍，帮助你夺得天下。谁知一进城，你抛弃了对人民的诺言，像前面的皇帝一样对待人民，人民必然会抛弃你，甚至让你吃上一记愤怒的锄头！

道理看似简单，其实深刻。

李自成出身农民家庭，经过一番浴血拼搏，终登皇位。但他最后却死于农民的锄头之下，以这样出人意料的方式，完成了一个从农民生到因农民死的轮回。

李闯王，还算是农民英雄吗？

看似偶然，蕴含必然。

在李自成遇难地湖北通城县九宫山北麓，建有一座李自成墓。原墓围多古木，墓为长形土坟。1955年6月，县人民政府主持重修李自成墓。其时，掘墓验视，土丘之下，有棺室，室内仅存近似尘土的黑色物和几颗锈蚀马钉。新修的墓顶竖两米半高石碑，呈棱台形，阴刻郭沫若亲笔所题"李自成之墓"，墓正面刻有郭沫若撰墓志，墓后放原碑，陵墓四周，青松翠柏，花草围绕。

1996年10月，通城县委、县政府再修李墓。墓建于九宫园艺场内，依原式样扩大，墓高九米半，其中墓碑高近五米。全墓用白、黑、青三色大理石砌成，刻县领导撰"重修李自成墓记"。

关于李自成的死因，史书多有记载，没有一致的说法，有自缢说，见于清军将领阿济格向朝廷的奏报；有搏斗被杀说，见于《明史》等史书；有误杀说，其实也是搏斗被杀说的另一表述，说明对方并不知道是李自成。

英雄末路。李自成如何死不能确定，但死在九宫山是史书公认的。

纵观李自成一生的格局，虽然当过皇帝，但仍然没有超越一个农民的范畴。

这是他的局限，也是时代和历史的局限。

但他带领气势如虹的农民义军，推翻了明朝二百多年的统治，在历史的长卷中，留下了英武的雄姿。

还有，悲怆的背影！

第三篇
兴起的帝国

一、清军成了那只"黄雀"

◎顺治元年甲申春正月庚寅朔。上诣堂子行礼还宫拜神毕，御殿受诸王贝勒贝子公文武群臣。外藩诸蒙古及进贡虎尔哈朝贺，停筵宴，免上表并年例进献。令和硕礼亲王代善勿拜。行礼时上顾见阿禄喀尔喀部落使臣跪拜参差，问侍臣曰：此何国人乃行礼若是？奏曰：此北方投诚阿禄喀尔喀使臣也，岁贡驼马，未尝有缺。因尚未入我版图，是以未娴礼节耳。众于是服上之睿照云。(《大清世祖章皇帝实录·卷之三》)

大清顺治皇帝出生于崇德三年（1638），顺治元年（1644）只有六岁，是一个名副其实的儿皇帝，这是清宫内部各种势力较量、妥协、平衡的结果。在顺治背后，以和硕郑亲王济尔哈朗、和硕睿亲王多尔衮摄政，制定大政方针，打理朝政。

此时的大清，走到了历史的十字路口上：身边的大明和闯王义军经过十几年你死我活的血拼，已经到了最后见分晓的时候了，从盘面上看，闯王的大顺国刚刚建立，握有百万雄兵的闯王李自成向明王朝发出了决战文书，其夺取天下的风头正劲；而大明王朝连年灾荒，国库空虚，民怨沸腾，面对内忧外患，朝廷救民无方，治国无良策，朝纲废弛，积弊日久，整个国家机器如一老朽庞然大物，形而无实。两股势力此消彼长，无论谁要赢到最后，都得拼尽全力！

对大清来说，机会就在于此！

此时的大清，要做的就是站在路口上一边观望一边蓄势，等待最佳良机的出现。

终于等到了这个良机，并且，这个良机的出现，比预料来得更快更佳，而且是送上门来的——崇祯十七年（1644）四月中旬，为报夺妾杀父之仇与亡国之恨，明朝大将吴三桂向清朝摄政和硕睿亲王多尔衮求助，要求借兵讨伐闯王义军并"复国"。

对于吴三桂这个大清的劲敌，多尔衮及大清高层是老"熟人"了。

吴三桂祖籍江苏高邮，后落户辽西（今辽宁省绥中县），其父吴襄，武进士出身，曾赴锦州作战。舅父祖大寿，明朝驻关外总兵官。吴三桂曾中武举人，此人作战勇猛善谋。有史料记载，一次与清军作战，吴一箭射翻一个清兵，待到吴下马欲取清兵首级时，不料倒地的清兵是装死，只见他翻身一跃而起，猛挥刀砍到吴三桂面门，吴三桂顿时血流满面。受此突然袭击，吴三桂却不慌张，他咬紧牙关与清兵血战，终于将清兵杀死，并取下其首级。因屡有战功，吴三桂得到朝廷赏识，官至总兵，镇守宁远（今辽宁省兴城市）。明清松锦会战后，吴三桂被朝廷重用，担负防守关外五城之重任，握有精兵四万，辽民七八万。明朝用猛将加精兵，固守京城重要关口。

大清皇太极为打开进军明朝的大门，派出八旗精兵驻扎宁远西面的路口，与吴三桂驻军对峙并对其形成压力，同时对吴三桂采取怀柔政策，进行策反。崇祯十五年（1642）四月间，皇太极给吴三桂及其官兵写信进行招降，并派出特使将信送给围城的大清诸王贝勒，通知各部掌握此政策。信中说：（大意）清朝大军围困松（山）锦（州），松山副将夏承德首先向清军交款，并率众人归顺清朝，所以他的眷属和部下我们都留下养起来，洪承畴我们也留养他的左右，其余抗命者都全部诛杀了。只有祖大乐（吴三桂舅舅祖大寿的堂弟）等因为是你的亲戚所以留下了。锦州祖大寿归顺听命清朝，他的眷属和部下性命全部得到了保存。现在正是你趋吉避凶、建功立业之时，倘若你还犹豫不决，不赶快归顺清朝，你们大明国皇帝难道不怀疑你并加罪于你吗？你如果能趁此机会与大清尽释前嫌、决定归顺，这是明智之举，所立下的功劳，和被迫归顺的松锦臣子大不相同。你的亲戚可以完全团聚，富贵也可以长久保存。否则，等到你全军被我军所取，印信被我军所夺，松锦陷落，你坐视而不能救，这种种罪过，你们大明皇帝难道会轻易饶恕你吗！

皇太极这通书信可谓颇费心思，对吴三桂自己及亲属部下的利害，一一剖析陈述，字里行间软硬兼施，大有为吴三桂着想之考虑，而且让吴三桂不好断然拒绝。

见吴三桂收信没有反应，这年十月，皇太极以皇帝的名义给吴三桂发出敕谕，再次试图说服吴三桂降清。这份敕谕中说：今者明祚衰微，将军已洞悉矣。将军与朕，素无仇隙，而将军之亲戚俱在朕处。惟将军相时度势，早为之计可也。

和上次那封信相比，皇太极这份以皇帝名义向明朝大将吴三桂发出的敕谕，其态度显得更为诚恳，而且提醒他早做决断。

皇太极在向吴三桂发出敕谕时，令祖大寿给其外甥写了封信，信中言及：春时，松山、锦州相继失陷，以为老身必死无疑。不期大清皇帝天纵仁圣，不但不加诛戮，反蒙加恩厚养。我祖氏一门，以及亲戚属员，皆沾渥泽，而洪总督朱粮厅辈，亦叨遇优隆。……以愚意度之，各镇集兵来援辽左，未一月而四城失陷，全军覆没，人事如此，天意可知。贤甥当世豪杰，岂智不及此耶？再观大清规模形势，将来必成大事。际此延揽之会，正豪杰择主之时，若率城来归，定有分茅裂土之封，功名富贵，不待言也。

作为舅舅的祖大寿，在给外甥的信中言辞恳切，现身说法，动之以情，晓之以利，但言辞之腻，不像一个长辈所言，倒有几分像追捧一个心中偶像。

作为大明臣子，不理睬敌国皇帝的劝降信函，在情理中。但对于长辈的信函，不管怎么样，于情于理还是要理一理的。第二年（1643）正月，吴三桂派人复信舅舅祖大寿。信的内容未见记载，只记载祖大寿将吴三桂的复信交予皇太极阅，皇太极立即给吴三桂写了一封长信。信中说：尔遣使遗尔舅祖总兵书，朕已洞悉，将军之心，犹豫未决，朕恐将军失此机会，殊可惜耳。我国自兴师征明以来，攻城略地，历有年所，明之将士，至今有能立功名、保身家全忠义者乎？非阵亡于我军，即受戮于尔主。军机一失，峻法随之，良将劲兵，殆将尽矣。将军知此，何为昧于从事，蹈覆前车之辙哉！祖总兵初不携其妻子来归，今悔之无及，料将军亦所悉知。当祖总兵被围锦州时，明以各省镇兵倾国来援，一朝覆败，锦州、松山、杏山、塔山，俱已失守。今我军围困宁远，不知更有何处援兵，以解将军之厄耶？若不乘此时急图归顺，勉立功名，傥我国蒙天眷佑，南北两部，皆为我有，蕞尔宁远，岂能独立乎？迨至糗粮罄绝，贴危待毙之际，将军悔不可追矣！

在这封信函中，皇太极除了说理道情，依然言辞恳切，但与前面的信函和敕谕相比，言辞中多了一些重量和压力，已经在批评吴三桂再犹豫不决，后悔就来不及了。

吴三桂长时间的犹豫不决，确在情理之中。从大势来看，明朝虽然局势危艰，但幅员辽阔，兵源充足，还未到垮台之际；大清虽然气势逼人，但要打垮一个偌大明朝，无论军力、国力、人力、财力，都不是短时间能够实现的。在这种大局下，作为明朝廷器重的镇关大将，仍占据宁远一带数座城池，活动空间比较宽，并握有一支精兵，如就这样随随便便向敌对之国认降，无论于国于家、于公于私，似乎还没有更为充分的理由。

崇祯十六年（1643）十月，已归顺清军的明朝将军祖大寿献计，由郑亲王济尔哈朗率兵，攻下明边关的中后所、中前所、前屯卫三座城，关外的明军只剩下宁远和中右所两座城池，将吴三桂驻军的边关活动空间大大挤压，形势变得严峻起来，但吴三桂仍然不肯投降。

吴三桂没料到局势发展如此之快，才不到半年时间，大明王朝竟然被昔日"流寇"彻底打败，连皇上也被逼自尽。自己的老父亲被闯王杀死，爱妾被义军将领强占，家产被夺，这口气实在咽不下去。想报此仇，却心有余而力不足，百般无奈之下，只得求助于大清军。

具有大智慧的多尔衮知道吴三桂这几年对于降清的态度，也知道皇太极为争取吴三桂所费的心机，甚至有点不惜放下一国之尊的身段，多次温言劝告吴三桂，但却得到吴三桂的冷遇。

现在，多尔衮终于等到了这个天赐良机：闯王义军将明朝官军打败，并没有乘胜追剿，而是马放南山，带着大军将士一头扎进皇宫享乐。现在明朝守关大将吴三桂要带兵去向闯王复仇血拼，这个结果可以预料是个两败俱伤，无论哪一方败，都除去了大清的一个劲敌，这样的好机会怎么能放过？多尔衮正想用子之矛攻彼之盾，他当然没有答应吴三桂的"借兵"，现在的筹码全在大清握着，条件得由我大清来提。于是，多尔衮向吴三桂指出另外一条路：向大清国称臣，才可以与之合兵。

多尔衮向吴三桂提出这个苛刻条件时，他没有忘记皇太极当年向吴三桂的温言劝降。

此时的吴三桂已经被复仇火焰烧昏了头，他环顾四方，大明朝已经被闯王灭了，明朝的军队基本瓦解，自己没有援兵，怎么办？他心里原来有底线：明朝边关重臣。注意，是明朝，边关。现在明朝灭亡了，想尽一个臣子的责任报仇复国，可是手中兵力远远不够，要想完成这个使命，身边倒是有人兵强马壮在候着，但那是敌方的军队，自己被朝廷派驻边关十几二十年，耗费大量财力、军力，防的就是这股势力，现在呢，反而有求于他们，而对方提出的条件，是要自己归顺于对方。怎么办呢？拒绝，大仇无法报；接受，就要越过底线！

底线！吴三桂也清楚越过底线的后果：会被国人安上奸臣卖国贼的恶名，还会玷污祖先！但不越底线，国仇家恨谁来报？吴三桂纠结犹豫权衡再三，要报仇，只有先越过底线。与国仇家恨相比，那些随风飘荡的骂名又算得了什么？明知眼前多尔衮递过来的是一杯鸩酒，也只有先喝了解解近渴再说。

吴三桂将牙根儿咬得咯咯响，心里一定将闯王李自成祖宗十八代骂了个遍。对多尔衮也骂，骂他像个奸商，乘人之危，坐地起价，而且想象得到他正悠然地坐在毡房里，嘴角眉梢带着微笑等自己就范。

吴三桂终究无奈地软下来，终于越过最后的心里底线，答应了多尔衮乘人之危的刻薄条件。

降清是吴三桂心里的一道无形的关，这道关过了，有形的边塞重隘山海关就如同虚设了。

于是，在历史的天空上就出现了怪诞的一幕：明朝山海关守将吴三桂带领清兵大举入关，一对昔日宿敌联手，将闯王义军一举打败。

战败的李自成率部退回北京城，在这座前朝的皇宫草草举行了自己的登极大典仪式后，仓皇撤离。

多尔衮计谋得逞，清朝轻而易举地进入北京城，这意味着，大明朝广袤富饶的土地，终归属清室矣！

多尔衮这一招借力打力，夺得天下，堪称经典案例。

最后的胜利，来得比预料的快，而且有点轻松。

《清实录》记载了清摄政和硕睿亲王多尔衮率大军进入北京城的现场情况：

（1644年五月初二）己丑，师至燕京，故明文武官员出迎五里外。摄政和硕睿亲王进朝阳门，老幼焚香跪迎。内监以故明卤簿御辇陈皇城外，跪迎路左，启王乘辇。王曰："予法周公辅，冲主，不当乘辇。"众叩头曰："周公曾负扆摄国事，今宜乘辇。"王曰："予来定天下，不可不从众意。"令将卤簿向官门陈设。王仪仗前列奏乐拜天，行三跪九叩头礼，复望阙。行三跪九叩头礼毕，乘辇入武英殿升座。故明众官俱拜伏呼万岁。王下令诸将士乘城，厮养人等概不许入。百姓安堵，秋毫无犯。

（《大清世祖章皇帝实录》卷之五）

摄政王多尔衮率部进入北京城，标志着清王朝正式取代大顺国，完成了又一个朝代的更替。

三月中旬，闯王李自成率大军攻入北京城，推翻了明朝统治，四月，大顺国在北京举行了新皇登极的立国仪式；五月初清军大败闯王军，进入北京城，前明官员及老幼行三跪九叩头礼，拜伏呼万岁，以新皇仪礼迎接清摄政王，表示对清朝入主北京、一统天下的认可。

北京这座古都，在短短一个多月时间，出现了三个朝代的更替，这在历史上是罕见的。

乾坤大挪移。

在这个朝代急剧更替的政治舞台上，清朝成了最后的胜者。

五月初三，清入北京城第二天，向京城旧朝官员与民众发布第一份谕示，称："各衙门官员俱照旧录用，可速将职名开报。如虚饰假冒者，罪之。其避贼回籍隐居山林者，亦具以闻，仍以原官录用。兵丁愿从军或愿归农者，许该管官送至兵部分别留遣。凡投诚官吏军民，皆著薙发，衣冠悉遵本朝制度。各官宜痛改故明陋习，共砥忠廉，毋朘民自利。我朝臣工，不纳贿，不徇私，不修怨。违者必置重典。凡新服官民人等，如蹈此等罪犯，定治以国法不贷。"（《大清世祖章皇帝实录》卷之五）

谕示公布了清朝执政的几条基本政策，作为旧朝官员和百姓的遵循规则。

以这份谕示为标志，一个新朝代开始了。

二、怀柔与铁腕

◎满洲原起于长白山之东北布库里山下一泊，名布儿湖里。初，天降三仙女浴于泊，长名恩古伦，次名正古伦，三名佛古伦。浴毕上岸，有神鹊衔一朱果置佛古伦衣上，色甚鲜妍，佛古伦爱之不忍释手，遂衔口中，甫着衣，其果放腹中，即感而成孕。告二姊曰："吾觉腹重，不能同升，奈何？"二姊曰："吾等曾服丹药，谅无死理，此乃天意，俟尔身轻上升未晚。"遂别去。佛古伦后生一男，生而能言，倏尔长成。母告子曰："天生汝，实令汝为夷国主，可往彼处。"（《清太祖武皇帝实录》卷之一）

这是一个美丽的神话故事。

一个民族最初的文化信息，就是由神话故事传播开来的。文化记录下一个民族走向文明的步履，承载着这个民族的一种向往。华夏远古的神话故事就有盘古开天地、女娲补天、嫦娥奔月、后羿射日、精卫填海等。

神话故事是一个民族的文化胎记。

这篇在《清太祖武皇帝实录》中记载的美丽神话故事，应该是满族的早期文化信息。将这个神话故事放入史书，是明白无误地告诉后人：满族要去别处开疆拓土建立新家园，是上天的旨意。

满族的前身为女真族，他们长时期居住在黑龙江一带。这片土地山林茂密，靠山吃山，这块土地上的人们主要以狩猎为生，故培养成这个民族吃苦耐寒和彪悍的性格。

明万历十四年（1586），努尔哈赤被明政府袭封为指挥使，以祖、父遗甲十三副，一步步用武力兼并海西女真部、征服东海女真部，统一了分散在满洲各地的女真各部，并逐步建立起八旗制度。努尔哈赤在统一女真各部的战争中，取得节节胜利。随着势力扩大，人口增多，他于明万历二十九年（1601）建立黄、白、红、蓝四旗，称为正黄、正白、正红、正蓝。至明万历三十三年（1605）时，已对内称建州等处地方国王。

万历四十三年（1615），努尔哈赤在原有牛录制的基础上，在原有的四旗之外，增编镶黄、镶白、镶红、镶蓝四旗，创建了八旗制度，把后金管辖下的所有人都编在旗内。后来满洲人运用此军事组织制度建立了清朝。在平时，人们从事耕作、狩猎等活动，在战时则应征为兵，起源于女真族的狩猎组织——牛录，具有旗籍的家族人员称为旗人。

明朝万历四十四年（1616），努尔哈赤宣布脱离明朝统治，在赫图阿拉建立后金，采用年号为天命元年。在大明王朝的统治下竟然有人敢背叛朝廷自立门户，岂可容忍！明朝廷开始派兵攻打后金，但均以失败告终。二十年后，即1636年，皇太极在盛京（今辽宁沈阳）改国号为大清，正式开始了灭明的征战。

现在，自多尔衮率清军进入北京始，《清太祖武皇帝实录》记载的神话故事中，那位母亲佛古伦的嘱托可谓实现了！

清军进入北京的第一天，即崇祯十七年（1644）五月初二，多尔衮发布谕告安抚百姓，并宣布为崇祯帝和皇后发丧，议谥号；同时派遣将士带着吴三桂去追击李自成。

这一套首发组合拳，多尔衮是打得有条不紊。

安抚百姓、为帝后发丧并议谥号，这是一种抚慰、笼络人心之策；派兵追击李自成，是巩固政权需要。李自成进京不追穷寇，以致到手的江山很快丢了，现在清朝不能这样重蹈覆辙。

这两手，一手软，软的是怀柔；一手硬，硬的是铁腕。刚柔并济，不全是铁腕。

多尔衮还下令全国为前朝崇祯皇帝举行国丧大礼，这是笼络人心的怀柔之举。五月初四日，即清军入京的第三天，摄政和硕睿亲王发布谕示："流贼李自成原系故明百姓，纠集丑类逼陷京城，弑主暴尸，括取诸王公主驸马官民财货，酷刑肆虐。诚天人共愤，法不容诛者。我虽敌国，深用悯伤。今令官民人等为崇祯帝服丧三日，以展舆情。着礼部太常寺备帝礼具葬，除服后官民俱着遵制薙发。"（《大清世祖章皇帝实录》卷之五）

多尔衮在谕示中说得很清楚：崇祯皇帝是被明朝的百姓李自成杀害的，我大清虽然是明朝的敌国，但也对崇祯皇帝的遭遇感到同情悲伤，现在下令官员百姓为崇祯皇帝服丧三天，礼部太常寺准备帝礼葬具用品。服丧后大家都遵守削发的制度。短短谕示，也是刚柔并济：先撇清崇祯皇帝之死与清朝无关，是明朝流贼李自成干的，我大清深表同情，举国为崇祯皇帝服丧三天，举行国葬。服丧完后，你们就得遵守清朝的制度了——削发成为大清臣民。

对崇祯与皇后的安葬仪式是隆重的，清顺治皇帝亲自主持葬礼，诵读碑文，甚至号啕大哭，称崇祯为兄长，并称赞崇祯的治国方略（崇祯的治国方略如真的高明，又怎么会落得国破人亡的下场？），还夸赞崇祯书法造诣高（当然，这样的好话多说几句无妨）。对于封崇祯一个什么谥号也费了一番脑筋，开始只是怀念，就谥为怀宗；后来大概想到，让大家长期怀念一个前朝皇帝只怕未必是个好事，就根据崇祯作为在位皇帝自缢这样的鲜明个性改封为庄烈帝。考虑到崇祯墓是帝陵，顺治又下令将与崇祯一同自缢的太监王承恩葬于思陵外，让其继续履行生前职责，守护皇陵。后来，在修明史时，顺治也多次嘱咐史官，对崇祯要加以尊敬。

这一套隆重而繁密的国葬礼仪下来，让国民感动，"官民大悦，皆颂我朝仁义，声施万代云"。（《大清世祖章皇帝实录》卷之五》）

大清进京采取的怀柔手段，让刚刚经过亡国之痛的大明国民感到抚慰，收到不错的效果。

崇祯皇帝虽然因国破被逼自缢身亡，但死后却先后由两位敌对国的皇帝举行隆重安葬仪式，一时风光无限。一个已故皇帝，被国葬两次，这也是史无前例的一个殊荣。

怀柔手段的另一面就是严肃纪律，让京城乃至全国民众有安全感。这一点，在清军刚进入北京时，多尔衮就下令"乘城厮养人等概不许入。百姓安堵，秋毫无犯"，告诫清军将士和文武官员不许擅自进入民众家中，让百姓们正常生活，做到秋毫无犯。

虽然有令在先，但一支胜利之师进入都城，部下甚多，也会出现一些不经意间发生的问题。如何处理这样的问题，对于执政者来说，众目睽睽之下，是一个考量。

《大清世祖章皇帝实录》记录了这样一件小事：

> 正黄旗尼雅翰牛录下三人屠民家犬，犬主拒之，被射，讼其事。摄政和硕睿亲王令斩射者，余各鞭一百，贯耳鼻。因下令，凡强取民间一切细物者鞭八十，贯耳。（《大清世祖章皇帝实录》卷之五）

清正黄旗牛录（作者注：牛录是清八旗组织的最早基层单位，起源于满族早期集体狩猎组织。最初，每一牛录辖十人，后逐渐扩充至三百人）尼雅翰手下，有三个士兵要杀老百姓家养的一条狗，狗主人拒绝，被其中一个士兵射了一箭，结果被告到清军最高层。摄政和硕睿亲王下令，斩首射箭的士兵，其他在场官兵各鞭打一百下，用箭穿耳鼻。并由此发布命令：凡是强取民间财物的打八十鞭，受箭穿耳的刑罚。

一个士兵违反命令并伤害百姓，被多尔衮下令斩了，在场者也受到了刑罚处置，还由此立下一条规矩。这样严格的纪律约束，让京城民众看到了一支纪律严明的军队，这和李自成义军的表现完全不同。

这件事的处理结果，让清军在京城官员和民众中得到漂亮的一分。

看到清军的严格纪律约束，一些旧朝官员也根据京城新出现的问题提出了建议。

如，大学士范文程等向摄政和硕睿亲王提出了一个值得注意的现象：京城百姓假托搜捕贼孽，纷纷举报他人，这样恐怕会造成相互仇害，由此扩散为民众滋事骚扰的社会问题而弄得人人自危。这种情况应该严加禁止。

又如，保定副将王应登等上条陈，从七个方面给出了建议：一立纲纪，二任贤良，三靖遗寇，四申招抚，五和兵民，六重农务，七惩贪婪。

对这些旧朝官员的建议，摄政王多尔衮都明确表态，称"嘉其言""是其言"，并予以采纳。

又有都察院参政祖可法、张存仁上条陈言：……臣等所虑者，吏兵二部。任事不实，仍蹈汉习，互相推诿，任用匪人，贻误非小。今地广事繁，非一人所能理，安内攘外非一才所能任。宜将内院通达治理之人暂摄吏兵二部事务。至于山东，乃粮运之道；山西乃商贾之途，急宜招抚。若二省兵民归我版图，则财赋有出国用不匮矣。

对这个调整机构职责的建议，摄政和硕睿亲王多尔衮的答复也很清楚果断："尔等言是，但内院机务殷繁，不便令其署理部务。"既肯定大臣建议的可取之处，但又明确表示朝廷机构各有其责，各司其事，不能随意变更。

清朝从马背上夺得天下，从战时匆匆转换为和平，对管理一个大国，毫无经验，也缺少充足时间进行详细谋划，所以，进京初期，建立一些基本治国方略和纲纪，就显得十分必要和迫切。虽然大清没有这方面的执政经验，但从垮台的大明王朝的教训中，可以得到反面的经验。这一点，统率清军入京的摄政和硕睿亲王多尔衮思考良多，研究颇深，并依此立下一些规矩，作为政策予以执行。他在六月的一份对众官民的谕示中说：

> 明国之所以倾覆者，皆由内外部院官吏贿赂公行，功过不明，是非不辨。凡用官员，有财之人虽不肖亦得进，无财之人虽贤才亦不得见用。所以贤者皆抱恨隐沦，不贤者多夤缘幸进。夫贤既不得进，国政何由而理？不贤用贿得官，焉肯实心为国？甚至无功者以行贿而冒功，有功者以不行贿而功掩，乱政坏国，皆始于此，罪亦莫大于此！今内外官吏，如尽洗从前贪婪肺肠，殚忠效力，则俸禄充给，永享富贵；如或仍前不悛，行贿营私，国法俱在，必不轻处，定行枭示。（《大清世祖章皇帝实录》卷之五）

作为新统治者，维护新政权的稳固自然放在首位考虑的。大清国由一个小政府接收大明国这样一个超级大国的政权，对执政者的能力、魄力、眼界、胸怀，都是一个前所未有的大考量。因为从大清与明朝对抗的历史——包括后金及以前的历史——来看，明朝的文武百官不尽是昏庸无能贪生怕死之辈，其中不乏有勇有谋英勇善战之人。现在，大清只是侥幸进入北京，放眼神州，除了北京周边一小部分城池地域被清军控制外，江南还在南明手中，其他还有大部分地域仍由前明朝军队分别控制，大局未稳，不能大意。

所以，对于大清这样一个小集团来统治原来明朝这样一个庞然大国，怀柔和铁血，两手抓，而且都要硬才行，来不得半点松懈与侥幸。

为此，多尔衮在率清军进入北京后，并未像李自成那样马放南山，而是分兵两路，扩大战果。他在向顺治皇帝奏报捷音说：臣统大军前往燕京，自山海关以西各城堡文武将吏皆争先奉表迎降。四月二十六日，流贼李自成尽括金银币帛载发长安。三十日自成焚宫阙遁走。臣随遣内外藩王、贝勒、贝子、公、固山额真、护军统领等，率师追击。

多尔衮将追击部队分成两路：一路由阿济格率领追击大顺军，一路由多铎率领攻打南明。

顺治元年（1644）七月，李自成黄河以东防线全线崩溃，逃入西安。不久后，眼见清军势力强大向西安攻来，李自成掂量西安是守不住，便率部撤出西安，从武关向南逃生。同年十二月，清军攻打潼关，李自成与之激战，双方对峙到顺治二年（1645），清军攻破潼关。李自成避战保兵，向湖北转移，并虚晃一枪，宣布要攻打南京。四月，李自成进入武昌，被清军追上，双方交战，李自成军大败而逃，进入江西境内。五月，李自成军在江西被清军追上，再次兵败，率部转走湖北九宫山。李自成最后死在那里。

顺治二年（1645）闰六月，清靖远大将军和硕英亲王阿济格疏报追击李自成军的最后情况：

> 流贼李自成亲率西安府马步贼兵十三万，并湖广襄阳、承天、荆州、德安四府所属各州县原设守御贼兵七万，共计二十万，声言欲取南京，水陆并进。我兵亦分水陆两路蹑其后，追及于邓州、承天、德安、武昌、富池口、桑家口、九江等七处，降者抚之，拒者诛之。穷追至贼老营，大败贼兵八次。贼兵尽力穷窜入九公山（作者注：原文如此，应为九宫山）。随于山中遍索自成不得，又四出搜缉，有降卒及被擒贼兵俱言自成窜走时，携随身步卒仅二十人，为村民所困，不能脱遂自缢死。因遣素识自成者往认其尸，尸朽莫辨。或存或亡。（《清世祖章皇帝实录》卷之十八）

阿济格的这份疏文把李自成及部队最后一段经历与归宿基本说清楚了，只是对李自成的尸体因"尸朽莫辨"，对其死活的不确定性如实上报。

大顺国闯王李自成这一支劲旅即除，大清扫除了一个后患。

清定国大将军多铎率领大军从西安东出潼关，南下攻击南明。清军从虎牢关（位于今河南省荥阳市汜水镇）东出，途经郑州、开封，攻占归德（今河南商丘）。

清军占领归德后，多铎兵分两路，一路由固山额真准塔率部从徐州、宿迁向淮安进发，主力部队由多铎率领从亳州、宿州向泗州（今江苏盱眙）前进，两路军队一同合击扬州。

此时，南明君臣仍在忙于宫斗，皇宫内纷争不断，而不知敌军刀斧将至。

两路清军迅猛前进，沿途城池一批批明军将领见大势已去，纷纷献城投降，清军鲜遇抵抗。清军快速渡过淮河，兵临扬州城下。

扬州城守将为南明刘肇基、李栖凤等总兵，史可法以南明吏部尚书兼东阁大学士督师。全部守军仅有数千人马。以数千人马来抗击清军十万之众，李栖凤自忖是以卵击石，不仅毫无胜算而且会招致杀身之祸，因此，他也像诸多明朝官员一样，率部投降清军。

史可法是督师江北四镇，驻节扬州。由刘泽清、高杰、刘佐良、黄得功四个总兵各守一镇。

顺治二年（1645）三月，多铎率清军南下，攻占河南，威胁南京城的南明政权。已经渡过黄河北进的史可法见势不妙，上奏朝廷告急，要求派兵解救并加强江北备战防务。糊涂的弘光皇帝不理睬史可法的建议，反而派他渡过长江去对付上游的叛将左良玉军。

左良玉是明朝的一员悍将。初在辽东与清军作战中勇猛，屡立战功，受到提拔。后在同农民义军的战争中，不断扩充自己的实力，拥兵自重，成为明军中一支具有相当战斗力的军队。崇祯十七年（1644）三月，左良玉封宁南伯。南明福王朱由崧即位后，左良玉又晋为侯，镇守武昌。弘光政权中，操纵朝政的马士英、阮大铖排斥东林党人。左良玉袒护东林党人，在仕途上还想进入更高位，于是，在顺治二年（1645）三月二十三日，以清君侧为名，从武昌起兵，进军南京。

史可法还未来得及率兵攻打左良玉，四镇总兵之一的黄得功已将左良玉叛军击溃。

此时，清军见南明军自相残杀，江北防务空虚之际，赶紧渡过黄河攻占徐州、泗州，并迅速南下。史可法眼见江北防务力量薄弱，用血书请求朝廷增兵，但马士英没有理睬。史可法无奈，只得先率兵退守扬州城。

督师史可法和总兵刘肇基决意誓守扬州城。

四月十九日，清军围城。

放眼望去，扬州城外，清军战旗猎猎，阵列森严，刀光闪烁。大明山河已经破碎，强敌就在身旁，史可法自思这次凶多吉少，取来纸笔，给亲人们留下几份遗书，最后剖明自己的心迹。

他给母亲的遗书中说：儿在宦途一十八年，诸苦备尝，不能有益于朝廷，徒致旷远于定省，不忠不孝，何颜立于天地之间！今以死殉，诚不足赎罪。望母亲委之天数，勿复过悲，儿在九泉亦无所恨。

他给妻子的遗书写道：可法死亦，前与夫人有定约，当于泉下相候也。

他将老母亲托付给了副将史德威，也给了他一封遗书：可法受先帝厚恩，不能复大仇；受今上厚恩，不能保疆土；受慈母厚恩，不能备孝养。遭时不遇，有志未伸，一死以报国家，固其分也，独恨不早从先帝于地下耳。

在此之前，清军统帅多尔衮也闻史可法在南明朝廷的分量，以及他对清廷的态度。为争取一个人才为清廷所用，减少清军作战伤亡，多尔衮曾让降清的汉人代笔，写信给史可法，劝其投降。史可法回信多尔衮，断然拒绝投降。

多尔衮的信写得比较长,而且不像是阵前劝降,一如故交叙旧,态度极为恳切,遣词用句很是温文尔雅。看得出来,马背上征战出来的这位清军统帅,很想用言词打动这位南明大臣归顺大清,以免自遭杀戮并殃及无辜百姓。多尔衮在信中说:

> 予闻君子之爱人也以德,细人则以姑息。诸君子果识时知命,笃念故主厚爱,贤王宜劝令削号归藩,永绥福禄,朝廷当待以虞宾,统承礼物,带砺山河,在诸王侯上。庶不负朝廷伸义讨贼,兴灭继绝之初心。至南州群彦,翩然来仪,则尔公尔侯,列爵分土,有平西之典例在,惟执事实利图之。挽近士大夫,好高树名义而不顾国家之急。每有大事,辄同筑舍。昔宋人议论未定,兵已渡河,可为殷鉴。先生领袖名流,主持至计,必能深维终始,宁忍随俗浮沉,取舍从违,应早审定。兵行在即,可西可东,南国安危,在此一举。愿诸君子同以讨贼为心,毋贪一身瞬息之荣而重故国无穷之祸,为乱臣贼子所笑,予实有厚望焉。(《大清世祖章皇帝实录》卷之六)

史可法在《复多尔衮书》中予以断然拒绝。信写得大义凛然却不失礼节:本朝传世十六,正统相承,自治冠带之族,继绝存亡,仁恩遐被。贵国昔在先朝,凤膺封号,载在盟府。后以小人构衅,致启兵端,先帝深痛疾之,旋加诛僇,此殿下所知也。今痛心本朝之难,驱除乱逆,可谓大义复著于《春秋》矣。若乘我国运中微,一旦视同割据,转欲移师东下,而以前导命元凶,义利兼收,恩仇倏忽,奖乱贼而长寇仇,此不惟孤本朝借力复仇之心,亦甚违殿下仗义扶危之初志矣。昔契丹和宋,止岁输以金缯;回纥助唐,原不利其土地。况贵国笃念世好,兵以义动,万代瞻仰，在此一举。若乃乘我蒙难，弃好崇仇，规此幅员，为德不卒，是以义始而以利终，贻贼人窃笑也，贵国岂其然欤？

他在信中最后说：可法在今日，恭敬小心，尽心尽意，完成我作为臣子的节操。几天之内，我就要率领三军，渡过大江，追赶"叛贼"，直到捣毁他们的巢穴，光复神州，用来报答当今皇上及先帝的知遇之恩。贵国此后再有别的教诲，可法不敢再听，希望殿下明白审察！

说得掷地有声！

史可法还未能率领三军去追赶"叛贼"，"光复神州"，清军却围住了他和扬州城。

清军围城当天，多铎派降将李遇春进城向史可法劝降。史可法见到降将说客，痛骂其负国不忠，拒绝投降。多铎不放弃劝降，派乡民送劝降书到城壕边。史可法大声说道：吾为朝廷首辅，岂肯反面事人！让士兵将来人杀死，并将劝降书扔进壕沟。

四月二十日，清军兵临城下，多铎一天给史可法送出五封信，希望史可法放弃抵抗投降，献出扬州城。史可法一封信都不看，矢志与扬州城共存亡。

扬州城守军本来就少，李栖凤又领着一大部出城投降了清军，城内兵马更显势单力薄。史可法虽派兵急传檄让各镇前来救援，却没有盼到一支援军到来。

顺治二年（1645）四月二十四日，清军以红衣大炮攻城，扬州守军死伤良多，抵挡不住清大军四面攻打。战斗最激烈之处在城西北角，这里正是史可法坐镇指挥的位置所在。他谕示扬州居民做好应对大变之准备，强调守城之事由他一人担当，不连累百姓。百姓闻之感动流泪。

入夜，扬州城破，史可法拔剑自刎，被众将抱住，血溅衣袂。众人将史可法簇拥下城楼，此时东门已破，改走南门，而追兵已到。身边人告诉他，领头者正是清军统帅豫亲王多铎。史可法一听，精神为之一振，奋力跃起，说：我得骂敌而死！于是大声呼道："我史督师也！可引见汝兵主。"

清兵将史可法押送去见多铎。

多铎并不认识史可法，想找个人来确认。史可法不屑地说：吾出，将以明白死，怎能让人假冒？多铎顿时对他肃然起敬，并以礼相待。

多铎说，我累次写信给你招降，但先生一直不肯。你现在已经尽到了一个做臣子的忠诚，没有辜负国家。假如你能够出来为我们收拾江南，将赋予你重任。

史可法大声说：我作为朝廷大臣，岂肯偷生而成为万古罪人！我头可断，但身不可辱，愿意速死，跟随先王于地下。

多铎望着史可法，心中不解：眼前这个史可法，一介柔弱书生而已，但和这一路遇到的明朝官员比，骨头确实挺硬的。这种人既然不能为我用，也不能留下。于是，将史可法杀死。

扬州保卫战，史可法宁死不屈被杀，刘肇基战死。在激烈的战斗中，清军也付出了惨痛的代价，三个将领、一个贝勒阵亡。

清军一路南下，明守将皆望风而降未曾遇阻，唯独扬州顽强抵抗，恼羞成怒的清军开始大开杀戒残暴屠城，连杀十天，史称"扬州十日"。

史可法数次拒降，决心于扬州共存亡。在他的身上，让人看到一种宁死不屈的风骨。了解他的人，也从他身上看到了他恩师的影子。

他的恩师是明朝左佥都御史左光斗。

清代文学家、桐城三祖之一的方苞，有篇写左光斗的文章《左忠毅公逸事》，摘录其中一段：

……一日风雪严寒，从数骑出，微行入古寺；庑下一生伏案卧，文方成草，公阅毕，即解貂覆生，为掩户。叩之寺僧，则史公可法也。及试，吏呼名至史公，公瞿然注视；呈卷，即面署第一，召入使拜夫人，曰："吾诸儿碌碌，他日继吾志事，惟此生耳。"

及左公下厂狱，史朝夕狱门外；逆阉防伺甚严，虽家仆不得近。久之，闻左公被炮烙，旦夕且死；持五十金，涕泣谋于禁卒，卒感焉。一日使史更敝衣，草屦背筐，手长镵，为除不洁者。引入，微指左公处，则席地倚墙而坐，面额焦烂不可辨，左膝以下，筋骨尽脱矣。史前跪抱公膝而呜咽。公辨其声而目不可开，乃奋臂以指拨眦，目光如炬，怒曰："庸奴，此何地也？而汝来前。国家之事，糜烂至此。老夫已矣！汝复轻身而昧大义，天下事谁可支拄者？不速去，无俟奸人构陷，吾今即扑杀汝！"因摸地上刑械，作投击势。史噤不敢发声，趋而出。后常流涕述其事以语人曰："吾师肺肝，皆铁石所铸造也。"

文中还记述，崇祯末年，史可法以凤庐道员的身份奉命守御凤阳、庐州一带。每逢有敌情警报，他总是一连几个月不进屋睡觉，让将士们轮换休息，自己却坐在帐幕外地上。他选择十个身强力壮的兵士，每次安排两个士兵蹲坐着，自己则背靠着他们休息，每过一更，就由其他士兵轮换一次。寒冬的夜晚，他从地上一站起来，抖抖衣裳，铠甲上的冰霜散落下来，发出清脆的响声。有人劝他稍微休息一下，史公说："我对上怕辜负了朝廷，对下怕对不起我的老师啊。"

坚守扬州决死不降的史可法，面对死亡，心中可曾想起自己老师在狱中的铮铮教诲？

断墙血泊中的扬州城，挺立起一个史可法！

史可法殉国后，南明赠谥其"忠靖"。

后来清高宗乾隆皇帝读到史可法的事迹，派人从内阁文库找出史可法给多尔衮的复信，研读再三，感慨不已。他从信中既看到了一个明朝臣子对朝廷的忠诚，同时对清朝并无出言不逊之词，诚然一谦谦君子，又兼有铮铮骨气。乾隆三十七年（1772），清廷赠谥史可法"忠正"。

清军对扬州实行屠城，造成一个历史惨案。这是清初实行铁腕统治的一个典型案例。

清顺治二年（1645）五月初九，清军攻破南明都城南京，南明弘光帝南逃。皇帝逃遁，下级官员纷纷跟着逃跑。

五月三十日，嘉定县令钱默出逃。六月二十四日，清朝任命的嘉定新县令张维熙到任。清廷任命的县令，南明的官员和百姓不接受。当天，明嘉定总兵吴志葵率百人，头上裹白布，晚上持火把逼近县城，扬言捉拿"伪县令"张维熙。张维熙闻讯，吓得逃之夭夭。六月二十七日，吴志葵带着一帮人进入嘉定县城，嘉定市民夹道迎接这支"复明之师"。

闰六月初七，明降将李成栋部骑兵路过嘉定境内新泾桥。这些兵打仗不力，祸害百姓倒是在行。他们大肆奸淫妇女，致死七名。初八，李成栋亲率兵船百艘、马步兵两千余名停泊县城东关，再次大肆奸掠。初九，李率兵去吴淞，留下一名偏将和三百名士兵守船。

十二日，清军下剃发令，群情激愤，远近乡兵，竞相围攻李成栋船队。船只及所掠财物悉数焚毁，斩杀清官兵八十余名。

十五日，李成栋去太仓求援，行至罗店又被乡兵追杀，伤亡惨重。于是，李成栋疯狂纵兵报复，滥杀无辜。

此时，清军再下剃发令，命令十天之内，江南人民一律剃头，"留头不留发，留发不留头"，引起了民众的不满与愤慨。

对于让汉人剃头从满制一事，清王朝刚进京时还是持谨慎态度的。弘光朝南逃，豫亲王多铎进入南京之后，曾有这样的公告：剃头一事，本朝相沿成俗。今大兵所到，剃武不剃文，剃兵不剃民，尔等毋得不道法度，自行剃之。

但随着局势出人意料地快速稳步推进，江南半壁已臣服清廷，除了东南西南，清军基本已控制了整个中原，开始时的安抚之策已达到目的。一些已归顺清廷的官员们，为向新主子表忠心而自愿剃发，有的甚至上书建议全民剃发。清军感觉推行满制的时机已成熟，再下剃发令。

汉人受儒家思想影响两千多年，"身体发肤，受之父母，不敢毁伤，孝之始也"，哪肯实行剃发令。剃发令到达，嘉定两个书生侯峒曾、黄淳耀揭竿而起。

七月初一，各路乡兵十万余众会集砖桥与清兵决战。清兵分左右两翼冲杀，乡兵毫无军事素质和作战经验，形成不了战斗力，结果大败，被追而杀者不计其数。李成栋部入娄塘镇后屠杀百姓一千多人，并纵兵奸淫妇女，不可名状。嘉定三屠就此开始。

侯峒曾、黄淳耀见乡军溃败，率余部转入嘉定城固守。初三，李成栋会同太仓清兵攻城，用大炮日夜轰击。

初四，五更天时大雨滂沱，嘉定城内，乡军和民众露天守城已三昼夜，饮食几绝，疲劳到极点。此时，清军抓住机会猛攻，破东门进入城内。侯峒曾仍坐镇城楼，这时，他的两个儿子急忙跑过来说：情况已经很危急了，怎么办啊？侯峒曾回答说：只有一死而已，遗憾的是枉送一城百姓了。他要两个儿子赶紧离去。两儿子走了几步不舍就这样离开父亲又返回。侯峒曾发脾气说：我死是为国家之事，这是我的职责。你们的祖母还在，你们应该代替我侍奉长辈，尽晚辈的责任，不舍得我干什么？两个儿子听到父亲的怒责，痛哭而去，走到孩儿桥正遇上清军，两人都被杀害。

侯峒曾为明朝天启五年（1625）进士，授南部武选主事官职，先后任南方文选主事、稽勋郎、浙江右参政等职，分管嘉兴、湖州两府（最后擢升顺天府丞，因京城被李自成军攻破未赴任）。此时此刻，侯峒曾见城破清军屠城，自沉宣家池（叶池）未死，遂被清兵杀害。

嘉定城中居民纷纷往西门逃生，被清兵拦截堵杀，居民无奈，投河者溺死无数。

镇守西门的黄淳耀于崇祯十六年（1642）考中进士，但当时明王朝已腐朽走到末路，他对朝廷失去信心，无意仕途，回到故乡，隐居在城西西林寺，著书立说，以诗文自娱。此刻见嘉定守不住，大势已去无力回天，就和他的弟弟黄渊耀骑马跑到早年读书的西林庵，对僧人说：大师请赶紧躲避，我就此别过！西林寺僧人无等法师劝他：你虽中进士，但并没有做官，不必殉国。黄淳耀心意坚决，回答说：我在起兵时就发誓与城共存亡，如今城已破，我岂能食言。他让无等法师取来笔墨，在墙上奋笔写下：弘光元年，七月初四日，进士黄淳耀自裁于西城僧舍。呜呼！进不能宣力皇朝，退不能洁身自隐。读书寡益，学道无成，耿耿不灭，此心而已！异日夷氛复靖，中华士庶，再见天日，论其世者，当知予心！书毕，却看见弟弟已经悬梁自尽，于是，也在弟弟的旁边自缢。据光绪《嘉定县志》记载，黄氏兄弟自缢后，对面墙上染着黄淳耀口中喷出的一片血迹，艳若桃花，形同火焰。无等法师含泪用笔在一旁写下"留碧"二字。

南门守将张锡眉，听到溃散的士兵和百姓说城破，留下绝命诗一首："我生不辰，侨居兹里。路远宗亲，邈隔同气。与城存亡，死亦为义。后之君子，不我遐弃。"投水而死。另一守城将领龚用圆、龚用广兄弟听到城破，拥抱放声痛哭说：我们的祖父、父亲清清白白立志不移已经三代了。今日我们苟且图存，有什么面目见祖宗于地下？语完双双自溺而死。

上午，李成栋率部进入嘉定并下令鸣炮屠城。

嘉定历史上最为悲惨的时刻降临。

只见大街小巷，到处是清军（其中不乏降清的汉族士兵）在搜查。每遇到一人，大声叫着要其献出财物，要是见到献的财物少，清军士兵则连砍三刀，待财物献完了，则把人杀死。一时间，嘉定全城刀声砉然，被砍杀平民百姓嚎叫之声惊天动地，上吊、投井投河者，被砍断手足、被砍伤未死犹动者不计其数。投河自溺者不下数千人。据当地史籍记载：三日后，自西门至葛隆镇，浮尸满河，行舟无处下篙；血污浮于水面，高出数分。

当真如人间地狱！

初六日，李成栋调集三百余艘船只，满载抢夺搜刮而来的金银财宝、牛马猪羊，以及年轻貌美女子，运往太仓。

嘉定再次被屠后，激起百姓极大愤慨，周边葛隆、外冈、马陆、杨行等镇乡兵再一次聚集，商议抗清。此后，时有乡兵偷袭斩杀清兵义举。

为巩固统治，二十六日晨，清军调集大队人马开到葛隆镇进行报复性屠杀。之后，清军再屠外冈镇。

二十七日，清军大队人马三屠嘉定城，所见者不分老幼逢人便杀，所劫财物全部运往太仓。

自闰六月初起，嘉定人民自发起义抗清，两个月内，大小战斗十余次，民众牺牲两万余。嘉定人民为捍卫自己做人的起码尊严而进行反抗，遭到清军三次报复性大屠杀，史称"嘉定三屠"。

嘉定破碎的城墙上，留下了侯峒曾、黄淳耀、张锡眉等义士和嘉定民众反抗奴役暴行的不屈身影。

顺治二年（1645）闰六月初一到八月二十一日，江阴人民为抵制清军发布的强制性剃发令，在江阴典史（古代官名，设于州县，为县令的佐杂官，是知县下面掌管缉捕、监狱的属官）阎应元和陈明遇、冯厚敦等人领导下进行了反抗斗争。这场斗争前后长达八十一天之久，被称为"江阴八十一日"。清军总共调集了二十四万大军，带着二百多门大炮攻打江阴城，这一战下来，一共损失的士兵有七万五千余人。江阴城军民共十七万二千人，后全城殉国，无一人投降。守城八十一日，城内死者九万七千余人，城外死者七万五千余人，江阴遗民仅五十三人躲在寺观塔上保住了性命。屠城一直延续到八月二十二日，第二天还在巷战。老百姓们无一人顺从清军，更不愿被辱，纷纷慷慨赴死，并以先死为幸。男女老少，投水、蹈火、自刎、自缢的不计其数。内外城河、绊河、孙郎中池、玉带河、通塔奄河、裹教场河填满了尸体，叠了有好几层。后来，仅从城里那口宋代开凿的四眼井中打捞起的尸体就有四百多具。

一位当代学者在央视《百家讲坛》中评价这段历史时说：这是一个城市普通百姓自发的抗争，在一个退休的典史阎应元的指挥下，抱定牺牲的决心与几十万清军作战，全城九万多百姓最后仅存五十余人。我认为像江阴八十一日这样的故事渗透了我们民族的思想和理念，在当时的情况下，这些江阴百姓才是民族的脊梁！

江阴城一个退休小官员和九万多百姓，不惜用生命和鲜血捍卫尊严，铸成一座巍峨不屈的群雕！

清军在统一全国的征战中，到底滥杀了多少无辜百姓，已无法考证。

这是一个政权更替铁腕统治下，无辜百姓们付出的沉重代价！

清军翻卷的铁蹄，雪亮的刀剑，以及留下的废墟血泊，诠释了清朝初年"顺者昌，逆者亡""留头不留发，留发不留头"的铁腕统治。

三、大清崛起之战

◎巳未（注：为顺治二年即1645年，乙酉六月）。以南京平定，上御殿，摄政王多尔衮率诸王、贝勒、贝子、公，及文武群臣上表、行庆贺礼。是日，遣户部尚书英俄尔岱告祭圜丘、礼部尚书郎球告祭方泽、吏部尚书巩阿岱告祭太庙、内大臣何洛会告祭社稷。圜丘祝文曰：臣仰承天命，遣定国大将军豫亲王多铎等统兵征剿，荡平流寇，底定三秦，黄河以南，望风响应；两淮官民，诚心归顺。惟扬州逆命未服，旋被攻克。江东将士鸟惊鱼溃，投降者二十三万，余尽奔窜。自是造船渡江，大兵直抵金陵，福王朱由崧遁走，官民踊跃出迎，俄顷之间，南方遂定。此皆上天默佑之所致也。敬行庆礼祭告。（《大清世祖章皇帝实录》卷之十七）

上面这条历史实录记载了清廷官方举办的、有皇上参加的一次祭告活动。"南京平定""荡平流寇""底定三秦""南方遂定",从祝文中透露的这些信息表明,这是清廷为自己统一神州取得阶段性胜利举行的公开活动。

是该有个仪式来庆贺一下了。

从顺治元年(1644)五月进入北京,到此时才一年余,清军凭借实力和韬略,不仅将闯王的大顺军一举荡平,整个北方无战事,而且渡过长江,攻克了南明的京城南京,南明皇上匆忙逃跑,南方也基本搞定。这样的大胜利来得有点快,是一年以前没有预料到的。

顺治元年(1644)四月,清重臣、大学士范文程上疏摄政王,提醒他当下明朝正处于西面流寇作乱、东面大清讨伐、四面受敌应对不暇的困境,这正是大清的"建功立业之会也",打败明朝,建立大清万世基业的机会就在眼前。范文程在疏中分析:明之劲敌惟在我国,而流寇复蹂躏中原,正如秦失其鹿,楚汉逐之。我国虽与明争天下,实与流寇角也。(《大清世祖章皇帝实录》卷之四)

从这份史料来看,大清此时还没有夺取大明天下的宏大计划,还只是像过去多年来一样,进入明朝边境地区,捞取一些好处再退回。只是这时局势发生了大变化,大顺军气势正旺,锋芒直逼北京,极大地威胁着大明王朝的政权。

范文程看出来,这对大清来说,实在是一个绝好机会。

过了几天,顺治皇帝在笃恭殿赐摄政和硕睿亲王多尔衮大将军敕印:"特命尔摄政和硕睿亲王多尔衮代统大军,往定中原,用加殊礼,赐以御用纛盖等物,特授奉命大将军印,一切赏罚,俱便宜从事。至攻取方略,尔王钦承皇考圣训谅已素谙。其诸王、贝勒、贝子、公、大臣等事大将军当如事朕,同心协力,以图进取。"(《大清世祖章皇帝实录》卷之四)

得到皇帝敕印的大将军多尔衮,带领着豫郡王多铎、武英郡王阿济格、恭顺王孔有德、怀顺王耿仲明、智顺王尚可喜，以及一帮贝勒、贝子、公，统率大军浩荡出征。

这次的大军出征，正好赶在了明朝廷全力应对大顺军的强势攻击之时，大清军取观望态度缓慢推进，坐等渔翁之利。等到大顺军将明朝推翻，吴三桂寻求和李自成拼命，多尔衮抓住了这个稍纵即逝的良机，逼降吴三桂并与之合兵，将李自成打败，顺利进入北京，这才开始了问鼎中原、一统江湖的大征战。

统率清军的摄政和硕睿亲王多尔衮清楚，以满族这样一个弱小民族，要征服大明这样一个庞大的汉族，仅用武力占领其土地不是长久之计，要实现长久统治，必须要有文化的征服。那么，就选一个短平快的项目先行推出，这就是从"头"开始——剃发，让人一眼见到就知道是已经归顺清政府的人。

顺治元年（1644）五月，多尔衮率军到达通州，知州带着百姓们迎降。多尔衮下达的第一个谕令，就是薙发（即剃发）。要投降，先把头发剃了。

《清史稿·睿忠亲王多尔衮传》：自关以西，百姓有逃窜山谷者，皆还乡里，薙发迎降。

剃发，成了清朝第一个文化统治手段。清军所到之处，首先强调的事就是剃发。

同年五月，多尔衮谕兵部：有虽称归顺而不薙发者，是有狐疑观望之意。

又谕：凡投诚官吏军民皆着薙发，衣冠悉遵本朝制度。

强迫推行剃发，男人们好端端一个祖辈流传下来的发型，要剃成当时满族男子的"金钱鼠尾"式发型，即只留下脑后一枚铜钱大小面积的头发，把这一绺头发拧成绳索一样垂下。像什么样！这自然遭到百姓的强烈不满，多地因此爆发武装抵抗，虽被清军镇压下去，但给清军造成了较大伤亡，对清朝的统治也带来了较大的负面影响。

武装抗拒剃发的事件频发，引起了清军高层的重视，为此，多尔衮又发出谕告至兵部：予前因归顺之民无所分别，故令其薙发，以别顺逆。今闻甚拂民愿，反非予以文教定民之本心矣。自兹以后，天下臣民照旧束发，悉从其便，予之不欲以兵甲相加者。恐加兵之处，民必不堪，或死或逃，失其生理故耳。(《大清世祖章皇帝实录》卷之五)

多尔衮作为清军统帅，还算明智，见到强行推行剃发遭民众强烈抵制，恐生大范围民变，这对于政权并不稳固的清朝来说，是极为不利的，所以，他发谕告解释，原来要求大家剃发，是为了区别归顺或逆反，现在既然百姓们实在不愿意，那就停止剃发，大家照旧束发吧。

薙发的事情到此完了吗？并没有。多尔衮发谕告"天下臣民照旧束发"，只是迫于形势的权宜之计，一旦政权稳固了，薙发还是要强制推行的。

一年后，就薙发一事，顺治皇帝发话了。他谕礼部曰："向来薙发之制，不即令画一，姑听自便者，欲俟天下大定始行此制耳。今中外一家君犹父也，民犹子也，父子一体，岂可违异。若不画一，终属二心，不几为异国之人乎？此事无俟朕言，想天下臣民亦必自知也。自今布告之后，京城内外限旬日，直隶各省地方，自部文到日，亦限旬日，尽令薙发。遵依者，为我国之民；迟疑者，同逆命之寇，必置重罪。若规避惜发，巧辞争辩，绝不轻贷。该地方文武各官皆当严行察验，若有复为此事渎进奏章，欲将朕已定地方人民仍存明制、不随本朝制度者，杀无赦。其衣帽装束，许从容更易。"(《大清世祖章皇帝实录》卷之十七)

皇帝的口气就是不一般，"欲将朕已定地方人民仍存明制、不随本朝制度者，杀无赦"。想让朕土地上的人民保留明制而不随本朝制度，还要脑袋吗？

这份谕告要发到京城内外并直隶各省府、州县、卫所、城堡等处，清廷体制中最小单位都要传达到。

顺治皇帝的这份谕告时间是顺治二年（1645）的六月，此时，清军已攻占南京，南明监国朱由崧逃走，清朝南征大盘已定，这时由皇帝重申薙发制度，底气十足，时机拿捏得很准。

南明监国朱由崧，为明神宗朱翊钧之孙、明光宗朱常洛之侄、福忠王朱常洵庶长子。万历四十八年（1620），其父封德昌王，朱由崧受封为福王世子。崇祯十六年（1643），在福王朱常洵被闯王义军杀害两年后，崇祯帝下诏令朱由崧袭封福王爵位。

崇祯十七年（1644）三月，崇祯皇帝在北京殉国后，留都南京以及南方各省仍在明朝的控制之下。明太祖朱元璋当年建都南京，到明成祖朱棣迁都北京，但南京仍保留宗人府、六部、都察院、通政司、翰林院、大理寺、詹事府等一套朝廷机构，只差一个皇帝。不知这是否当年朱棣出于"战略远见"留下的一条退路。且不管朱棣当年怎么考虑，现在南京倒是正好用作明朝的新都城。四月，在南京的明朝遗臣认为国家不可一日无君，应当速立新帝。但对由谁来当皇帝，大臣们意见严重分歧，进行了一番论战和博弈。

当时，崇祯皇帝的太子及永王、定王已陷入清军之手，南京要选皇帝，按血统应从明神宗之子或明光宗诸弟中选择，以示正统。福王朱常洵为明神宗万历皇帝的第三个儿子，朱由崧为朱常洵长子，身在南京附近的淮安，因此在崇祯皇帝的太子及定、永二王无法到南京继位的情况下，福王理当为第一顺位。

然而，这个方案却遭到东林党人反对。东林党领袖钱谦益提出，应当立贤而不是纯粹按血统排序，主张立明神宗之侄潞王朱常淓。史可法同意钱谦益的方案，并指出福王"在藩不忠不孝，恐难主天下"。

新皇尚未定，大臣们却发生了严重分歧。在这种情况下，急于上位的朱由崧在原总督京营太监卢九德的帮助下，直接向拥兵雄踞江北的三位总兵高杰、黄得功、刘良佐求助。高、黄本来就有野心，现见朱由崧有求于他们，心里盘算着拥立新皇后的飞黄腾达，于是抛开他们的顶头上司，拥推朱由崧上位。消息传出，大臣们大吃一惊。凤阳总督马士英老于官场，见自己部将窝里反，想来争也没用，连忙向朱由崧表明心迹拥戴其成为新皇。崇祯十七年（1644）四月二十六日，马士英与黄得功、高杰、刘良佐、刘泽清等人前往淮安迎接朱由崧。四月二十七日，南京礼部率百司迎福王于仪征。

五月初三，朱由崧先是接受为监国，并发布监国诏书。到五月十五日，朱由崧再发诏书，宣布自己即皇帝位，以明年（1645）为弘光元年。

眼见大势已定，东林党人和史可法也只得接受这个现实了。

现在，这个弘光皇帝在南明皇位上坐了才一年，清军就打进南京，他只得逃跑。

这个朱由崧称帝欲望强烈，但能力差劲。从当时南明的军事实力来看，江北四总兵握有三四十万兵力，总人数上要超过清军的二十万左右（清军入关时总兵力十四万，后来加上吴三桂等一些投降明军，兵力逐渐有所增加），少于闯王的农民军。但由于南明的军队分散在各个重要城市和军事要塞，所以，局部兵力并不占优势。从地理位置来看，长江是一条天然屏障，据此加强防务，可抵御或迟滞清军大部队南下。如经营得好，动员江南的民众齐心协力抵抗清军，形成划江而治局面也未必不可能。

弘光上位后，面对大顺军和清军两大强敌对南明形成夹击的岌岌可危局势，曾经想采用拉清军消灭大顺军的"款清灭寇"战略。但清军从大举入关开始，就已经看清了当前大顺军与明军成"鹬蚌相争"局面，正好做个渔翁，对取代明朝统治天下跃跃欲试，根本就没有什么弘光朝的事。所以，弘光朝这个一厢情愿的战略未经实施便流产了。在此局势下，弘光皇上也懒得再去谋划立国战略，不思强敌将至，躲进皇宫过着逍遥自在的日子，即便是扬州失守，清军准备渡江，满朝慌乱，弘光不但不上朝召集大臣商议对策,却仍然让戏班子演戏给他看,直到他决定逃跑之前,他也还召戏班给他上演了一场戏。

不知道他看的这最后一出戏是《霸王别姬》还是《西厢记》?

这样的皇帝,不知道他真的是淡定到"泰山崩于前而色不变,麋鹿兴于左而目不瞬",还是荒诞无度到极点?

后来有位清代苏州人陈于王写了首诗《题桃花扇传奇》送给这位丢了江山的皇上:

玉树歌残迹已陈,南朝宫殿柳条新。
福王少小风流惯,不爱江山爱美人。

其实也并非弘光皇上不爱江山,要不他拼命去争这个皇位干什么?只是他没有这个能力、实力去爱。

爱江山是要有能力和实力的。

没有能力和实力的弘光皇上面对清军攻过来,就只有带着几个太监逃出南京城。

五天后,即顺治二年(1645)五月十五日,清军攻至南京城下,南明文武官员在赵之龙、钱谦益等带领下出城迎接多铎率领的清军,投降的南明军总数有二十万之多。

弘光一行先是逃到太平府(注:安徽太平府,府治当涂县),驻守太平府的操江伯刘孔昭害怕弘光的到来引来清军进攻屠城(事实确实如此,清大军已循着弘光逃跑的路线追过来了),关城门拒绝接纳。没办法,谁让自己是皇上呢?目标太大,树大招风。

接着跑吧。弘光逃亡第二站跑到了芜湖黄得功的军营。相比城镇,军营内要感觉安全一点。但事实是不以弘光的感觉为转移的——南明弘光皇帝在黄得功军营被俘。

南明弘光皇帝被抓的过程，史料有记载。

《明史·黄得功传》记载：这时清兵已经渡过长江，知道福王逃跑了，就兵分几路袭击太平府。黄得功正收兵驻防芜湖，福王偷偷地来到了他的军营。得功惊讶地流着泪说："陛下如果拼死把守京城，我们做臣子的还会尽力抵抗，为什么听信奸贼的话，匆匆忙忙跑到这里来？况且我正在对敌作战，怎么能够为您保驾？"福王说："除了你，我没有可依靠的人了。"得功流着泪说："我愿意为陛下您效死。"黄得功在荻港作战时，胳臂被砍伤差一点快要掉落了，这时他身穿葛布夏装，用布带吊着胳臂，佩戴着腰刀坐在一条小船上，指挥部下的八个总兵整装待命，前去迎敌作战。而刘良佐这时已经投降了，带着大清军在岸上大声呼喊要黄得功投降。黄得功愤怒地呵斥道："你竟然会投降啊！"忽然一支利箭飞来，射中黄得功咽喉偏左的地方。黄得功知道一切都完了，就扔了刀，拾起刚才拔下来的箭刺喉而死。他的妻子听说后，也自杀了。总兵翁之琪投江而死，中军田雄于是就挟持着福王投降了。（《明史·卷二百六十八·列传第一百五十六》）

黄得功是明朝的一位猛将。

这一仗可谓窝囊而悲壮。可惜黄得功，被身边的部将害死，做了个冤死鬼。但他对明朝是至死忠诚的。《明史》评价："得功每战，饮酒数斗，酒酣气益厉。喜持铁鞭战，鞭溃血沾手腕，以水濡之，久乃得脱，军中呼为黄闯子。始为偏裨，随大帅立功名，未尝一当大敌。及专镇封侯，不及一年余而南北转徙，主逃将溃，无所一用其力，束手就殪，与国俱亡而已。其军行纪律严，下无敢犯，所至人感其德。庐州、桐城、定远皆为立生祠。葬仪真方山母墓侧。"（《明史·卷二百六十八·列传第一百五十六》）

抓获弘光帝后，清定国大将军和硕豫亲王多铎等上奏一份《擒故明福王朱由崧捷音》。这份捷报中说："言南京既克，福王潜遁太平，遂遣多罗贝勒尼堪、护国统领图赖固山额真阿山、同固山贝子吞齐和托、护军统领阿济格尼堪、阿尔津、敦拜、属护军统领杜尔德、梅勒章京伊尔德、阿哈尼堪、前锋统领努山等,率官兵追之。福王复走芜湖,我兵趋击。福王登舟欲渡江,图赖遂据江口截其去路。伪靖国公黄得功逆战,击败之,敌兵皆堕水,尽夺其舟。得功中流矢死。伪总兵田雄、马得功缚福王及其妃来献,并率十总兵部众降,获金银绸缎宝玉貂皮等物无算。"(《大清世祖章皇帝实录》卷之十七)

弘光皇帝被抓,五月二十五日被清军押送回到南京,他自感无颜见南京城百姓,乘坐在一顶无幔小轿中,用布包着头,拿一把油纸扇遮面。沿途,民众知道这个抛弃全城百姓不顾而逃的皇帝就坐在这顶简陋的轿子里,朝着他大声唾骂,不时有人朝他投掷瓦砾。

多铎在南京城设宴招待朱由崧,毕竟是一国之君,虽然成为阶下囚,但不能缺了礼数。虽然是宴,但不是什么好宴。席中,多铎以胜利者的姿态,对眼前这位南明皇上的妄自称帝、不遣兵剿寇、迫害落难太子、弃京城百姓不顾而逃遁大大数落了一番,看来是做了一番功课。朱由崧听得冷汗直流,连连告罪。

朱由崧迫害落难太子,这其中有一番曲折跌宕的故事。

顺治二年(1645)二月底,弘光皇上得到鸿胪寺少卿高梦箕密报:崇祯皇帝的太子朱慈烺已来到江南。

听到这个消息,弘光皇上感到自己座下的龙椅猛烈晃动了一下。

太子竟然还活着?怎么会来到江南?

北京陷落,崇祯自缢,崇祯三个儿子的下落就存在多种说法。

崇祯三个儿子中,太子最为引人注目,因为他是长子,是继承皇位的第一人选,在政局突然变换时刻尤其注目。

北京被闯王军攻破,太子未能走脱,被太监献给李自成。李自成没有杀他,而且在与吴三桂交战时,还把太子当作人质,各类史书记载也一致。但李自成与吴三桂山海关一战后，关于太子下落不明，各种文献记载不一。

鸿胪寺少卿高梦箕报告太子来到江南的经过是这样的：山海关一战，李自成溃败，太子落入吴三桂之手。吴三桂想拥立太子，就带着太子到永平，并传檄文中外臣民，将奉太子入京即位。但不知什么缘故，他们走到榆河北，太子却逃跑流落民间，被人带到皇姑寺。太监高起潜得知，偷偷将太子带到天津，从海上逃亡南方。八月间逃到淮河边，这时，高起潜得知朝廷下旨杀死太子，于是，他又把太子带到苏州，继而转到杭州。太子何许人，所谓含着金钥匙出生，哪里吃过这样颠沛流离的苦头。这年元宵节他出去观灯，言语不当而被人识别出他的身份。

一些史书典籍有不同记载。

《怀陵流寇始终录》记载了有关太子踪迹的三种不同说法。一是钱塘顾元龄之说："皇太子是时没于乱军，永定二王贼先害之于吴襄宅中。"此说明确崇祯三个儿子全部遇害身亡。第二种说法见于夏允彝《幸存录》记述："吾乡有人目击二王在陕西无恙。"这个说法没有提及太子。第三种说法为昌平抚治何谦在他的疏文中说：闯贼自永平西归，已无二王，唯太子与吴襄同车，三桂鏖战竟日，不知太子所之。这一说法确认太子在李自成同吴三桂大战后去向不明。

另，《流寇志》也有对太子的几种说法。一种说法是李自成派人和吴三桂谈判，吴三桂提出：归还太子和二王，离开北京，我再退兵。李自成派兵到北京将太子送到吴三桂军前。吴三桂同意按兵不动，李自成退兵向西开拨，脱离战区。另一种说法，四月三十日晨，李自成命左光先为先锋、谷大成率万名骑兵断后，挟太子出北京齐化门。还有一种说法，吴三桂传谕，迎接太子入北京继承大统，北京士民闻之欢欣鼓舞。但清廷不许，所以吴三桂连夜送太子到太监高起潜住所，所以才有高起潜带着太子南逃这一节。《流寇志》的几种说法，均记载太子未死。

太子活着，太子来到江南，这个消息对南明皇帝朱由崧来说，犹如晴天霹雳。朝廷大臣对此也各有表现。

马士英得到消息后，表现积极，即刻派太监李继周携带弘光皇帝的亲笔信去接太子。弘光帝无奈，不管怎么说，太子的正宗血统是明摆的，是不以你接受与否都存在的。所以，先把太子接来，掌握在自己手中，比他在外面受人摆布被人利用更为主动。

李继周到杭州，太子却被人带到金华。李继周赶到金华，在观音寺见到太子，认识太子的他觉得眼前这个人确实像太子，就下跪行礼。太子说："我认识你，但忘记了你姓什么。"太子说的有道理，皇宫里那么多太监，身为太子，不能记住每一个太监的姓氏也在情理之中。李继周向太子禀告了自己的姓名，说："奉新皇爷旨，迎接小爷进京。"太子就问："接我进京能让皇位与我吗？"太子毕竟是太子，虽然落难，但对于自己这个天下独一无二的身份还是记得很牢。

对太子的发问，李继周自然无法回答，只是把弘光皇上的亲笔信呈给太子。

李继周把太子带回南京，没有直接进城去见弘光皇上，而是先把太子安顿在城外，派人进城去奏报马士英和皇上。

弘光此时很不情愿接受突如其来的太子。他先派了从北京皇宫逃出来的认识太子的太监去见太子，以辨认真伪。

两太监一见到如此落魄的太子，就抱着他大哭起来，还把自己身上的衣服脱下给太子穿，怕他冷着。

两太监颠颠地回去禀报弘光，已见到太子，满以为弘光皇上会高兴，哪知弘光听了他们的禀报大怒，直斥两太监放肆，叫你们去探个究竟，你们倒先给认上了！他是太子，朕怎么办？岂有此理，来人，拉出去重责！皇上发怒，两太监也可怜，巴巴地去见了一回太子，没有奖赏也罢，竟活活被打死了。还有那个把太子带回南京的李继周，有你什么事？看你跑累了，就不打你了，赏一杯毒酒吧。就这样，三个直接认过太子的太监就被灭口了。

三个太监被灭了口，但太子来到南京的消息还是传出去了，百姓们听说后，争先恐后去兴善寺看太子，文武百官们也纷纷投名帖前去拜见。弘光皇帝得知，心里极为不爽，还有点慌乱，于是再次派心腹太监卢九德前去探个究竟。

太子一见卢九德就喝道：卢九德，你为什么不跪下磕头？卢九德一听这口气，心里发虚，忙跪下叩头。太子说："才几天没看到你就如此发胖，你在这里很享福吧。"卢九德听太子口气不善，忙告辞退出，对大家说："我没服侍过太子，他却认得我，看来是真的。但还拿不准，你们要好生看护，别让他跑了。"

卢九德接受前面三个太监冤死的教训，这次辨认太子，留下不确定的言辞，为自己留下退路。

卢九德回宫的当天晚上，弘光皇帝下旨文武百官不许去见太子，并将太子秘密接入宫中，严加看管。不久，干脆将太子下狱。毕竟，关进牢狱看管比在宫中更为可靠。

但长久看管不是个事，太子朱慈烺在这里总得给大家有个交代。这时，太监杨维垣放出风去，说驸马王昺的侄孙王之明很像太子。有臣子上疏，要求百官会审，确定太子真实身份。

弘光召中允刘正宗和李京濂商量，说出了他的担忧：要是这个太子是真的，那怎么安排我？

刘正宗何等精明，他听出了弘光的意思，他明确地回答：恐怕太子不能来这里，臣会以事实来为难他，让他无话可说。

弘光听得他这样说，心里放心了。

一场百官会审太子的宫廷闹剧开幕了。

大明门，太子盘着腿坐在地下，神态傲然。

一个官员拿出一幅地图要太子辨认。太子一看，说，这是北京皇宫。该官员指向图中承华宫，太子说，这是我的居所。官员又指坤宁宫，太子答，这是我娘娘的住所。

另一个官员问，公主和宫女投奔国舅周奎家被拒的情况。太子回答说，你说错了，同宫女一道敲国舅家门的人是我。

刘正宗问，我是讲官，你认识我吗？接着又问了很多问题，太子只是含笑不答。最后说：你认为我这个太子是假的，就把我当假的好了，我本来就不是来和皇伯抢皇位的。

但大家心里清楚，弘光皇上不愿意他是太子。于是，马士英出一个主意，把原来是太子日讲官的方拱乾从监狱带出来让他当庭指认。

于是，两天后有了第二次庭审。

吏部尚书张捷去提人。张捷一见到方拱乾就说，应该恭喜先生，这次不仅可以免罪，而且还可以提拔，全在你一句话了。

到得庭上，官员们把方拱乾拥到太子面前让他辨认。太子一见方拱乾立即说，这是方先生。

听到太子这么一说，方拱乾心虚，躲到官员们身后再也不敢出声。眼见这次庭审又要黄，大学士王铎打破沉默说：千假万假总是一假，由我一人承担，不必再审了。

于是，都察院在城里遍贴告示"王之明假冒太子"。第三次会审，给太子戴上刑具，并上夹棍之刑。

这样一来，事情就弄得动静大了。弘光皇帝欲盖弥彰，太子没审出真假，朝廷官员倒为此事分成两派闹起来了，最后闹成刀兵相向。两派闹得不可开交还没有结果，清军攻过来，连南明的国都也被攻占，南明国君也被抓。所以，弘光听到多铎的斥责"迫害太子"，更觉羞愧，心里发虚，冷汗直流。其实，多铎也不认为那个是真太子，只是给朱由崧多加一项罪名，而且是明朝百姓们也痛恨的罪名，这又何妨？"本是同根生，相煎何太急"这个典故汉人们都知道，以后杀他就理由更充足了。

之所以多花了点笔墨，记下一点关于崇祯皇帝太子案的一些情况，是因为这些琐事对历史进程虽无太大影响，但对南明的存亡倒有直接影响，借此说明南明弘光皇上的心胸狭窄、利欲熏心和昏庸荒诞，导致在国难未消时，内讧再起，以致南明又亡，自己被俘。

也由此看出，清军面对的明朝也好，南明也罢，腐败之风已进入膏肓，所以他们可以在一统江山的征程中摧枯拉朽，势如破竹。

顺治二年（1645）九月，朱由崧被清军押解到北京，次年被清廷处死。

南明垮台，文武百官们心态表现不同，多选择投降。对这些官员们来说，生存为第一要务，自己博取功名出来为官，光宗耀祖当然重要，但最起码的底线，就是让自家有个温饱。庙堂之高，离自己太远，犯不上为其丢脑袋赔上全家老少性命。这么多官员都降了，有的还降了两次。降吧。

投降事清的南明官员中，钱谦益是一个，而且降出了个性。

钱谦益是明万历三十八年（1610）一甲三名进士，为东林党的领袖之一，官至礼部侍郎，后因官场倾轧而被削职回乡。明亡后，南明弘光政权建立，钱谦益参与建政，为礼部尚书。南明亡，钱降清，任用为礼部侍郎。

崇祯十七年（1644），明亡。史可法、吕大器等商议另立皇上建都南京，钱谦益暗中推举潞王朱常淓，与马士英意见不同。后来福王朱由崧即位，钱谦益害怕获死罪，上书给马士英歌功颂德。于是，马士英推荐钱谦益任南明弘光朝廷礼部尚书。不久，东林党预谋立潞王事被揭发，马士英趁机尽诛东林党诸人，但放过了参与人钱谦益。

清顺治二年（1645）五月，清军兵临南京城下。钱谦益夫人柳如是劝其一起投水殉国。钱谦益犹豫磨蹭，最后下到水池试了一下，说："水太冷，不能下。"就上来了。夫人见自己丈夫这副怂样，很是不屑，于是自己"奋身欲沉池水中",却被钱谦益给托住了。

五月十五日,钱谦益率诸大臣在滂沱大雨中开城门向清军统帅多铎迎降,一起投降的有数百官员和明军二十三万。一位崇祯时期的官员史敦,后来写了一部《恸余杂记》,其中在"钱牧斋"(注:钱谦益号牧斋)一节中记载:"豫王下江南,下令剃头,众皆汹汹。钱牧斋忽曰:'头皮痒甚。'遽起。人犹谓其篦头也,须臾则发辫而入矣。"

这段细节写得很生动,说:豫王多铎南下江南,下令剃头。民众对此议论纷纷。一日,钱谦益忽然说:"头皮好痒。"突然起身出门而去。家人以为他去用篦子篦头发。不一会儿,只见他剪了头发,留着辫子,顶着个清式发型进来了。

顺治三年(1646)正月,清廷任命钱谦益为礼部右侍郎管秘书院事,充修《明史》副总裁。夫人柳如是不愿跟他进北京而留居南京。

半年左右,钱谦益也对自己这副样子事清感到心中有愧,称病返回南京。清廷下令巡抚、巡按对其随时监视并上报。钱谦益不愿在这样的监视下生活,想远离政治旋涡,于是,带着夫人柳如是返常熟老家。

次年,钱谦益突然被清廷逮捕,押送北京关入刑部大狱。柳如是抱病随行,上书为丈夫陈情,愿代丈夫死或跟随其一起死。

到顺治五年(1648)四月,钱谦益又因黄毓祺案被牵连,囚禁在南京监狱。又是这位夫人柳如是全力奔走呼号,找人陈情,斡旋营救,钱谦益才得以免祸。钱谦益出狱,对此感慨万千:"恸哭临江无孝子,从行赴难有贤妻。"

钱谦益虽然出狱,但仍不自由,被管制、寄住在苏州拙政园。

顺治六年(1649),钱谦益从苏州返回常熟,暗中与西南和东南海上反清复明势力联络,开始投身反清事业。顺治七年(1650),他不顾自己年迈体弱,多次赴金华策反总兵马进宝反清。

此后,钱谦益全力投入到密谋策划、资助反清复明势力的起事、北伐工作中，直到清康熙三年（1664）五月年迈（八十三岁）去世。

钱谦益至死，可有对夫人的巾帼不让须眉骨气的敬重，和自己在大节上的软弱反复感到悔恨？

钱谦益在时局动荡时的行为方式，折射出他的心路历程，具有一定代表性。身处改朝换代，降与不降、合作还是反抗？不同的人出于自身学识、胆识、利益等多方权衡，做出了不同选择。对新政权的拥戴、敌意、怀疑、犹豫、合作、反抗，钱谦益都有实际表现。在拥戴表象后面的怀疑和敌意，在合作表象后面的犹豫和反抗，这样的矛盾心理，也是不少明朝亡臣内心的苦苦挣扎，尤其在明清改朝换代的前期，比较普遍。

但不管怎么说，清廷在征服明朝统治管辖的各地时，官员和百姓们不情愿地接受了。一如李自成进京后，排队午门外听候任用的各级官员多达四千余人一样。

乾隆四十一年（1776），清政府将降清的原明朝官员编入《贰臣传》。其中，投降后一直忠于清朝的、为清朝立功的人，编入甲编，共五十几人；在清朝为官但心怀怨恨的、对朝廷毫无用处之人，编入乙编，共七十余人。甲编有洪承畴、孔有德、尚可喜、祖大寿、耿仲明、吴六奇等人。钱谦益进入乙编，据说是乾隆皇帝钦点的。这也说明，清廷在初期对大量投降的明朝官员采取拿来主义，日后在实际工作中加以一一甄别。据史料记载，仅顺治元年（1644）七月一个月，已降清得到任用的吏部左侍郎沈惟炳就向清廷推荐三十六人、户部左侍郎王鳌永推荐三十九人、兵部左侍郎刘余祐推荐了九人，并列出他们原来在明朝的官职，这些人都被录用。但录用只是权宜之计，清廷对这些人也是存在戒心的，哪些是真心投降，哪些是假意投降，通过一段时间的任用考察明辨真伪，分别进入另册。

《贰臣传》附录于《清史列传》卷七十八、七十九两卷中，其中较为著名的有：

洪承畴是明朝有名的将领，屡建奇功，崇祯年间出任蓟辽总督。松锦之战后投降清朝，向顺治皇帝提出"以抚为主，以剿为辅"的策略，帮助清朝平定江南，建议满人"习汉文，晓汉语"，为清朝立下汗马功劳。

吴三桂的舅舅祖大寿，为明朝驻守宁远大将，获得宁远大捷。松锦之战后投降清朝。

还有那位害死上级黄得功、帮助清军抓获弘光皇上的马得功。

钱谦益被编入"没有什么用"的贰臣乙编另册，他大概是没有想到的。否则，他定会从地底下爬出来和乾隆皇帝争辩一番。

但不管是对清廷有功还是无用，在清朝统治者眼中统统是被看不起的"贰臣"！

不知这些降清的明朝、南明官员知道自己以"贰臣"的身份进入历史典籍，心里是何滋味？

但令人感到意外的是，曾经带着清军进入山海关立下大功的明朝大将吴三桂，《贰臣传》中并没有见到他的名字。是因为乾隆皇帝认为他为清朝入主中原立下第一大功，不算"贰臣"吗？

当然不是。以乾隆皇帝的雄才大略，怎么会把在康熙十二年（1622）挑起"三藩之乱"，又在湖南衡阳称帝的吴三桂忘记呢？事实上，乾隆皇帝一直把他记在心里，准备了另外一个安放这位藩王的地方。"至于叛逆诸臣，如吴三桂等，也应明正罪状，另立一门，以昭斧钺之严。"于是，在编完《贰臣传》七年之后的乾隆四十八年（1783），乾隆皇帝又下诏编写了一本《逆臣传》，有幸被这本书中收录的人物，第一个就是吴三桂。

《逆臣传》中收录了四十一个人物，都是像吴三桂、耿精忠这样一类的"降而复叛"者。在乾隆皇帝眼中，投降一次的"贰臣"已经很没有骨气了，"降而复叛"的人那更是大逆不道了。

不知吴三桂地下有知会做何感想？

他应该有心理准备，因为从他第一次引清反明，他就清楚自己走上了一条背叛国家、民族的不归路。既然已经反了一次，再反一次又何妨？

尽管清廷在骨子里对这些"贰臣""逆臣"也表示不屑，但在清初还是任用了不少这样的明朝旧臣，这样才得以借用大批明朝干部，稳定当初的局面，保证了统治机构的运转。

"非我族类，其心必异"——清朝统治者对这句汉语的含义，多少还是理解的。

不管怎么样，清廷在对明朝、大顺和南明的博弈征战中，取得了最后的胜利，以入关时的区区十四万兵力，从没有完整吞并计划，到一步步由北向南推进，终将大明王朝的版图全部收入清朝囊中，完成了清朝的崛起之战。

中国历史上崛起了一个新兴的封建王朝。

也是中国历史上最后一个封建王朝。

四、清初顶梁柱多尔衮

◎ [崇德八年（1643）八月] 诸王贝勒公议，以和硕郑亲王济尔哈朗、和硕睿亲王多尔衮辅理国政，誓告天地。词曰：今公议以济尔哈朗、多尔衮辅理国政，我等如有应得罪过不自承受，及从公审断又不折服者，天地谴之，令短折而死。（《大清世祖章皇帝实录》卷之一）

◎ [崇德八年（1643）八月] 和硕郑亲王、和硕睿亲王誓告天地。词曰：兹以皇上幼冲，众议以济尔哈朗、多尔衮辅政，我等如不秉公辅理、妄自尊大、漠视兄弟、不从众议，每事行私、以恩仇为轻重，天地谴之，令短折而死。（《大清世祖章皇帝实录》卷之一）

◎ [顺治七年（1650）十二月] 戊子。摄政睿亲王多尔衮薨于喀喇城。年三十九。（《大清世祖章皇帝实录》卷之五十一）

从史料记载看，多尔衮以和硕睿亲王身份辅政开始，到他意外去世，前后不过七年多时间。以他的壮年、睿智，在他一生最为辉煌、大有作为的时段离世，于他和大清，都是十分可惜的。

多尔衮命运的前半段并不很显耀，甚至有些不顺。

他是清太祖努尔哈赤的第十四子，是他母亲阿巴亥的第二子，明万历四十年（1612）出生于赫图阿拉（今辽宁省新宾县老城）。

他的人生简历不太复杂。

天命十一年（1626）多尔衮被封贝勒。

天聪二年（1628），多尔衮随皇太极出征，征讨蒙古察哈尔部。因为军功被赐号"墨尔根戴青"，成为正白旗旗主。

天聪九年（1635），多尔衮等率军前往收降蒙古林丹汗之子额哲并获得传国玉玺。

崇德元年（1636）因战功封和硕睿亲王。

崇德六年（1641）至七年（1642），在对明朝的松锦大战中立下卓越战功。

皇太极死后，崇德八年（1643），多尔衮和济尔哈朗以辅政王身份辅佐皇太极第九子福临即帝位，称摄政王。

顺治元年（1644），多尔衮统率清军入关，清朝正式入主中原。先后被封叔父摄政王、皇叔父摄政王、皇父摄政王。

顺治七年（1650）十一月，多尔衮前往古北口外狩猎，行猎时意外坠马跌伤。十二月初九因伤重不治，死于喀喇城。死后被追封为"清成宗"，谥懋德修远广业定功安民立政诚敬义皇帝。

他青年时代像父辈一样开始马背上的征战，屡立战功。

当然，多尔衮青年时代开始崭露头角，和他的父亲从少儿时期的刻意培养分不开。

天命五年（1620）九月，努尔哈赤宣布废黜大贝勒代善的太子名位，而立阿敏、莽古尔泰、皇太极、德格类、岳讬、济尔哈朗、阿济格、多铎、多尔衮为和硕额真,共议国政。"和硕",满语,为一方之意;"额真"为官职。"和硕额真"直译为一方的管辖者。也就是说,从这时起,多尔衮就以八岁儿童年龄跻身于参与国政的和硕额真行列。多尔衮此时还不是旗主贝勒,而仅与其弟多铎各领十五牛录。他毕竟还是一个未成年的孩子,政治地位不如阿济格,甚至不如多铎。

天命十一年(1626),努尔哈赤病逝。努尔哈赤去世不久之后,他最宠爱的大福晋、多尔衮的母亲阿巴亥被四大贝勒逼迫为其夫殉葬。按当时的习俗,殉葬的仪式已经准备好了:殉葬者盛装端坐于炕上,众人对之下拜,然后殉葬者自缢而死。这是多么残忍的一幕场景,一个活生生的亲人,竟要在众亲友面前盛装自缢而死!若殉葬者不肯,则群起而扼之,至死为止。在残酷而强大的礼法面前,弱女子阿巴亥毫无抗拒之力,只能屈从,她换上早已为其准备的礼服,戴满珠宝饰物,坐等死神降临。

努尔哈赤死后,他的第八个儿子皇太极即位。皇太极的母亲孟古大妃已去世多年。多尔衮的母亲阿巴亥,她当时的身份为大妃,育有三个儿子(大儿子阿济格为努尔哈赤第十二子,当时二十二岁已经成年,二儿子多尔衮为努尔哈赤第十四子,时十五岁,三儿子多铎为努尔哈赤第十五子,时十三岁),不管怎么说,也不应该殉葬。但如果她不死,就要成为皇太后,而且她与自己的三个儿子就会形成一股强大的政治势力,会威胁到皇太极的地位。所以,皇太极要想在当时权力继承局面混乱、竞争激烈的情况下稳固自己的势力,就必须除掉阿巴亥,这也是大妃最终殉葬的根本原因。所以,阿巴亥的殉葬,完全是当时后金内部政治冲突的结果。

《清太祖武皇帝实录》较为详细地记述了阿巴亥被逼殉死的情景:

  帝后原系夜黑国主杨机奴贝勒女,崩后复立兀喇国满泰贝勒女为后,饶丰姿,然心怀嫉妒,每致帝不悦,虽有机变,终为帝之明所制。留之恐后为国乱，预遗言于诸王曰："俟吾终，必令殉之"。诸王以帝遗言告后，后支吾不从。诸王曰："先帝有命，虽欲不从不可得也。"后遂服礼衣，尽以珠宝饰之，哀谓诸王曰："吾自十二岁事先帝，丰衣美食，已二十六年，吾不忍离，故相从于地下。吾二幼子多尔衮、多铎，当恩养之。"诸王泣而对曰："二幼弟吾等若不恩养，是忘父也，岂有不恩养之理！"于是，后于十二日辛亥辰时自尽，寿三十七，乃与帝同柩。（《清太祖武皇帝实录》卷之四）

这一年，虚岁十五的多尔衮，对母亲被迫为父亲殉葬，应该在心里烙下了难以磨灭的印记，第一次感受到政坛的无情。

顺治七年（1650）八月，重权在身的多尔衮追封生母阿巴亥为"孝烈恭敏献哲仁和赞天俪圣武皇后"，一并将牌位放置在太庙之中，算是为冤死的母亲昭雪。然而，仅仅四个月过后，多尔衮去世。再过两个月，顺治皇帝下旨废除多尔衮连同其母阿巴亥封号，其神牌也从太庙撤出。

多尔衮八岁参与国政，十五岁历经母亲殉葬，这样常人所未有的经历，是否为他今后摄政积累了经验，并磨炼出坚毅得近乎残酷的性格？

多尔衮一生的辉煌，从他领衔出征中原开始。

顺治元年（1644）四月，清顺治皇帝在笃恭殿举行隆重仪式，"特命摄政和硕睿亲王多尔衮代统大军，往定中原"，"特授奉命大将军印，一切赏罚，俱便宜行事"。从谕告用词之殷切可以看出，顺治皇帝（其实主要是清廷高层的意思，才六岁的顺治皇帝对如此重大的国事，是不具备决断能力的）对多尔衮出征的倚重和希望。

此时出征，以清朝当时的国力和兵力，与大明、大顺两国抗衡，实属下风，并无胜算。清朝举国才二十万军队，多尔衮带了十四万；而大明、大顺的军力都是百万级数量的。

多尔衮领衔，带着哥哥多罗武英郡王阿济格、弟弟多罗豫郡王多铎，以及一帮王公、将军出征了。打虎亲兄弟，上阵父子兵。打仗还是兄弟靠得住。

虽然，多尔衮上面还有个皇帝顺治，但此时的顺治皇帝只是个六岁的孩子，抛去他的皇上身份，他还处在刚进学堂发蒙、进行智力开发的初级阶段，忙于和同龄孩子房前屋后躲猫猫、田头树林打野战的年龄段，对国家战略、朝廷政务、军机大事，只能是如天外信息般听着，并无决断能力，胸中更无什么雄韬伟略。所以，谕告只能以他的名义授权多尔衮"一切赏罚，俱便宜行事"。

历史给了多尔衮一个大舞台，他没有辜负历史，没有浪费舞台。他的才智，开始在这方历史舞台上大放异彩。

多尔衮率军进京，已是顺治元年（1644）五月。进城时，他和清军受到明朝旧臣出城五里外的隆重迎接，城内百姓焚香跪迎路左。在大家的诚恳劝说下，多尔衮下马，坐上了专门为他准备的皇上乘坐的专车——御辇进城，享受了一回皇上的礼遇。他没有头脑发昏，知道这种礼遇是给胜利者的。这些出迎五里的官员、焚香跪迎的百姓，迎的只是征服他们的实力。这才刚刚一只脚跨进北京城内，今后怎么走，路还长呢。

多尔衮从马上征战夺得胜利，但治理一个大国不能全靠武力。他下马换车，以这样"止戈"的外部形象，宣示了他的治国基本理念。

这个"下马"的动作很文雅，很潇洒。

多尔衮未必知道老子《道德经》中的"治大国如烹小鲜"这句经典名言，但他清楚，从马背上征战得来的江山，现在需要的是纸面上有条不紊的管理。暂时把战马盔甲收起来吧，在庙堂上施展统揽全局运筹帷幄的智慧韬略。

多尔衮当即下令：诸将士乘城，厮养人等概不许入。百姓安堵，秋毫无犯。这道命令说得清楚、严厉：众将士守城，一概不得擅自进城；

城里百姓们和原来一样生活，相安无事；对百姓们做到秋毫无犯。

这一份命令相当于安民告示，规定了清军将士们的纪律：不得扰民，给百姓们一颗定心丸，让其安心过日子。

所以，当时多尔衮法令一出，清军全都驻扎在北京城墙上。住在附近的居民看着清军将士遵守军纪不扰民，住在城上难以生火做饭，便有送酒食慰劳者。但因为统帅有令在先，将士们都不敢接受。这段时期，清军将士吃的食物都是干粮，因为存放的时间久了，干粮呈黑色，而且又碎又干，吃的时候需和着少量水吞咽下肚。

大局甫定，国家治理，纵观历朝历代，无非"察吏""养民""活市"，用现在话说，就是用官员、安民心、活市场。这几件事相互关联又多有矛盾，处理得好，国顺民安；处理不好，则矛盾重重，严重影响国运。大明朝和大顺朝的覆亡，主要都是在这几件大事上栽了跟头，以致政息人亡。多尔衮率大军进京，目睹这两朝兴亡更替的惨状，更是感触良多。所以，他率军进京后，虽大权在握，但谨慎行事。

先看用官员。

要长期占有、管理一个地方，重要的是要按新规管理这个地方。管理需要官员，清军入关作战，并未做好管理国家机构和地方机构的官员准备，而要管理好北京这样的都城和将要陆续接手的各府州县，需要大批官员，怎么办？只有先借助前朝旧臣了。

五月初三，即清军进入北京城的第二天，多尔衮谕告兵部：各处城堡遣人持檄招抚。檄文到日，薙发归顺者，地方官各升一级，军民免徙。

同时又谕告故明内外官民人等：各衙门官员俱照旧录用，可速将职名开报。如虚饰假冒者罪之。其避贼回籍、隐居山林亦俱以闻。仍以原官录用兵丁，愿从军或愿归农者，许管官送至兵部。

文告一出，原明官员积极响应，沈惟炳、王鳌永、金之俊等十余人

279

到清廷报名。多尔衮闻之，亲自接见这些旧朝官员，并用汉语与之交谈。他说，你们都不用害怕，我不杀一人，令各官照旧供职。

对归顺的前明大学士、降将，还予以奖赏，或赠予财物。如，五月初五，故明总兵高第率所部将领自山海关，副将高中选自蓟镇，都司文盛、陈尚礼，推官袁宗震自遵化，俱诣摄政和硕睿亲王军前降。赐高第蟒衣，余各赐衣币有差。同日，赐总兵官唐钰蟒衣，副将赵国祚、尤可望缎衣各一。五月十四日，摄政和硕睿亲王以书征故明大学士冯铨，王赐以所服衣帽并鞍马银币。赐投诚总兵官孔希贵蟒衣一袭，副将唐铨等十四人各缎二匹。(《大清世祖章皇帝实录》卷之五)

先例即开，起到了示范效应，不少前明官员陆续向清廷报名，清廷都以原职予以安排。如，原明山东布政使司参议兼按察使司佥事霸州道刘芳久、布政使司参议天津道孙肇兴、按察使司佥事通州道郑辉、按察使司副使怀隆道魏知微、山西按察使司佥事昌平道孟良允、按察使司佥事易州道黄图安和原太子太保、左都督骆养性，投诚总兵高第等，都以原明官职予以安排。

同一个月，多尔衮又谕告兵部：

> 我国建都燕京，天下军民之罹难者如在水火之中。可即传檄救之。其各府州县，但驰文招抚，文到之日即行归顺者，城内官员各升一级，军民各仍其业，永无迁徙之劳。……今特遣官传谕，凡各府州县军卫衙门，来归顺者，其牧民之长；统军之帅，汇造户口兵丁钱粮数目亲来朝见。若逆命不至，当兴师问罪而诛之。其朱氏诸王，有来归者，亦当照旧恩养，不加改削。山泽遗贤，许所在官司，从实报名，当遣人征聘，委以重任。(《大清世祖章皇帝实录》卷之五)

在进京后的一个月内,多尔衮连发几个谕告,要求下文征用前明官员,且政策一步步放宽,一开始还要求归顺者剃发,但后来则不提剃发一事。范围也逐渐扩大,开始只是在北京城内,后来急发文各府州县,并传达到县以下,提出了归顺的具体条件。后面那份谕告,还对前明诸王的归顺做了较有人性化的政策规定;对民间隐居的乡贤,也提出派人征聘并委以重任。

多尔衮发布的几番谕告,以及陆续安排前明官员的举动,在朝野产生了积极的效果。先得到任命的前明官员又踊跃推荐一批旧臣,如滚雪球一般,旧臣入清廷任职的越来越多。据记载,仅顺治元年(1644)七月一个月内,就有已得到任命的吏部左侍郎沈惟炳推荐了三十六人、兵部左侍郎刘余祐推荐了九人、户部左侍郎王鳌永推荐了三十九人。多尔衮见到举荐奏报,表示全部录用。

多尔衮最初的这些文告和实际做法,都在进一步稳定政局,笼络人心,消减明朝官员百姓对清军进入北京、入主中原、抢占汉人地盘、奴役汉族文化的反感,逐渐稳固政权。这些良苦用心,体现出多尔衮在政权更替的非常时期抓住关键问题驾驭局面、顺势而为的能力。

在多尔衮早期启用的人中,有两个人物值得一提。

一是吴三桂。

吴三桂降清后,带领清军进入山海关,合兵打败李自成闯王军,对清军入京建有奇功。但多尔衮并没有让他进京,而是立即派他跟着清军将领去追击闯王军。这个用意显示出多尔衮战略家的深谋远虑:进一步利用吴三桂对李自成怀有国仇家恨的复仇心态和军力,剿灭李自成军;考察吴三桂是否真心降清;不让吴三桂在京联络前明遗老遗少生发"复明"妄想,干扰清廷一统中原。吴三桂对待李自成的立场是不共戴天,这一点在他追击李自成军时显露无遗,他数次大败李自成军,将其打得溃不成军。李自成最后败走九宫山,并死于此地。可以说,吴三桂竭力帮助清军在统一路途上扫除了一个劲敌。

所以，多尔衮的用人策略，是对吴三桂这样"胸怀大志"的明朝降将，善用之，但防之。

另一个是外国人，叫汤若望。

汤若望（1592—1666），德国科隆人，天主教耶稣会传教士。史料记载他于明万历四十八年（1620）到达澳门，后一直在中国生活了四十七年，历经明、清两朝，是继意大利人利玛窦之后，较有影响的来华耶稣会士之一。他在华的两项主要贡献：一是修历。崇祯七年（1634），汤若望协助徐光启完成了卷帙浩繁的《崇祯历书》，共计四十六种一百三十七卷。《崇祯历书》的编撰完成，标志着中国天文学从此汇入世界天文学发展的潮流。另一项贡献是铸炮。汤若望受崇祯皇帝之命，成功造出大炮，并完成了《火攻挈要》一书。尽管火炮并未能挽救明朝覆灭的命运，但毕竟将中国的冷兵器时代向前推进了一大步。

多尔衮入京后不久，汤若望向他提出了修正历法的建议，多尔衮欣然支持，并多次谕示相关部门予以配合。第一次是六月二十六日，汤若望启言：臣于明崇祯二年来京，采用西洋新法，厘正旧历。制有测量日月星晷，定时考验诸器，尽进内廷。用以推测，屡屡密合。近闻诸器尽遭贼毁，臣拟另制进呈。今先将本年八月初一日日食，照西洋新法推步，京城所见日食限分秒，并起复方位图象与各省所见日食多寡、先后不同。诸数开列呈览，乞敕该部届期公同测验。对这位资深西洋人的建议，多尔衮谕示：旧历岁久，差讹；西洋新法屡屡密合。知道了此本内日食分秒时刻起复方位，并直省见食有多寡先后不同，见推算详审。俟先期二日来说，以便遣官公同测验。其窥测诸器，速造进览。七月初二、七月初九、七月十九，多尔衮对礼部和汤若望关于修订历法事分别谕示，要求支持并加快进度。八月初一这天预报有日食，多尔衮"令大学士冯铨同汤若望携窥远镜等仪器，率局监官生，齐赴观象台测验。其初亏食，甚复圆，时刻分秒及方位等项，惟西洋新法一一吻合"。

多尔衮之前未能接受过现代科技教育，也没有史料记载多尔衮是否认为汤若望生就的蓝色瞳仁能看到天上之事，但从他对待这位西洋人的态度来看，他一是尊重贤才，再是尊重科学技术，三是对是否为真正的贤才、是否为真正的科学技术，通过实践来检验。多尔衮用人信任但不盲从，尊重科学但又态度慎重，表现出他的睿智和胸怀。

多尔衮代表清政府下达的这些谕示、文告，传递出求贤若渴的信息，对稳定局面、安抚人心起到重要作用，但也由此带来了另一个问题，就是对大量明朝旧臣的推荐使用存在鱼龙混杂的情况。

多尔衮不是糊涂人，他发现了这个问题，很快提出用人的原则：用贤人，不用那些行贿买官的不贤者。他在顺治元年（1644）五月对全体官员百姓的谕告中说：大明之所以亡国，都是由朝廷内外、部院的官吏贿赂成为一种公开行为发展而来，以至于功过不分、是非不明造成的。所用的官员有钱财的品行不端也能录用，而有才能但无钱财的人则得不到使用，所以有才能的人就会抱恨隐居沉沦，而那些无才无德之人就有很多机会进入朝廷为官。有才能的人得不到使用，国家大事怎么能管理好？那些无才无德的人靠行贿得到官职，他们又怎么会一心一意为国家办事？甚至还有无功者靠行贿来冒领功劳，而真正有功劳的人因为不去行贿导致功劳被抹杀，乱政坏国，就从这样的事开始的，罪过也莫大于这样的事。从现在开始，内官外官，如果改正从前那种贪婪的心思，尽忠效力新政，那么俸禄会很丰厚，而且可以永享富贵；但如果仍然不改，行贿营私，国法都在这里，那必定不轻饶，斩首示众！

造成贤者不举而不贤者进入的主要原因呢？多尔衮通过一段时间从上报人员名单中细察，发现是举荐者的私心作祟。于是，他在同年七月谕告官民人等，阐明必须举荐贤才的原则。谕告说：

……近见朝廷所举，类多明季旧吏及革职废员，未有肥遁山林、隐迹逃名之士。岂谓前朝官吏，无补于清时。废员沉沦，鲜资于经济，但其中有贤有不肖，惟在举荐之人公与不公耳。举主公，则所荐必贤，社稷苍生并受其福；举主不公，则结连党与，引进亲朋，或受私贿或受嘱托，混淆名实，标榜虚声。误国妨贤，莫此为甚。自今以后，须严责举主，所举得人，必优加进贤之赏；所举舛谬，必严行连坐之罚。至于荐举本章，止许开具乡贯履历，其才品所宜，应听朝廷定夺，不许指定某官、坐名何地。无论贵贱远近、隐显升沉，果有灼见真知，悉许荐举。倘以赀郎杂流、市佣村叟及革黜青衿、投闲武弁妄充隐逸，以致流品不分，选法壅滞。如前朝保举故事咎有所归；若畏避连坐因而缄默不举者，亦必治以蔽贤之罪。(《**大清世祖章皇帝实录**》卷之七)

同时又谕都察院六科十三道说：

……近观尔等未尝明举一清廉持正之贤，未尝明劾一受贿贪赃之辈，然则朝廷设立风宪衙门亦复何益？自今以后，凡六部卿寺堂属大小官员，尔等宜从公举劾，直言无讳，贤者即实称其贤，内勿避亲，外勿避仇。不肖者，即实指其不肖，勿徇私情，勿畏权势。诗不云乎"柔亦不茹，刚亦不吐"？果能如此，则升赏有加，垂名不朽。傥党同伐异，诬陷私仇，门户相持，援引朋类，必置重法。(《**大清世祖章皇帝实录**》卷之七)

从这两份谕示中可以看出多尔衮对人才的举荐使用观念，有了明显变化。这种变化，可以认为是多尔衮认识上的一种升华。

刚进京时，为了尽快稳定人心，朝廷机构尽快运转，对人才的举荐使用有点饥不择食，捡到篮子里的都是菜。经过两个来月的实践，察觉这样对录用官员不经甄别检验拿来就用的效果不好，多有如谕示中所列举的"类多明季旧吏及革职废员"和"赀郎杂流、市佣村叟及革黜青衿、投闲武弁"之辈，而且，朝廷有关部门对此听之任之，"未尝明举一清廉持正之贤，未尝明劾一受贿贪赃之辈"，这样下去，将"误国妨贤"。作为清政府实际最高领导，多尔衮当然不能容忍这种情况在政府机构中继续下去，他提出了新的举贤原则和措施，他在这两份谕示中一针见血地指出，能不能录用到真正的贤才，其关键"惟在举荐之人公于不公耳"。所以，他明示"尔等宜从公举劾，直言无讳，贤者即实称其贤，内勿避亲，外勿避仇。不肖者，即实指其不肖，勿徇私情，勿畏权势"。

最为关键的，是多尔衮看到了问题所在，他提出了解决问题的厉害一招，这一招应该叫作"官员推荐人负责制"，就是推荐人要对被推荐的官员负责："所举得人，必优加进贤之赏；所举舛谬，必严行连坐之罪。"被推荐的官员经使用确实有才有德，奖赏推荐人；而被推荐的官员无才无德，被推荐的官员和推荐该官员都要追责问罪！

这一招就厉害了！这个"官员推荐人负责制"明白无误地告诉大家，一个人无才无德，就不要进朝廷为官，其他人也不要推荐一些无才无德之人到朝廷来混饭吃，或趁机结党营私，否则，一并拿下问罪！有"官员推荐人负责制"在此，谁再敢胡乱推荐官员，先摸一摸自己的脑袋是否长得牢固吧。

多尔衮提出的这个"官员推荐人负责制"，对封建社会的官员任用制度，增加了重要一项内容，以确保能将德才兼备的人才选入朝廷为官。

这是多尔衮的一个创举。

再看安民心。

一个地方要尽快从战乱进入安定，首先要安定人心。那么，对于战败亡国的大明官员百姓，他们最需要并且能够感受到安抚的是什么？多尔衮最初的这几招，应该抓到了大众心理的柔软之处。

五月初二，多尔衮率清军一进北京城，就下了三道命令：不准扰民，安定百姓；为已故的帝、后发丧，议谥号；遣将偕吴三桂追击李自成。

这几招的确抓到了民众的软处。你看，前朝大明的扰民就不说了，大顺军进京这一个多月，拷掠、抢夺、奸杀，百姓们无不胆战心惊，店也不敢开门，到后来连门也不敢出了，这怎么过日子？现在清军进来，下令军队都住城墙上，士兵不得随意进城，这下大家放心了；还要给已故的皇上皇后发丧，赠谥号；派兵去追击那些祸害京城人不浅的李自成闯王军，这清廷不是敌人哪！

多尔衮进京的第一招，安抚了百姓，让民众看清了大清和大顺"谁是敌人谁是朋友"，不愧是"睿亲王"！

五月初五，即清军入京的第四天，多尔衮得知三河县民众骚乱，他谕令县官加意防范，并晓谕乱民说：过去流寇猖獗肆虐百姓，我朝兴仁义之师，大张挞伐，救斯民出水火，所在安居。现在三河县无知奸民乘机谋害邑令，法应剪除，但姑念你们现在都属我大清国民，不能加兵，所以先告示你们，尽快痛改前非，遵制剃发，各安生业。假如仍然不改，定行剿灭。这份谕告不同于大明和大顺军队，没有将作乱的民众当作"贼寇""匪"，而是将这些民众视同大清国民对待，晓之以理，告诉民众"各安生业"，先礼后兵。

五月二十二日，谕示按明朝礼仪安葬崇祯帝、后及妃袁氏两公主，并天启后张氏、万历妃刘氏，仍然按照明制建造墓陵。

安葬死者是为了安抚生者。为崇祯皇帝及皇后等，按国礼举行安葬仪式，既是对大明遗民的一个莫大心理安抚，也同样显示出多尔衮一个政治家的胸怀和韬略。

接手一个大国并要从战乱中走向正常,首先要尽快恢复正常生产生活秩序。多尔衮进京当天发布的谕告,第一条就是安民。怎么安民,多尔衮其后陆续发布谕告,安民措施步步跟上。

六月初十,多尔衮发布谕告:"京城内官民房屋被圈者,皆免三年赋税。其中有与被圈房屋之人同居者,亦免一年。大兵经过之处,田地被伤者,免今年田赋之半。河北各府州县免三分之一。"对那些在战争中被破坏的房屋、土地庄稼,政府予以补偿,谕告内容显示出负责任的政府形象。

六月十七日,多尔衮谕示礼部说:"古来定天下者,必以网罗贤才为要图,以泽及穷民为首务……而京城内流贼蹂躏之后,必有鳏寡孤独谋生无计,及乞丐街市者。著一一察出,给与钱粮恩养。"这份谕示中,多尔衮阐明了其治国的民本思想:"以泽及穷民为首务。"在当时,这一指导思想不仅作为清初的治国基本方略,同时给大乱初定的民众吃了一颗定心丸。对"鳏寡孤独谋生无计及乞丐街市者"给予钱粮恩养,避免因缺衣断食而死,这也是政府应尽的职责。

次日,即六月十八日,多尔衮向京城内外军民的谕告中再次阐明:"我朝剿寇定乱,建都燕京,深念民为邦本。"

"深念民为邦本。"从安民到民为邦本,"民本"思想确立,多尔衮的治国理念向前迈进了一大步。在这个思想指导下,涉及民生的政策性大事,多尔衮一一做出决断。

六月二十九日,多尔衮得到报告,召回逃海难民一万七千余名。多尔衮及时谕示:召回难民,着地方官妥善安置抚慰任用,不要让他们流离失所。

既回之,则安之。可以想见,这些因战乱和政局动荡不得已漂流海上的大批回归难民,能得到如此温暖的照顾,心中感激之情是如何翻腾的。

七月初一,兵部右侍郎金之俊向多尔衮禀报:对于土寇率众归顺者,应当赦免其罪；对抓获土寇头目的人，应分别论功。就安抚这一大批人，州县官安排到地方基层组织，让他们安心从事过去的工作。无恒产者，设法安插。请颁谕各镇道府，以便遵行。多尔衮得到禀报后谕示：土寇本皆吾民，那些头目能率众来归，自当赦罪；同党能缚献贼首，自当论功。需要安抚的人，一定要将马匹兵器全部交给官府，见到归顺的真心才能得到安抚。牛驴乃农事必需的工具，不要没收影响他们的劳作。

顺治元年（1644）七月十四日，户科给事中郝杰条陈四事：一劝农桑以植根本，一抚逃亡以实户口，一禁耗赎以除苛政，一严奢侈以正风俗。摄政和硕睿亲王多尔衮认为这个条陈有益于新政，令该部院即饬行。

同月，"顺天巡按柳寅东陈民间疾苦二事：一，驿递累民近畿为最。法莫善于按地派银召募给养，莫不善于按地派差贫富俱困。请速议征银召募，俾小民得以息肩。一，解京钱粮头绪纷杂，扰累滋多。有一县正额三千余两，而起解分四十余项者，有一项钱粮止一两六七钱，而解费至二三十两者。请总计各款分四季解府，汇解户部。俾免赔累下。户兵二部酌议"。（《大清世祖章皇帝实录》卷之六）

这位顺天巡按柳寅东的条陈是直接采集于民间的接地气的信息，尤其是第二条有点意思。说，有一个县应上缴银两三千余，但解送上缴的项目经拆分细化就多达四十多项。这样一经拆分后，每一项上缴数额就加码。有一项正额钱粮上缴数只需一两六七钱，而一经拆分，解送上缴的费用就暴增至二三十两银了，增加近二十倍！这些增加的巨额钱粮自然加重了百姓的负担。这不是个小问题。

不同渠道的类似信息汇聚到最高统帅多尔衮处，多尔衮发话了。

顺治元年（1644）七月十七日，摄政和硕睿亲王多尔衮谕官吏军民人等，首先阐明了他的为政之道。他认为："尝闻德惟善政，政在养民。养民之道，必省刑罚薄税敛，然后风俗淳而民生。"接下来，他对前朝的横征暴敛政策伤害百姓进行痛斥，并提出了原则性意见：

至于前朝弊政厉民最甚者，莫如加派辽饷，以致民穷盗起，而复加剿饷，再为各边抽练而复加练饷。惟此三饷，数倍正供，苦累小民。剥脂刮髓，远者二十余年，近者十余年，天下嗷嗷，朝不及夕。更有召买粮科，名为当官平市，实则计亩加征。初议准作正粮，既而不与销算。有时米价腾贵，每石四五两不等，部议止给五分之一，高下予夺，惟贿是凭。而交纳衙门又有奸人包揽，猾胥抑勒，明是三饷，之外重增一倍，催科巧取殃民，尤为秕政。兹哀尔百姓困穷，凤害未除，痌瘝切体。徼天之灵，为尔下民请命。自顺治元年为始，凡正额之外，一切加派，如辽饷、剿饷、练饷及召买米豆，尽行蠲免。各该抚按，即行所属各道府州县军卫衙门，大张榜示，晓谕通知。如有官吏朦胧混征暗派者，察实纠参，必杀无赦。倘纵容不举，即与同坐。各巡按御史，作速叱驭登途，亲自问民疾苦。凡境内贪官污吏加耗受贿等事，朝闻夕奏，毋得少稽。若从前委理刑官查盘，委府州县访恶，纯是科索纸赎，搜取赃罚，名为除害，实属害民。今一切严行禁绝。州县仓库钱粮，止许道府时时亲核；衙蠹豪恶，止许于告发时从重治罪。总不容假公济私，朘民肥己，有负朝廷惠养元元至意。（《大清世祖章皇帝实录》卷之六）

"养民之道，必省刑罚薄税敛"，这个治国理念的框架确立，多尔衮首先把前朝那些包括"三饷"在内的一切加派，全部免除！注意，是"全部免除"，而不是像崇祯那样，将"三饷合一"，就糊涂地认为是减免了民众负担。从这一项来看，就能看出谁是真心维护农民利益。多尔衮谕示中提出对各级官员"加耗受贿等事"严厉查处，给民众大幅减负，并为百姓发展生产提供国家政策层面的积极保障。这一系列重要举措，对清政府巩固政权，稳定社会，实现百姓安居乐业、维护国家长治久安起到了重要奠基作用，功莫大焉。

清朝自顺治元年（1644）四月大举进军明朝，并未做占领明朝首都，问鼎中原，夺取明朝全部领域，建大清万世基业的宏大打算。但随着战局、时局急剧变化，作为清军统帅的多尔衮抓住千载难逢的机会，顺势进入北京，并挥兵快速南下控制江南局面。现在中原已定，那么，这次进入中原，是定都中原，还是像以往那样，获利后退回原籍？这是一个对国家长远发展而言应当尽快确定的战略方向问题。

早在顺治元年（1644）六月十一日，摄政和硕睿亲王多尔衮就与诸王贝勒大臣等定议：应建都燕京。他向顺治皇上奏言："臣再三思维：燕京势踞形胜，乃自古兴王之地，有明建都之所。今既蒙天畀，皇上迁都于此，以定天下，则宅中图治，宇内朝宗，无不通达。可以慰天下仰望之心，可以锡四方和恒之福，伏祈皇上熟虑俯纳焉。"（《大清世祖章皇帝实录》卷之五）

过了十余天，多尔衮又向皇上奏言做了补充说明：已经击破流寇，平定燕京，自大同以西，黄河以北，尽皆底定。燕京以南，顺德以北，俱已来归。疆图日扩，一统有基矣。此时的多尔衮，对夺取全部明朝疆土"一统有基"信心满满。

就在清廷商讨迁都事宜之时，京城官民对清廷是否定都北京议论纷纷，引起的各种猜测闹得人心惶惶。为此，多尔衮向京城内外军民及时发布谕告，以安定人心。谕告说："我朝剿寇定乱，建都燕京，深念民为邦本。凡可以计安民生者，无不与大小诸臣，实心举行。乃人民经乱离之后，惊疑未定，传布讹言，最可骇异。间有讹传七八月间东迁者。我国家不恃兵力，惟务德化，统驭万方。自今伊始，燕京乃定鼎之地，何故不建都于此，而又欲东移？今大小各官及将士等，移取家属，计日可到，尔民人岂无确闻？恐有奸徒故意鼓煽，并流贼奸细造言摇惑。故特遍行晓示，务使知我国家安邦抚民至意。"（《大清世祖章皇帝实录》卷之五）

谕告明确宣布，清朝将建都燕京，不再东迁返回原籍。

七月初二，多尔衮谕示礼部：自明岁顺治二年为始，即用新历，颁行天下。为迁都做准备。

到七月初八，顺治皇上见中原平定，决定迁都于燕京，遣官祭告太庙。

《福陵告上帝文》曰："荷天眷命，锡我以故明燕土，抚乂中邦，荡平寇乱。兹者，俯徇群情，迁都定鼎，作京于燕。用绍皇天之休，永赐蒸民之庆。斋祓告虔，惟帝时佑之。"（《大清世祖章皇帝实录》卷之六）

《告太庙文》中向先祖们陈述了李自成攻陷北京、崇祯自尽，清廷命摄政睿亲王多尔衮为奉命大将军、统师西征等一系列大事件的经过。祭文最后说"臣顺众志，迁都于燕，以抚天界之民，以建亿万年不拔之业。谨告。"（《大清世祖章皇帝实录》卷之六）

《祭福陵文》同《告太庙文》。

顺治元年（1644）八月二十日，史书记载："上自盛京迁都燕京。是日，车驾启行。""九月十九（甲辰）未刻。上自正阳门入宫。"

清廷迁都，这是历史大事件，自然世人瞩目。

就在顺治迁都大队浩浩荡荡向北京进发途中，京城却起流言，先传八月清军屠城，后又传九月顺治皇帝抵京，清军跟着一起进城抢掠三天，老人青壮年人全部杀尽，只留小孩。这些令人恐怖的传言，极大地动摇了民心，引起了社会的不安和动荡。

这个情况引起了多尔衮的警觉。皇上和清廷迁都队伍还在路上，京城却因谣传引发骚乱，这是极不妥的事。

于是，九月初二，多尔衮向京城内外军民人等发布谕告，驳斥谣言，安抚人心，稳定社会秩序。谕告说：你们兵民老幼既然已经诚心归顺，我们又会以何罪杀害你们呢？你们大家想想，现在顺治皇上正带着将士拖家带口和不下亿万财富都一起来北京，都要成为北京的军民了。……

我们不忍心山西、陕西百姓受到农民义军的残害，都已经发兵进剿，只恨不能尽快平定，救民于水火中，难道还有不爱京城军民而反倒屠杀他们的道理吗？这些都是大家所目睹的事，我又何必多说。这些无故散布流言者，无非是京城附近的土寇故意煽动民情，让大家逃离以便他们乘机抢掠。应颁示通行告示，以安顿众人心。谕告最后要求各部严查奸细和煽惑百姓者，对散布流言的人从重治罪。

多尔衮的谕告以安抚人心为主，晓之以理动之以情；以严厉查处造谣者为辅，两手一起抓，很快平息了这场因谣言带来的京城人心动荡。

从盛京（今辽宁沈阳）到北京，顺治皇上带着一个清廷，蜿蜒透迤走了一个月，入主北京皇宫，终于圆了其先祖在长白山下布儿湖里湖畔那个美丽的梦想。

同年十月初一这天，顺治皇帝黎明即起，带领着文武百官前往北京天坛祭告天地，即皇帝位。一套盛大而繁复的礼仪后，宣读祝文。祝文曰："大清国皇帝，臣敢昭告于皇天后土，帝鉴无私，眷隆有德。我皇祖宠膺天命，肇造东土，建立丕基，及皇考开国承家恢弘大业。臣以眇躬缵兹鸿绪，值明祚将终奸雄蠭起，以致生灵涂炭，佇望来苏。臣钦承祖宗功德，倚任贤亲爱整六师，救民水火，扫除暴虐，抚辑黎元，内外同心，大勋克集。因兹定鼎燕京以绥中国，臣工众庶，佥云神助不可违，舆情不可负，宜登大位，表正万邦。臣祗荷天眷，以顺民情，于本年十月初一日，告天即位。仍用大清国号，顺治纪年，率由初制。伏惟天地佑助，早靖祸乱，载戢干戈，九州悉平，登进仁寿，俾我大清皇图永固。为此祈祷，伏惟歆飨。"（《大清世祖章皇帝实录》卷之九）

一个新的朝代正式开启了。

除了为民众大幅减负，国家要发展，民众要富足，必须要有新的经济增长途径，这就是要让市场活起来。

八月十八日，多尔衮在给户部的谕示中说，借卖人参的名义扰乱地方市场，要严查追究。但百姓依靠贸易为生，不能随便禁止，应当设立相关法律法规，让大家遵守。以后人参交易只许于南京、扬州、济宁、临清这四个城市开肆贸易，所有满汉人员，或商或贾，各听其便。假如市场交易不公平而导致抢夺，以及强买强卖等情况，地方官即执送京师治罪。

大清从东北入关进京，商人的嗅觉是灵敏的，立即嗅出了其中的大商机。东北三大宝：人参、貂皮、乌拉草（又称靰鞡草），人参是排第一位的，其原因是需要的人多，市场交易量大，尤其在京城这样繁华地，达官贵人多，所以在清军进入北京不久，做人参买卖的商人猛增，其中不乏借助清军势力的满族商人有欺行霸市的行为，扰乱市场秩序。所以，多尔衮在给户部的这份谕示中提出，建立相应的法律法规，以规范市场交易，并且在北京之外的四个城市开辟专门的人参交易市场，扩大、规范市场交易。依法交易，依法开市。

为什么不让在北京进行人参的开肆贸易？未见史料记载。根据当时局势分析，多尔衮做出这个"关一开四"的决策，是为了避免满族商家近水楼台先得月，与京官和皇家贵族们勾结，形成某种意义上的"官商"，偏离商品正常公平交易原则，搅乱市场，酿成腐败。多尔衮这样做，考虑得比较深远。

两天后，户部提出：州县衙所属的无主荒地，应分给流民；官兵屯种的土地有主但无力耕种的，政府送给牛助其耕种，三年后纳税。多尔衮同意根据实情实行。

几个月后，即十二月下旬，清廷以顺治皇帝的名义下谕，进一步细化分田事宜：将近京各州县无主的荒田、主人去世的无主田地清查，一部分分给原主人的儿子兄弟，其余田地尽行分给东来诸王勋臣兵丁人等；今年迁徙来的清室诸王各官兵丁，以及在京各部院衙门官员，都先拨给田园，后来的再酌量照前例拨给。至于各府州县无主荒田，该地方官查明造册送部，其地留给东来兵丁。

尽管这是以皇上的名义下的谕旨，但进了北京的顺治皇上，年龄还只是六岁，对于分田这类涉及治国理政的大事，还得依靠摄政王。所以，这份谕旨背后，依然可以看出，这是多尔衮的主意。

这样，将前朝遗留下来的荒地，先分给急需要的人，一来安抚人心，让社会稳定；更重要的不让土地撂荒，有利于发展经济，早日为政府提供税赋。

一个市场，一个土地，这是发展经济的主要平台。多尔衮在较短的执政实践中，就抓住了这个经济发展的牛鼻子。

顺治进京后，多尔衮作为摄政王自然退到了幕后，原来作为统帅的多尔衮，在史料上少有见到以他名义的"谕"了。所以对他的治国理念和韬略，只能从他领衔出征到顺治进京期间这一短暂时间的实际作为来做出判断。

多尔衮于顺治元年（1644）四月统率清军出征，五月初二就进入了其祖辈们梦寐以求的北京城，对中原的一统江山胜券在握了。这关键一步的大胜利，是多尔衮以四两拨千斤的手法以极小的代价、不到一个月的时间取得的，其间渗透着多尔衮的智慧和韬略。

从清军进京到顺治二年（1645）五月攻占南明都城南京，一年时间，清廷一统江山基本确定。指挥两路大军分别追击李自成大顺军、攻击南明军的，是多尔衮；而两路大军的领头将领阿济格和多铎，是他的亲兄弟。

进京后，多尔衮对治国理政大事运筹帷幄，安民、选用人才、减免税赋、分无主田地、恢复市场等几件大事，处理得井井有条，京城和各地社会秩序得以较快恢复稳定。尤其提出朝廷尽快迁都，是多尔衮出于战略考虑提出并决定的。迁都北京，既是出于统一中原、雄霸九州的战略目光，也是基于退可出关外的战略考量。所以多尔衮认为要"以图进取"，必须迁都北京，只有占据这个关口才能进而统一全国。这一方案提出后，遭到以阿济格为首的一批高层官员反对，理由是清军入关太快、战线太长以致补给不足，反对迁都。多尔衮从统一和管辖全国的总战略出发，说服诸王、贝勒、大臣，统一了大家的认识，同意迁都。这一重大决策的实施，为清廷铺平了统一中原的大道，对当时政局动荡的京城，也起到很好的稳定作用。多尔衮在这几个月中频频为国家长治久安而发布的带有政策性的谕告，为大清王朝今后的国家大政方针走向，构建起了框架，奠定了基础。

鉴于多尔衮在短短几个月时间内，夺取江山、稳定政局的卓越贡献，顺治皇上于进北京的第三天，就迫不及待地单独奖赏多尔衮，"赐摄政和硕睿亲王多尔衮貂蟒朝衣一袭"。次日，再奖赏其他人。十月初三，上"以摄政王多尔衮功最高，命礼部尚书郎球、侍郎蓝拜、启心郎渥赫建碑纪绩"。十月初十，"以多尔衮功多，加封为叔父摄政王，赐册宝，并赐嵌十三颗珠顶黑狐帽一、黑狐裘一、金一万两、银十万两、缎一万疋、鞍马十、马九十、骆驼十。"（《大清世祖章皇帝实录》卷之九）

顺治皇上接二连三地奖赏多尔衮，的确是因为多尔衮率领清军，以短时间、小代价夺得大明的全部江山，清廷顺利迁都北京，令举国上下大喜过望，其无人可比的"功最高""功多"。多尔衮也以其非凡荣耀进入人生巅峰，并成为众人瞩目的政坛新星。

但多尔衮的大智慧，不仅在他取得的巨大成就，还在于他有着常人罕见的开阔胸襟。

还在他进京不久的五月二十七日，多尔衮在武英殿升御座坐定，待文武群臣例行公事上表称贺后，他对众官员说：我看到你们这些人见谁有过失就会提出诚恳的告诫。而我自摄政以来，并没有听到你们有一言规谏，难道我的所为全都符合规矩吗？

群臣回答：摄政王所为都很好，没有什么可议论的。即便还有什么不周全的，我们也选择沉默不语。

多尔衮批评说：你们这种说法十分荒谬。即便是圣主处理政事也不能做到全都完美，所以时常有谏诤。我的所为，难道就没有一点可以讨论的吗？你们都是先帝得力的臣子，熟悉政事，以后遇到我处理事情有不当之处，应该不顾面子直言不讳。我真的要依靠你们啊。

处在权力的巅峰能有这样的态度，这足以显现多尔衮的头脑清醒和虚怀若谷。

类似情况还出现在顺治二年（1645）十二月。这天，多尔衮召集诸王、贝勒及大臣，和他们推心置腹谈了一次话。他说，现在看大家献媚于我，而对皇上却不那么尊重，这种情况我岂能容忍！昔日太宗逝世，即位国君还未确立，诸位王、贝勒、大臣等都携部众看好我，跪请我即上位。我对他们说：你们要是这样说，我应当自刎了。我誓死不肯上位，于是推奉皇上继承大统。像在那种危难情况下，大家拥我为君我都不同意，现在却不敬皇上来献媚于我，我怎么能容忍！从今以后，可全都记住我说的话，有尽忠皇上的，我用他喜欢他；那些不尽忠、不尊重皇上的，虽然献媚于我，我也不会宽免他。追溯先祖的基业，自太祖、太宗创始，两位先圣所留下的伟业，我必须全力保护，待皇上壮年亲理朝政，我的声名会因此变得渺小吗？太宗恩育我，所以我的地位独特于皇族各位子弟，是深信要让各位子弟长大成人，只有我能帮助他们。这层意思我深深理解，你们都知道这层意思吗？目前不立肃亲王，并非我一个人的意见。你们诸王大臣都说：假如立肃亲王，我们都没有生路了。因此，不立肃亲王，是因为那时不同意立，而现在则有讨好的人了。在场的诸王、贝勒都认为多尔衮说的对，只有和硕豫亲王多铎不吭气。(《大清世祖章皇帝实录》卷二十二)

史料中记载的多尔衮这天的谈话比较长，虽然他此时的地位仅在顺治皇上一人之下，位高权重，但这次与诸王、贝勒、大臣的谈话，不是一种居高临下的训示、谕示,而是刻意选择退朝后,以和大家谈心的方式,语气十分真诚恳切,完全像一位德高望重的长者和大家聊天,其核心内容是再次强调,我完全不想当皇帝,只是真心、全力辅佐皇帝,等他长大能够独立掌权时,让他亲政。请大家理解并尊重皇上,而再不要献媚与我。

皇位在侧,触手可及,可偏偏不要,这样能识大局顾大局者,几人能够做到?

还在皇太极去世时,由谁来接任皇帝这个焦点上,他审时度势,顾全大局,作为太祖努尔哈赤的儿子,放弃了极有可能上位的竞争,自己只担任摄政王,避免了一场皇族内部的血拼或撕裂,实现了朝廷高层的团结,显示了他的胸怀和远见卓识。

这次与诸位王、贝勒、大臣的长谈,再一次展现了多尔衮的胸怀和睿智。

顺治七年(1650)十一月,多尔衮到古北口外狩猎。每年冬季举行一次狩猎活动,这是一个民族传统,目的是锻炼自己适应征战的体能和勇敢机敏性。但谁也没想到这次的狩猎,成为多尔衮的最后一次。他不慎从飞奔的马上坠下跌伤,伤势很重。十二月初九,因伤重不治,多尔衮于古北口外喀喇城去世,年三十九岁。

多尔衮的突然去世,让清廷震惊。顺治皇帝率众王大臣缟服在东直门外迎回多尔衮遗体,并下诏追尊多尔衮为"懋德修道广业定功安民立政诚敬义皇帝",庙号成宗。顺治八年(1651)正月,尊多尔衮正宫元妃博尔济吉特氏为义皇后,祔享太庙。多尔衮无子,赐以豫亲王儿子多尔博为后袭亲王。

顺治八年(1651)二月,多尔衮死后才两个来月,其政敌便纷纷出来翻案,揭发他的大逆之罪。政敌罗列了多尔衮有"六大弊政":剃发、易服、圈地(圈占无主荒田,分给王公贵族和八旗官兵)、占房(把北京内城的几十万汉民强迫迁往外城，以安置清朝皇室和八旗官兵）、投充（抢掠汉人为奴隶）、逋逃（逃人法）。《大清世祖章皇帝实录》中的"追论睿王多尔衮罪状，昭示中外"条目，更是洋洋洒洒列举了多尔衮所犯种种罪行，其中有"凡一切政事及批票本章，不奉上命，概称诏旨。擅作威福，任意黜陟。凡伊喜悦之人，不应官者滥升，不合伊者滥降，以至僭妄悖理之处，不可枚举。又不令诸王、贝勒、贝子、公等入朝办事，竟以朝廷自居，令其日候府前"。昭示最后宣布："多尔衮逆谋果真，神人共愤，谨告天地、太庙、社稷。将伊母子并妻所得封典悉行追夺。布告天下，咸使闻知。"（《大清世祖章皇帝实录》卷之五十三）

变脸也太快了吧！刚刚追封多尔衮为"懋德修道广业定功安民立政诚敬义皇帝，庙号成宗"的墨迹未干，多尔衮的卓著功勋、至高荣誉还在朝野广为传诵，却突然一下成了"逆谋"罪人，引得"神人共愤"。这种万花筒似的变幻让许多人摸不着头脑，只能向森严的皇宫投去狐疑的一瞥。

当然，让多尔衮极速变身，十二三岁的小毛孩顺治帝是没有多少发言权的，还是那些昔日和多尔衮有隙的王公、贝勒、大臣在背后作祟。

后来也有为多尔衮抱不平的。顺治十二年（1655）正月，吏科副理事官彭长庚、一等子许尔安分别上疏，列举多尔衮的功绩，被济尔哈朗一顿训斥骂了个狗血喷头，两人被流放宁古塔充军，由此多尔衮叫冤翻案的呼声被打压下去了。

直到一百年后，乾隆皇帝回望历史，发觉年幼的顺治帝对多尔衮的最后处置有失公允，也有失清廷形象，于是于乾隆四十三年（1778）正月，乾隆皇帝谕告廷臣，曰：睿亲王首先统众入关，定国开基，厥功最懋。顾以诬告谋逆，经诸王定罪除封，其时我世祖章皇帝尚在冲龄，未尝亲政也。朕每览《实录》（注：全称为《大清世祖章皇帝实录》，下同），见王之立心行事，实能笃忠尽、感厚恩，深明君臣大义，为史册所罕见；乃令王之身后久抱不白之冤于泉壤，心甚悯焉！假令当时王之逆迹稍有左验，削除之罪果出我世祖圣裁，朕亦宁敢复翻成案。乃实由宵小奸谋，构成冤狱，而王之政绩载在《实录》，皆有大功而无叛迹，又岂可不为昭雪！著加恩复还睿亲王封号，追谥曰"忠"；补入玉牒，补继袭封。照亲王园寝制度修其茔墓，仍令太常寺春秋致祭，并配享太庙。（《碑传集》卷一《宗室·上》）

乾隆皇帝对他的评价是：睿亲王多尔衮，摄政有年威福自专，扫荡贼氛肃清宫禁。分遣诸王追歼流寇，抚定疆陲，创制规模。奉世祖入都成一统之业，功劳最著。

"奉世祖入都成一统之业，功劳最著"——乾隆的评价，高度肯定了多尔衮对大清初定时的主要功绩。

多尔衮倾其文韬武略，为大清基业的稳固做出了"功劳最著"的贡献，但他只顾着将大清的龙椅安放稳妥，却从未想到要将这只龙椅下的土壤加以彻底改造，其结果只是清朝替换明朝的名称转换而已。明朝封建制度下的所有弊端，清朝不仅有，有的更甚；明朝没有的弊端，清朝也有了。到清末，清政府的腐败无能，一步步将中国送入半殖民地半封建社会。当然，这个责任不能由多尔衮来承担。多尔衮本身就是这块封建土壤上成长起来的，这是他不可超越的历史局限性。

其实，无论是李自成的大顺朝推翻明朝，还是清朝取代大顺朝，虽然是"改朝换代"，但究其实质，完成的仅仅是王朝及皇位的更替，其依循的封建社会制度并无改变，前朝出现的弊端，新朝并未从根本上加以革新除弊。从历史发展进程加以剖析，封建社会制度的根本性弊端和社会性根本矛盾，任何一个封建王朝都是无法解决的。这是封建社会制度的基因所决定的。

多尔衮一案到此结束，他本人可以进入正史了。

在他的身后，所有的功过、毁誉、荣辱以及后人的评说，都在历史的天空中飘荡。而在泉壤的多尔衮只能发出一声情绪复杂的长叹：唉！

尾声

余音袅袅：以史为鉴论赶考

◎自成以四月十九日（作者注：此为崇祯十七年即1644年）亲征，二十六日败归，二十九日离开北京，首途向西安进发。后面却被吴三桂紧紧的追着，一败于定州，再败于真定，损兵折将，连自成自己也带了箭伤。……自成虽然回到了西安，但在第二年二月潼关失守，于是又恢复了从前"流寇"的姿态，窜入河南湖北，为清兵所穷追，竟于九月牺牲于湖北通山之九宫山，死时年仅三十九岁（一六〇六～一六四五）。余部归降何腾蛟（作者注：何腾蛟，1592年—1649年，贵州黎平人。南明重臣，1645年任湖广总督，与李自成旧部农民军合作，共同抗清。1647年清军攻陷湖南后他退至广西，守全州，击退清军。1648年反攻，收复湖南大部。后在湘潭兵败被俘，在长沙遇害），加入了南明抗清的队伍。（郭沫若《甲申三百年祭》第29—30页）

◎……十二月初一日（作者注：此为顺治十八年，即1661年），大军至缅城，缅酋震惧，遂执朱由榔献军前。杀伪华亭侯王维恭等一百余人。总兵官马宁等追及白文选于猛养。白文选降，滇南平。十二月初十日，大军凯旋。吴三桂、爱阿星等汇疏上闻，得旨，览王等奏。大兵进抵缅城，伪永历及其眷属全获无遗。（《大清圣祖仁皇帝实录》卷之六）

◎（1949年）3月23日，和周恩来乘汽车离开西柏坡前往北平。出发时，对周恩来说，今天是进京的日子，进京赶考去。周笑答：我们应当都能考试及格，不要退回来。毛泽东说，退回来就失败了。我们决不当李自成，我们都希望考个好成绩。（《毛泽东年谱》第470页）

◎过去一百年，中国共产党向人民、向历史交出了一份优异的答卷。现在，中国共产党团结带领中国人民又踏上了实现第二个百年奋斗目标新

的赶考之路。（习近平在庆祝中国共产党成立100周年大会上的讲话）

历史来到甲申年（1644），面对岔路口，只见几方人马纠缠在一起，一阵狂乱打斗过后，又渐渐平静下来。历史老人以他惯有的步子，不慌不忙继续往前走。他对刚刚经过这个路口所看到的情形，露出一阵意味深长的表情。他知道，这一段故事不会就此结束，还会随风飘荡很远，很久。

在这个路口上第一个倒下去的是大明王朝。

从1368年朱元璋开国，到1644年朱由检亡国，大明朝历经二百七十六年，其间历任十六位皇帝。

这个庞大的帝国大厦轰然倒塌时，崇祯皇上自缢，三个儿子被安排逃出宫。《明史》中提到崇祯太子时曾交代道："贼获太子，伪封宋王。及贼败西走，太子不知所终。"但实际上，崇祯太子是被清朝杀害了。

永王朱慈焕原为崇祯皇帝第四子，但反清复明人士常常打着他的旗号，称"朱三太子"。但实际上，真正的"朱三太子"朱慈焕辗转流落河南、安徽、浙江等省，最后在山东汶上县隐姓埋名，在私塾充当教书先生。1706年，浙江东部一位叫作念一和尚的人，打听到了朱慈焕尚在人世，就打着他的旗号在大岚山起事。朱慈焕闻讯大惊，急忙逃亡。两年后，朱慈焕被捕。在审问时，朱慈焕说：我数十年来改名易姓，只希望躲避灾祸，如今都七十五岁了，须发皆白，三藩之乱时尚且没有去造反，更何况是现在呢？但凡造反必占据城池，积草屯粮，招军买马，打造盔甲，这其中有一件事我做过吗？审讯官员觉得有道理，将结果呈报康熙。康熙并没有大发慈悲，硬说他是假朱三太子，将朱慈焕一家全部处斩，哪怕时隔六十余年，这位朱慈焕到风烛之年了也不能留，只因他是前朝皇帝一脉，需得斩草除根。

定王朱慈炯的结局相对要好一些。据民间传闻，朱慈炯从北京逃脱后，辗转遇到东林党人士邹元标之子邹之麟，在其掩护下，朱慈炯来到贵州遵义，化名邹启贵。前些年，在遵义巷口镇苦竹垭村发现了邹氏族人的原始族谱，印证了世代相传邹家是明朝皇室后代的说法。在族谱背面书写有："邹启贵之对：天璜世胄，王迹家声。"如果这个邹启贵确是朱慈炯，也算是崇祯皇帝留下了一系血脉，没有被清廷斩尽杀绝。但这并没有影响历史走向。

崇祯的两个女儿，小公主被崇祯亲手杀死，长公主被崇祯砍断一条手臂，之后被救起。后来《明季北略》记载：

> 何新救公主入周奎家，公主思念父皇母后，时时欲绝饮食，左右苦劝勉延。一日假寐，忽见先帝后与王承恩至，曰："我已诉于上帝，逆贼恶贯满盈，不久自当消灭，但劫数尚未尽，勾销亦只在一年余矣。"语毕，见先帝披发仗剑，逐杀闯贼，连声砲响，公主惊觉，以告周奎云。（《明季北略》第676页）

长公主后来结了婚，但长期郁郁寡欢，没过几年便去世了。

大明朝大厦倒塌，大地一阵震动，烟尘散处，南明在明太祖建都的南京出现。

慌乱中诞生的南明先天不足，被原明朝旧臣扶上位的福王朱由崧仓促建立弘光朝。偏偏这个朱由崧又是个扶不起来的阿斗式人物，其主要行为贪财好色、酗酒淫佚。明末清初史学家、文学家，著有《陶庵梦忆》《石匮书后集》《西湖梦寻》《琅嬛文集》和《夜航船》的张岱对他有一形象的评价：弘光帝痴如刘禅，淫过炀帝。这个评价刻薄，但到位。

弘光自己无能昏庸，重用的人也是如此。他上位后重用原凤阳总督马士英。而马士英除了揣摩上意投其所好，安排好弘光的荒诞日居生活，并无安世救国良策献上，甚至在弘光逃离皇宫之前，还安排其在皇宫看戏。一个昏君加上一个昏庸重臣，弘光朝岂有不速亡之理。

弘光朝亡后，流落在南方的前明皇族不断接续明朝余脉，成立政权，只是因为力量太弱，且不断被清军追击驱赶，后来的明政权实际上进入了一个流亡政府时期。

唐王朱聿键于顺治二年（1645）在福州建立政权，年号隆武，史称隆武政权。隆武帝朱聿键死后，朱聿鐭在隆武二年（1646）十一月初被大学士苏观生及广东布政使顾元镜等在广州拥立为帝，年号绍武，史称"绍武帝"，将广州都指挥使司署作为行宫。后世史学家称之为绍武政权，与肇庆的永历帝朝廷互相抗衡。因为朱聿鐭（1605—1647）在弘光元年（1645）袭封唐王，也因此称唐王政权。

绍武政权的寿命很短。隆武二年十二月十五（1647年1月20日），早已归降清军的前明总兵李成栋带着清兵混入广州城内，夺占广州城，朱聿鐭自缢而死（一说被杀），为期四十天的邵武政权也到此结束。

其实，在朱聿鐭广州称帝时，因为信息不通，隆武二年（1646）十一月十八日，明两广总督丁魁楚、广西巡抚瞿式耜等拥戴桂王朱由榔于肇庆称帝，以次年为永历元年。朱由榔为明神宗之孙，桂恭王朱常瀛少子。

南明初期，面对大顺军和清军，弘光政权所采取的主要政策是"联虏平寇"，意思是想联合清军扫灭农民义军"流寇"。这是沿袭了崇祯朝的基本思路。但是随着时局的变化，南明掌握的数十万官军叛降清朝，反过来成为清朝征服江南的有生力量。弘光政权却被"联虏平寇"方针所葬送。

朱由榔称帝后，朝野从清军南征多有屠城的事实中，看到清军的残暴，意识到绝不可能依靠清廷力量帮助复明，于是改变策略，由"联虏平寇"转为依靠农民起义军共同抗清，即"联寇抗清"，在西南东南等地区坚持与清军斗争。

永历六年（1652），永历朝接受原义军首领张献忠部将孙可望、李定国联合抗清的建议，永历帝前往安龙。此后，以大西军余部为主体的明军对清军展开了全面反击。李定国率八万军队东出湖南，取得靖州大捷，收复湖南大部。接着，挟胜利余威挥师南下广西，又取得桂林大捷，并击毙清定南王孔有德，收复广西全省。然后再次北上湖南取得衡州大捷，击毙清敬谨亲王尼堪。李定国军的连连大捷，一时令天下震动。与此同时，大西军另一个将领刘文秀率军出击四川，取得叙州大捷、停溪大捷，克复川南、川东。孙可望也率军在湖南取得辰州大捷。在东南沿海的原明将领张煌言、郑成功等的抗清军队也乘机发动攻势，接连取得磁灶、钱山、小盈岭、江东桥、崇武海、海澄战事的一连串胜利。两位将军还接受了永历封号。

一时间，永历政权名义控制的区域恢复到了云南、贵州、广西三省全境；湖南、四川两省大部；广东、江西、福建、湖北四省一部，出现了南明时期第二次抗清斗争的高潮。

战事连连失利的清军调整部署，加强攻击。之后，刘文秀在四川用兵失利，于保宁战役中被吴三桂侥幸取胜。而孙可望妒忌李定国桂林、衡州大捷之大功，逼走李定国，自己统兵却在宝庆战役中失利。东南沿海的郑成功也在漳州战役中失利。所以明军在四川、湖南、福建三个战场上没能扩大战果，陷入了与清军相持的局面。

之后李定国与郑成功联络，于永历七年（1653）、八年（1654）率军两次进军广东，约定与郑成功会师广州，一举收复广东。虽然李定国部队先后取得高州大捷和江门大捷，但由于郑军一再耽误约期，加上瘟疫流行，未能实现两军联合作战的态势，致使肇庆战役和新会战役未能取胜。

永历十年（1656），孙可望密谋篡位，引发了大明内讧，李定国拥永历帝至云南，次年大败孙可望。孙可望见大势已去，心生绝望，于是叛变降清。孙可望降清后，将西南军事部署、战力情况全部报告清廷，云贵虚实尽为清军所知。

永历十二年（1658）四月，清军主力从湖南、四川、广西三路进攻贵州。年底，吴三桂率军攻入云南，次年正月，攻下昆明。无路可走的永历皇帝只得逃往缅甸，成为一个有名无实的流亡皇帝。

公元1661年，永历帝流亡到缅甸首都曼德勒，被缅甸王莽达收留。后吴三桂率军越境攻入缅甸，缅王之弟莽白乘机发动政变，杀死其兄后继位。1661年8月12日，莽白发动咒水之难，尽杀永历帝侍从近卫。

莽白得知清军进入缅甸的消息后，曾写信给吴三桂。到1662年1月22日，莽白将永历帝献给吴三桂，明朝皇统彻底灭亡。

康熙元年（1662）三月十二日，康熙皇帝以擒获永历皇帝诏告天下。诏书中说：

> ……数年以来，大兵征剿，转运粮饷，地方困苦，生民弗宁。特命平西大将军平西王吴三桂，同定西将军爱星阿等，统领大兵，出边进讨，直抵缅甸，于顺治十八年十二月初一日擒伪永历及其眷属，伪巩昌王白文选及伪官全军投降，此诚天地祖宗之鸿庥，薄海内外之大庆也。捷书奏闻，朕心嘉悦，已命所司，虔行祭告典礼。念永历既获，大勋克集，士卒免征戍之苦，兆姓省挽输之劳，疆圉从此奠安，闾阎获宁干止。是用诏告天下，以慰群情。（《大清圣祖仁皇帝实录》卷之六）

说是"以慰群情"，更多的是慰康熙自己。看得出来，康熙皇帝的"朕心嘉悦"，在这份诏书的字里行间蹦跳穿行。

《南明史》等史书对永历被吴三桂抓获后二人相见有所记载：王南面坐，达旦。三桂标下旧官相继入见，或拜，或叩首而返。

清廷的官方记载，将永历皇帝称作"王"，因为清朝不承认永历为帝的身份。朱由榔原封为桂王。吴三桂手下的原明官员纷纷入见永历帝，有的官员仍然执君臣之礼，向永历行跪拜礼，叩首而归；有的则不跪，仅行拜礼，一来作为曾经的明朝官员，对现在的南明皇帝保持礼节性尊重，也同时对自己现在的身份有个交代。

待众人拜见完毕之后，吴三桂才进入室内见永历帝。史书记载，一开始，吴三桂是以胜利者的姿态见永历皇帝的，"初甚倨傲，见王长揖"。但此时的朱由榔虽落难被俘，但不失帝王的风范，他明知此人是谁，却故意不卑不亢地问吴三桂："汝为谁？"吴三桂"噤不敢对"。永历帝又连续问了几次，吴三桂"始称名应"。

在打掉了吴三桂身上那股倨傲之气后，永历皇帝接连问了吴三桂几个问题："汝非汉人乎？汝非大明臣子乎，何甘为汉奸叛国负君若此？汝自问汝之良心安在？"永历皇帝的这三个问题步步紧逼，直击吴三桂内心深处的痛楚。吴三桂身为一个汉人、身为大明的臣子，却卖国投敌追捕大明国君，你的良心何在？听到永历皇帝的近乎斥责的拷问，吴三桂"缄口伏地若死人"，无言以对。

最后，永历帝问了吴三桂一个问题，"今亦已矣，我本北京人，欲还见十二陵而死，尔能任之乎？"永历心里清楚，清廷派吴三桂率军追到缅甸也要抓到他，就是要对明皇室斩草除根，以防死灰复燃，今日落入敌手，我也没有别的要求了，只想回到北京，见到先祖们的十二陵再死，你能做到吗？不管怎么样，作为皇帝也好，作为桂王也罢，死后葬入祖坟，这样的要求也是人之常情。

对于永历皇帝的人生最后一个要求，吴三桂终于开口了，他爽快地答应了永历帝："某能任之。"

在最后一个问题得到肯定回答后，永历帝结束了这次会面。"王令之去，三桂伏不能起，左右扶之出。"

尾声　余音袅袅：以史为鉴论赶考

对于永历帝人生最后一个要求——回北京受死，吴三桂却食言了。

吴三桂后来经多方权衡，认为把永历帝从云南押赴北京，路途遥远，途中恐生意外，还不如在云南就地处死。最终，清廷批准了吴三桂的建议，命其将永历帝就地处死。

永历帝及其家属被清军押回昆明，被囚于昆明篦子坡头的金蝉寺内。金蝉寺在五华山的西麓，翠湖的东岸，当时这一带树木繁茂，风景优美。从远处看，山坡地形状很像妇女梳头的篦子，后来形成街市，还真有几家卖篦子的店铺，所以得名"篦子坡"。

康熙元年（1662）四月，永历帝与太子等人被吴三桂命吴国贵绞死于篦子坡金蝉寺。昆明民众认为，吴三桂原是明朝臣子，永历帝毕竟还是正统的明皇帝。皇帝居然被臣子一直追捕到国外，最后抓回逼死。出于对吴三桂投清灭明忤逆之举的义愤，人们口口相传，将"篦子坡"叫成了"逼死坡"。清代道光年间，地方官员觉得这个名称有损于朝廷形象，就把这坡改名为"升平坡"，并立短碑于坡头，但民众不管那么多，哪怕官府立石碑，"逼死坡"的名称照叫不误。

"逼死坡"收纳了一个朱明冤魂。

南明弘光朝、隆武朝、永历朝先后灭亡，其背后都能看到吴三桂的影子。

从情理上说，吴三桂父子身为明朝大臣，对明朝和几位帝王的情感应该浓于清室，他当初咬牙降清并引清入关，是满怀对李自成的愤怒而不得已所为。《明季北略》把吴三桂这一段记载得比较详细："三月（作者注：为崇祯十七年即1644），封三桂平南伯，征兵入援，三桂不即行。及三月初旬，始出关，徙宁远五十万众，日行数十里。十六日入关，二十日抵丰润，京师陷矣。三桂闻变，顿兵山海。……自成入京，刘宗敏系吴襄，索沅（作者注：指陈沅，字圆圆）不得，拷掠酷甚。三桂闻之，益募兵至七千。三月二十七日，将自成守边兵二万尽行砍杀，止余三十二人，贼将负重伤逃归，三桂遂据山海关。"(《明季北略》第493页）

吴三桂为报亡国杀父夺妾之仇，不得已降清。清廷抓住了吴三桂这个软肋，软硬兼施，将他死死绑在清军的战车上，让他欲罢不能。

从清军进京开始，吴三桂就被打发随清军追剿李自成军，逼得李自成大军逃回西安。

这段时期，李自成的义军不仅成了吴三桂的死敌，同时也是清廷的死敌，还是南明的死敌。所以，吴三桂卖命追剿李自成军，不仅清廷倚重，南明也为之叫好。《弘光实录钞》记载："乙卯，破贼报至，封吴三桂荆蓟国公，世袭。四月二十日吴三桂引北兵与贼战，败之。次日，又败。二十七日，贼收兵入城。二十九日，贼将其资重出京，至卢沟桥。又遇北兵，败之。北兵追贼至保定固关。"(《弘光实录钞》卷一）吴三桂追击李自成军，哪怕带的是清兵，只要是击败了"贼兵"，弘光皇帝也照样册封他为荆国公，还是世袭。

吴三桂一时被清朝和南明两个互相敌对的政权同时看好，成为一种怪异现象。

六月，吴三桂师出山东，平定李自成余部，九月，又跟随英王阿济格西征李自成。

顺治二年（1645）八月，在李自成主力基本被消灭之后，清政府将吴三桂从前线调回，"出镇锦州"。对于清政府的这种安排，吴三桂了然于心。从此以后，他再也不提什么"复君父之仇"，而是望风转舵，称崇祯帝为"故主"，反复表白自己"矢忠新朝"了。

顺治四年（1647），清政府又调吴三桂入关，与八旗将领李国翰同镇汉中，剿杀西北地区的抗清义军余部。在此期间，吴三桂为了表示自己对清朝的忠诚，不但对农民军残部进行残酷的镇压，动辄屠城，而且，对一些起兵抗清的朱明后裔，他也不遗余力地斩尽杀绝。吴三桂思想和行动的转变，使得清政府对他更加倚重，西北地区抗清义军残部被剿杀殆尽。

顺治八年（1651），清政府又命吴三桂和李国翰一起率军入川，攻打张献忠义军余部。几年之中，先后平定重庆、成都等两川重镇。顺治十四年（1657），吴三桂又以平西大将军职，南征云贵，攻打南明最后一个政权——桂王永历政权。几年征战下来，永历政权被挤压得在国内无处安身，只得逃亡邻国缅甸，成了流亡政权。

按照常理，吴三桂将永历政权赶出国门，可以就此罢休，这个结果，对清廷也有个交代。何况永历一个流亡光杆皇帝，即便不死心江山被夺，但手中无兵无钱，毫无反攻力量。对这样一个人，吴三桂并没有放过，主动奏请清廷发兵征伐缅甸，带大军跨境，逼缅甸政府交出永历皇帝一行，将永历抓回，最后处死。

这个过程——追击南明政权的过程，线路清楚。但吴三桂的心路，让人费解。

南明是明朝的后裔，明朝是吴三桂家族的故园，吴三桂与之血脉相连，只有恩，毫无仇。有仇的只是李自成军。那为什么要费这么大气力，将明室的一支从西南川渝追到南国云贵，最后追到境外缅甸将这一支抓回，亲自指挥将其绞死，以斩草除根，绝其后患。

可以自己不去抓，可以自己不去杀，但都是自己去抓了、杀了。吴三桂做得如此决绝，不给自己留下丝毫余地，这为什么？这是做给清廷看，做给世人看——我吴三桂，是完全归顺清廷的，绝无二心！他追杀永历皇帝，把明室复国的路断了；同时，也把自己的退路都给断了。

这时的吴三桂，心理变态了。

国仇报了，可国还有吗？

家仇报了，可家还有吗？

父仇报了，可父亲还有吗？

妾仇报了，可爱妾还有吗？

国没了，家没了，仇人也没了，统统没了，活着已没有了目标，心里空落落的，这样活着，只能叫苟且偷生，还有意义吗？

吴三桂心里不断拷问自己，找不到答案，只得不断披挂上阵，用杀戮来麻痹自己那颗破碎的心。

清廷并没有忘记吴三桂这位"功臣"。

吴三桂为清朝统一全国建立了特殊功勋。因此，清朝对他由原先的控制使用改为放手使用，不但让他独当一面，而且在一切军事活动中也"假以便宜，不复中制，用人，吏、兵二部不得掣肘，用财，户部不得稽迟"。同时，在职务上，也一再升迁。康熙元年（1662）十一月，以擒杀桂王（作者注：即永历帝）有功，晋爵亲王，封为平西王，兼辖贵州。子因父贵，于是，皇太极的女儿和硕公主下嫁吴三桂儿子吴应熊，吴应熊被封为"和硕额驸"，加少保兼太子太保衔。吴应熊贵是贵了，但必须长留在北京，实际是作为人质，以挟制吴三桂。所以，康熙将和硕公主下嫁吴应熊，也是别有用心。后来，吴三桂准备反清，曾派密使到京准备接回儿子。不料，吴应熊并不愿意回昆明，但他把康熙将提前削藩之策通告了吴三桂，并让使者将大儿子吴世璠秘密带出京。在康熙十三年（1674）四月，吴应熊和次子吴世琳均被康熙诛杀。此为后话。

清廷封他为平西王时，吴三桂是否还记得明廷曾封他为平南伯？

吴三桂开藩设府，坐镇云南，努力朝"世镇云南"的平西王方向经营，其权力和声势都达到顶点。而吴三桂在云南的一举一动，清廷看得清清楚楚，开始采取措施抑制吴三桂的权势。这样一来，吴三桂与清政府的矛盾开始激化起来。

康熙二年（1663），清廷以云贵军事行动已经停止为理由，收缴了吴三桂的平西大将军印信，接着，又收回他的一部分官员任用权。康熙六年（1667），吴三桂上疏辞去总管云贵两省事务，康熙帝毫不迟疑批复同意，并随即下令两省督抚听命于中央。同时，康熙还剥夺了吴三桂的司法特权，"平西藩下逃人，俱归有司审理，章京不得干预"。

清廷一系列收权动作，让吴三桂心里憋了一肚子火。他本想辞去一个职务来试探一下朝廷的态度，谁知清廷竟来真的，而且步步紧逼。于是，他以"构衅苗蛮，借事用兵"为由，扩军索饷，对朝廷实行反制报复。吴三桂和清政府之间的矛盾更加尖锐了。

康熙十二年（1673）春，镇守广东的平南王尚可喜上疏请求归老辽东。一直为"三藩"尾大不掉而忧虑的康熙皇帝，立即作出了令其移藩的决定。而后，康熙又对镇守福建的靖南王耿精忠的撤藩要求也依例照准。

吴三桂是在康熙元年（1662）晋封为平西亲王后，与福建靖南王耿精忠、广东平南王尚可喜并称三藩。

在其他两人上疏撤藩的请求皇帝都照准的形势逼迫下，吴三桂也假惺惺地上书朝廷表明心迹，请求撤藩，但其实心里十分希望朝廷念他功勋卓著，对他青眼有加，能够挽留他。吴三桂的这点小心思，康熙皇帝非常清楚。他认为，吴三桂本来就是被逼降清，不是真心事清，近年来坐镇云南独霸一方，屡屡和朝廷貌合神离，矛盾频生，从历史和现实情况来看，对吴三桂撤藩，是"撤亦反，不撤亦反。不若及今先发，犹可制也"。于是，康熙皇帝力排众议，决定允许其撤藩，还煞有其事地派专使抵达云南，大张旗鼓地执行撤藩事宜。

吴三桂见撤藩一事弄巧成拙、康熙皇帝假戏真做，怒火中烧。十一月，吴三桂诛杀云南巡抚朱国治，自称周王、总统天下水陆大元帅、兴明讨虏大将军，发布檄文，起兵造反。史称"三藩之乱"。

吴三桂坐镇云南并深度耕耘十四年，势力庞大，反叛之初，其军队迅速攻下贵州全省和湖南衡州。福建靖南王、广东平南王和吴三桂在四川、陕西、河北等地的党羽也纷纷响应，竖起叛旗，一时间，形势对吴三桂非常有利。

康熙十三年（1674）十一月初五，吴三桂率兵经潭州至衡阳，以衡永郴桂道衡州知府衙门作为自己的"行殿"，指挥各路军事行动。同时，改衡州府（今衡阳市）为"应天府"，并参照京城名称，将钟鼓楼改为"五凤楼"，回雁门改为"正阳门"，大街名改为"棋盘街"等。册封妻张氏为皇后，孙吴世璠为皇太孙，加封文武百官，颁制新历，并铸"昭武通宝""利用通宝"钱币，正儿八经地登极做起了皇帝。有野史称，吴三桂称帝时狂风大作，将临时搭建的登极仪式帐篷都吹倒了。

吴三桂同清朝的战事相持到康熙十五年（1676），双方军事形势发生重要转折。由于兵兴三年，吴三桂一方兵力、财力严重不足，而且，原来跟着反叛的党羽也开始离心离德，各打各的算盘。

康熙十七年（1678）六月初，吴三桂在都城衡州（今衡阳市）派出手下大将马宝率五万大军南下，攻击兵家必争之地永兴，两战两胜：一战击毙都统宜里布、护军统领哈克三，夺据清军河外营地；一战大败前锋统领硕岱、副都统托岱、宜思孝所率援军，清军营垒被冲垮，河南岸失陷，清军被迫退回广东。两战给清军以沉重打击。七月，吴三桂亲自部署对广东、广西的大规模进攻。在衡州派出大将胡国柱、夏国相率十万大军，突入两广，几度得手，尤其在广西取得了更大的进展，除了梧州，全部都被吴军收回。北部岳州战事由吴三桂侄儿吴应期主持，御清军于湖湘门外，清军几次渡江，均未成功。

康熙十七年（1678）八月，正值衡州酷热季节，吴三桂加之心情不舒，焦虑过重，肝火过盛，突然得了"中风噎嗝"的病症，随后又患上了"下痢"病症，"太医"百般调治，终不见效。吴三桂感觉自己不行了，便让心腹大臣将"皇孙"吴世璠接来衡州继位，托付后事。八月十八日深夜，吴三桂在都城衡州驾崩，时年六十七岁。算来，吴三桂只做了五个多月的皇帝。

而早在康熙十三年（1674），即吴三桂起兵造反的第二年，其留在京城当额驸的儿子吴应熊及其孙子吴世霖被康熙皇帝下令处以绞刑。

其孙吴世璠支撑了三年之后，清军攻破昆明，三藩之乱遂告结束。

清廷一直没忘记大清阵营中还曾有过吴三桂这个风云人物。

乾隆四十八年（1783），乾隆皇帝下诏编写了一本《逆臣传》，该书收录的"逆臣"中，吴三桂赫赫然名列榜首。

不知吴三桂临死之前，对自己后半生的大起大落做何感想？

他是否在心里问：我是谁？

这个问题永历皇帝也曾经问过。

——曾经是大明朝戍边大臣，将边关把守得十分牢固，让后金即现在的大清多年来不能越雷池一步；可后来又是自己背叛了大明朝廷，亲自领着大清军从这道边关大门进来，一直进入到北京城，自己从大明重臣、忠臣，成了大清的带路党。

——是大清的大臣吗？帮着清军杀大顺军，之后杀南明军，一直把南明永历皇帝给追杀了，在众人的眼中，自己是铁杆大清臣子无疑。

——可我不甘心就这样做清廷的鹰犬。我的祖辈、父辈是大明的人，子孙是大明的人，妻妾是大明的人，自己血脉里流淌的是大明汉人的血。但大清一直没把自己当自己人，而是多加防范，步步紧逼，最后又逼得自己从大清阵营中反了出来。

——我反了，自己做了皇帝，做一回自己。可这算是哪门子皇帝？大明？大清？南明？都不是。不"清"不"明"，非"满"非"汉"。

——我，吴三桂，究竟是谁？

在这个历史路口上第二个倒下去的是大顺政权。

清军进入北京这一年的十月十九日，多尔衮命英亲王阿济格为靖远大将军，同平西王吴三桂、智顺王尚可喜等率部三万余骑，由大同经榆林、延安迂回，进入陕西进攻大顺军。在清廷眼中，李自成的大顺军不仅势力强大，而且官兵尽为亡命之徒，作战强悍，很难对付，是一支不可小觑的军队。多尔衮在一片石亲眼见过李自成军和吴三桂作战，其军队之勇猛顽强，令人胆寒。此印象在多尔衮脑海里一直难以磨灭，不将这支劲旅彻底消灭，大清政权难以稳固。

就在清军部署入陕西进攻大顺军的前几天，李自成为扭转大顺军在山西、河南的颓势，自十月十二日起反攻河南怀庆（今河南沁阳），连克济源、孟县，在柏香镇大败清军，斩杀怀庆总兵金玉和等人。多尔衮闻讯，急命正在南下进攻南明弘光政权的多铎转兵向西，先解怀庆之围，然后由河南渡黄河，与英亲王阿济格形成南北夹攻之势，两路清兵同时进攻大顺军。李自成亲率刘宗敏、刘芳亮等精锐部队北上，准备与阿济格军决战于陕北。

十二月十五日，多铎部进攻至陕州（今河南三门峡西），在灵宝境内击败大顺军后向潼关进发。李自成闻讯后急忙率兵掉头赶赴潼关。清军为保证此次战役的胜利，增调固山额真阿山、马喇希等部经山西蒲州（今山西永济市西北）援助潼关清军，并调来红衣大炮加强攻击力量。

顺治二年（1645）正月，多铎率领的南路军于潼关大败大顺军。同时，英王阿济格率领的北路军也一路过关斩将、势如破竹。南北受敌的李自成弃西安南逃，出蓝田，走商州（今陕西商县），转战湖广地区。二月，多尔衮命阿济格继续挥兵追击大顺军。三月，刘宗敏率大顺军一部占领守备空虚的武昌，清军追踪而至，围攻武昌。四月二十三日，刘宗敏率所部大顺军弃城突围，遭清军伏击，大将刘宗敏激战中负伤，被俘后牺牲。

在此之前，李自成率部分大顺军从汉阳经嘉鱼、蒲圻退至通城。五月十七日，李自成在湘鄂赣交界处的通城县九宫山遭当地乡民所杀，大顺政权至此灭亡。

尾声　余音袅袅：以史为鉴论赶考

崇祯十七年，农历甲申年，公元1644年，在历史的岔路口出现的三个角色大明、大顺、大清，很快只剩下大清这一个角色了。

大清王朝自顺治元年（1644）、农历甲申年昂昂然登上中国历史舞台中心，历经漫长而又短暂的二百七十七年后，也被赶下了历史舞台——1911年辛亥革命的枪声，将中国延续了两千多年的封建王朝彻底送终，新的纪元开始了。

不知地下的朱由检、李自成得知这个消息会做何感想。

大明、大顺、大清，三个朝代，大顺朝存活时间最短，"其兴也浡，其亡也忽焉"。三个朝代的灭亡，原因多有不同，但共有的原因有两个：腐败，不代表人民利益。腐败是表象，不代表人民利益是根子。

李自成进京后，背弃了"闯王来了不纳粮""不扰民"的誓言，对民众进行疯狂拷掠以敛财。他的行为，实际上是背叛了当初他所代表的广大人民的利益，所以，他和他的大顺国很快就失败并消亡了。

大顺国的亡，其实是明亡的缩影。农民出身的朱元璋开创明朝之初，代表广大农民利益，制定了不少有利于农民发展生产的国策，做了不少于农民有益的大事。但其后继者渐渐走偏，且行且远，到后来完全背弃了广大农民的利益，转而和地主豪强融为一体来盘剥农民，损害人民利益，所以，一句"闯王来了不纳粮"就应者云集，将明朝推翻。

清朝入京，目睹明朝和大顺灭亡，看到了那两个朝廷的腐败表象，并引以为戒，在初期的吏治、为民上做足了功课，顺应了民心，赢得了民意。但清朝和前面的明朝、大顺朝的根本制度是一样的，其家天下的封建世袭政治体制注定不会代表人民的利益，最后的失败结局，和明朝、大顺朝没有本质区别。

用历史唯物主义的观点来分析，这些朝代的更替都带有时代局限性，因为封建社会基因的致命缺陷，就是封建王朝只代表皇族和大地主阶层利益，而把广大农民作为盘剥对象。这个致命基因缺陷，封建社会本身是无法自行修复的，只能用另一种代表进步的社会形态去取代。但这是另一个话题。按照历史唯物主义的观点，我们现在不能超越社会发展规律去求解历史问题。

1911年，清朝灭亡，在中国延续两千多年的封建制度终结，由于清政府后期被世界列强们摁着签下了一个又一个丧权辱国的不平等条约，赔了数以亿计的银子，给后人留下了一个"落后就要挨打"的惨痛历史教训。

稍稍看看让中国历史留下惨痛记忆的两场改变国运的战争：第一次鸦片战争和甲午战争，分析一下清政府为什么挨打。

第一次鸦片战争发生在1840年。此时，中国的综合国力排名世界第一：在1800年的世界工业生产中，中国占有三分之一的份额；在1820年的世界GDP总量中，中国占到了28.7%，比排名第二至四位的国家的总和26.6%还要多。军力上，清军有八旗兵约20万，绿营兵60万，总兵力80万，拥有当时世界上人数最多的军队；而英国仅有正规军14万，在第一次鸦片战争出动的英国远征军中，海军2000多人，陆军人约4000人，共计6000多人，出动16艘军舰，4艘武装轮船，一艘运兵船和27艘运输船。兵力对比，清朝处于绝对优势：对于拥有80多万军队的大清来说，这支区区6000多人的英国远征军只是个小数目，并且对劳师远征的入侵者作战，清朝占有地利。

但就是如此大的优势作战，却是输了！

输在哪里？从双方作战武器判别，清军由小船组成的近岸海军，战船、战炮不如英军，英军船坚炮利。清军战船的样式为乾隆年间定制，早已落伍，且因年久失修，一共319艘战船，仅有165艘还能行驶，船体为木质，防护性差。

但决定一场战争胜败的因素很多，不仅仅是武器。所以，后世学者对于清朝输了这场战争的主要原因，归结为清军的腐败。许多学者的文章论及，在当时的清军中，军官吃空饷，克扣士兵饷银的问题比比皆是。士兵饷银严重不足，造成了每有战事前，必有聚众闹事以求发饷的现象。士兵饷银不足，所以清军士兵平时帮家里耕地、帮人捕鱼赚点钱成为一种常态。

清军饷银不足，官兵往往勒索百姓以扩充收入，导致军纪败坏，为祸乡里。更有甚者，查缴鸦片的官兵成为鸦片走私的保护伞，甚至自己也加入鸦片走私行列。一支大国的军队，其官兵心思用在了捞钱上，战斗力从何而来？

军队不愿打仗，皇上呢？

钦差大臣林则徐在布置禁烟时，就做好了英军动武的准备，抓紧海上防务。由于林则徐严密布防，英军的进攻未能得逞。英军受阻后沿海岸北上，于7月5日攻占定海，8月9日抵达天津大沽口，威胁北京。这时，道光皇帝惊慌失措，急令直隶总督琦善前去"议和"；又命令两江总督伊里布查清英军攻占定海的原因，究竟是由于"绝其贸易"还是"烧其鸦片"，意欲将林则徐作为"替罪羊"。

1840年8月29日，英军以"申冤"为借口，向琦善提出惩治林则徐、赔偿烟价、增设通商口岸等无理要求。琦善以替英国人"代申冤抑"、英军返回广州为条件，与英方展开交涉。无论是在当时还是现在来看，英军的要求都是荒唐而无理的。鸦片是英国本土禁止生产、销售、民用的，但却可以不惜损害别人的利益大量销售他国；受害方为了自己国家的利益和人民的身心健康收缴、销毁鸦片，害人方却像泼皮无赖一般大喊其冤、要求赔偿，其丑恶嘴脸一览无遗。

但道光皇帝看到洋人的坚船利炮心里就有点发怵，他认为，只要答应英国人照常通商并查办林则徐，就可以消弭"边衅"，防止事态扩大。于是，道光二十年九月二十九日（1840年10月3日），道光皇帝传下谕旨，将林则徐、邓廷桢革职查办。这道谕旨，距道光帝阅林则徐虎门禁烟报告后御批"可称大快人心事!"和亲笔书写"福""寿"二字的大楷横匾作为生日礼物赠林则徐,才一年余。

1841年1月25日,琦善同英军签订了《穿鼻草约》。条约的第一款就是将香港岛割让与英国。

不过,琦善在与英军签订《穿鼻草约》时留了一个心眼,由始至终并未经国家最高首脑道光皇帝签字批准,而且也没有盖用关防印章,因此该条约不具法律效力。道光帝得知英国提出的条件过于苛刻以及琦善擅自签订,大为不满,将琦善抄家革职,另派奕山、隆文和杨芳赴广东指挥作战。

1841年1月7日,英军也不满谈判的进展,出动海陆军攻占虎门的第一重门户——沙角、大角炮台,发起虎门之战。道光帝闻讯下令对英宣战,派侍卫内大臣奕山为靖逆将军,并从各地调兵万余人赴粤。2月23日,英军进攻虎门炮台,虽然部队英勇抵抗,但由于我关防重炮火力和准确度逊于英军,虎门炮台最终失陷。2月26日,英军又出动海陆军,攻破虎门横档一线各炮台和大虎山炮台,溯珠江直逼广州。广东水师提督关天培力战殉国。5月2日早晨英军2400人反攻,清军溃退。5月24日,英军对广州发起进攻,炮击广州城。广州附近要地全失,18000多清军尽退城内,秩序大乱,在此形势下,奕山等竖起白旗求和,接受英方条件,签订《广州和约》。英军不但不率部撤离广州,还勒索广州商家向英军支付600万银圆的赎城费。其间,广州民间反英气氛炽热。英国侵略者的暴行,激起城北郊三元里一带民众自发武装起来进行抗英斗争。英国政府认为《穿鼻草约》所获权益太少,于是改派璞鼎查来华为全权代表,扩大对华侵略。

1841年8月27日,英军再次北上,攻陷鼓浪屿、厦门、定海、镇海(今宁波)及乍浦(浙江平湖)。其中定海是第二次被攻破,总兵葛云飞及四千将士战死,英军也损失惨重。英军后来又攻打长江的门户吴淞,江南提督陈化成率军坚守西炮台，两江总督牛鉴欲求和，下令撤退被拒。牛鉴逃走，东炮台被攻陷，陈化成与部下死守西炮台，孤军作战，直至战死。吴淞的失利，使英军军舰开入长江。7月21日，英军6600余人击败镇江城外绿营守军，越城而入，与1500清八旗兵巷战，英军死37人伤129人，旗兵死约600人，镇江驻防副都海龄自杀。镇江全城惨遭焚掠，废墟一片。8月4日，英军直逼南京，清廷处于不利位置。

1842年，清政府被迫在南京的静海寺与英国政府议约，双方共在寺内议约四次。8月29日，中国清政府全部接受了英国提出的议和条款，在英军旗舰"汗华"（亦译康华丽）号上正式签订了中国近代第一个不平等条约中英《南京条约》，满足了英国大多数要求。

《南京条约》主要内容有：割香港岛给英国；开放广州、厦门、福州、宁波、上海为通商口岸，允许英国人在通商口岸设驻领事馆；中国向英国赔款2100万元，其中600万赔偿鸦片，300万偿还英商债务，1200万英军军费；英国在中国的进出口货物纳税，由中国与英国共同议定；英国商人可以自由地与中国商人交易，不受"公行"的限制；享有领事裁判权，英国人在中国犯罪可不受中国法律制裁等。

1843年英国政府又强迫清政府订立了《五口通商章程》和《五口通商附粘善后条款》（也称《虎门条约》，作为《南京条约》的附约），增加了领事裁判权、片面最惠国待遇等条款。

其他列强国家不甘英国独享在华利益，像饿狼捕食一样，纷纷逼迫与中国签订更多不平等条约。

1844年7月3日，中美签订《中美望厦条约》。

1844年10月24日，法国与中国签订《黄埔条约》，享有领事裁判权和传教权等。从1845年起，比利时、瑞典等国家也都胁迫清政府签订了类似条约，中国的主权遭到进一步破坏。

鸦片战争的失败和《南京条约》等一系列不平等条约的签订，使中国社会发生了根本性的变化,中国开始沦为半殖民地半封建社会。

鸦片战争中国的惨败,让一批有识之士认识到海防对国家安全的重要性,十九世纪六十年代开始"洋务运动",办造船厂和创建西式海军是其两项重要内容。1875年,清政府决定建设北洋、南洋两支海军。1885年,北洋水师从德国购买了排水量均为7335吨的"定远""镇远"两艘主力舰,舰首主炮口径305毫米,这两艘主力舰在当时不但在亚洲是一流的,而且在9年后的甲午海战中仍然让日舰畏惧。

但1888年以后,大清帝国即不再添加新舰,也不更新火炮。主要原因,是军费不足了。军费不足的原因,是被挪作他用了。

日本发动对中国的侵略战争,蓄谋已久。到甲午战争爆发前,日本陆军建成6个野战师和1个近卫师,兵力12.3万人。甲午战争中,日本实际动员兵力达24万余人,其中17万余人在国外作战。日本海军拥有军舰32艘、鱼雷艇24艘,排水量共达6.2万余吨。战前,日本还派遣大批特务,到中国和朝鲜搜集军事情报,绘制详细的军用地图。

清政府对日本的侵略野心有所察觉,北洋大臣李鸿章曾指出日本将为"中土之患"。即便蕞尔小国日本有蛇吞象的野心,但其国力和当时的大清朝比起来,远远落后。当时的大清国年国民总收入高达30多亿两白银。日本政府每年总收入大约在5000多万两,清政府每年总收入在7000多万两,清政府还有其他收入3亿多两。大清国综合国力,日本只能望其项背。

但清政府的这些巨额收入去了哪里呢?为何到战争时缺钱呢?这才是中日甲午海战清朝落败的关键因素。

北洋水师备战的时候,向户部申请需要二三百万两白银,但最终只批了150万两,就这150万两还迟迟送不到前线,直到战争打起来还没有全部到位,只有开战时给的区区18万两白银。

战端一开,清政府见前方吃紧大事不妙,中日海战远超出预期,这样下去，一旦战败，皇上的统治地位就将不保，于是赶紧筹集资金，最终在整场战争中支持了3000万两白银。日本则消耗了8000万两之多，而日本对这场战争的预算是惊人的1.6亿两银。

战争消耗的财力，清政府并非拿不出。

清政府对北洋水师的军备预算是有钱维护、更新军舰的，钱到哪里去了？1873年，同治皇帝亲政，慈禧想要修缮颐和园，作为自己退居后宫颐养天年的居所，遭到了醇亲王奕譞、恭亲王奕䜣、李鸿章等大臣的极力反对。到了1885年，慈禧再次提出想要修缮颐和园，却得到了奕譞、李鸿章的支持，这是为什么呢？

此时正值光绪亲政的关键时期，奕譞深知慈禧专权多年，自己的亲生儿子同治皇帝长期作为儿皇帝，更何况光绪。

奕譞知道慈禧在买军舰和又修颐和园二者之间，更希望修颐和园。于是，他最终选择挪用一部分海军军费修园子，让慈禧高兴，让光绪顺利亲掌皇权。

所以奕譞出任总理海军事务大臣时，最大的心愿并不是建设海军，而是如何使光绪平安掌权。

而李鸿章为筹建北洋海军奔走数十年，是建立北洋海军的奠基人。自从恭亲王失势以后，李鸿章就失去了依靠。此时光绪生父醇亲王奕譞入主海军，而且光绪亲政在即，李鸿章不得不开始找新的靠山，于是他将目光投向了醇亲王，加入了挪用军费的行列。

1888年醇亲王以万寿山工程款不够为由，要李鸿章以海军的名义从各地筹款，最后筹到260万两，用利息供慈禧修园。当初极力为打造强大海军筹措经费的人，最后却挖空心思挪用海军经费为太后修园子。

战马铁掌上少了一颗钉子，导致一场战争输了；输了一场战争，一个国家亡了。这个故事在中日甲午战争中重演了！

这两场彻底改变中国命运的战争，中国是处于"挨打"地位的，但挨打的主要原因并不是落后，而是朝政腐败。当然，作为一个大国的衰败，其原因很多，政治、军事、经济、外交，还有统治者昏庸懦弱，大臣的贪婪自私，国家缺少凝聚力等等。但问题的根子还是朝政腐败。

封建社会的这些问题，靠封建制度本身无法解决。大顺朝取代明朝，大清赶走大顺，只是换了一个主子、改了一个名称、换了一批官员而已，封建的土壤依旧，生长出的东西依旧。

腐败就要挨打、腐败导致亡国！

这是历史留给后世的深刻教训。

风从大地吹过，慢慢抚平这道岔路口上的历史痕迹。一切，重归平寂。

直到1944年，明亡三百年的时候，一位历史学家在重庆《新华日报》发表了一篇学术长文《甲申三百年祭》，旧事重提，引起国共两党高层的关注，三百年前在历史岔路口发生的这段历史，被钩沉出来，重新进入人们的视野。

发表这篇史学研究论文的作者叫郭沫若，是中国新诗的奠基人之一、中国历史剧的开创者之一、古文字学家、考古学家、历史学家、社会活动家、甲骨学四堂之一。这篇两万六千余字的文章，在其后出版单行本时，他于文后加有一段"附识"："此文以一九四四年三月十九日在重庆《新华日报》上刊出，连载四日。二十四日国民党《中央日报》专门写一社论，对我抨击。国民党反动派的尴尬相是很可悯笑的。"

当时在陕北延安的毛泽东看到《甲申三百年祭》一文后，敏锐地认识到，该文对于正在开展整风运动的中国共产党人，具有针对性和指导意义，立即指示全党认真学习。延安《解放日报》在1944年4月18日和4月19日分两次转载了全文，并配发了一千多字的"编者按"。5月，延安和各解放区陆续出版发行了《甲申三百年祭》单行本。6月，中宣部和中央军委总政治部联合发出通知，号召全党全军的党员干部认真学习该文，并明确要求高级领导干部，无论遇到何种有利形势与实际胜利，无论自己如何德高望重，必须永远保持清醒与学习的态度，千万不可冲昏头脑，忘乎所以，重蹈李自成的覆辙。同时，《甲申三百年祭》被规定为整风学习文件之一，在全党掀起了一个学习该文的热潮。

这一年十一月二十日，毛泽东在给郭沫若的信中写道："你的《甲申三百年祭》，我们把它当作整风文件看待。小胜即骄傲，大胜更骄傲，一次又一次吃亏，如何避免此种毛病，实在值得注意。"(《甲申三百年祭》，人民出版社2004年4月第3版第1页)

1972年，人民出版社在《甲申三百年祭》单行本《出版者说明》中说："……毛主席一九四四年在《学习和时局》一文中曾指出：'我党历史上曾经有过几次表现了大的骄傲，都是吃了亏的。''全党同志对于这几次骄傲，几次错误，都要引以为鉴戒。'又说：印行这篇文章的目的，'也是叫同志们引为鉴戒，不要重犯胜利时骄傲的错误。'"(《甲申三百年祭》，人民出版社2004年4月第3版第3页)

1942年的陕北延安，从这年的二月开始，毛泽东先后作《整顿党的作风》和《反对党八股》的演讲，整风运动在全党普遍展开。这次全党普遍整风的内容是反对主观主义、宗派主义、党八股以树立马克思主义的作风。反对主观主义以整顿学风，是整风运动最重要的任务。要克服主观主义，必须以科学的态度对待马克思主义，发扬理论联系实际的马克思主义的学风，一切从实际出发，实事求是。其中调查研究是把理论和实际结合起来的不可或缺的中间环节。反对宗派主义以整顿党风，反对党八股以整顿文风，也是整风运动的重要任务。

毛泽东在给郭沫若的信中说："你的《甲申三百年祭》，我们把它当作整风文件看待。"足以说明以毛泽东为首的中国共产党人，善于从历史中吸取经验教训的优良学风。

一个历史学家论述三百年前一段历史的论文，国民党将其视为洪水猛兽大加抨击,共产党却视为珍宝作为文件发至全党学习。

两党日后的高下成败,窥一斑而见全豹。

1945年7月1日,褚辅成、黄炎培等六位参政员到达延安参观访问,并和中共进行会谈。《毛泽东年谱》记录了7月4日,毛泽东同黄炎培谈话的一段重要内容:

> 在近几天与黄炎培等的交谈中,有一次毛泽东问黄炎培的感想怎样?黄炎培说:我生六十多年,耳闻的不说,所亲眼看到的,真所谓"其兴也浡焉","其亡也忽焉",一人,一家,一团体,一地方,乃至一国,不少单位都没有能跳出这周期率的支配力。一部历史,"政怠宦成"的也有,"人亡政息"的也有,"求荣取辱"的也有,总之没有能跳出这周期率。中共诸君从过去到现在,我略略了解的了,就是希望找出一条新路,来跳出这周期率的支配。毛泽东说:我们已经找到新路,我们能跳出这周期率。这条新路,就是民主。只有让人民来监督政府,政府才不敢松懈。只有人人起来负责,才不会人亡政息。(《毛泽东年谱》第610—611页)

这段内容,后被称之为"窑洞对",也是中国共产党的领袖面对如何走出"其兴也浡焉,其亡也忽焉"周期率的拷问而作出的坚定回答。

黄炎培(1878—1965),中国教育家、实业家、政治家,中国民主同盟主要发起人之一。他将毕生精力奉献给了中国的职业教育事业,为改革脱离社会生活和生产的传统教育,建设中国的职业教育,作出过重要贡献。1949年9月出席中国人民政治协商会议。中华人民共和国成立后,历任中央人民政府委员、政务院副总理兼轻工业部部长、全国人大常委会副委员长、全国政协副主席、中国民主建国会中央委员会主任委员等职。

1949年3月,随着中国共产党领导的人民革命在全国胜利已成定局,建立新中国的任务被提上日程。党的七届二中全会就是在这样的背景下召开的。

这次全会确定了党在全国的胜利后,在政治、经济、外交方面应该采取的基本政策,指出了中国由农业国转变为工业国、由新民主主义社会转变为社会主义社会的发展方向。

全会还讨论了党的工作重心由乡村转移到城市的问题,指出以乡村包围城市的时期已经完结,从现在起开始了由城市到乡村并由城市领导乡村的时期。

面对中国共产党的工作内容、工作重心的转变,毛泽东没有停止他的深度思考。是啊,工作环境变了,工作内容、工作重心变了,会带来人的思想的变化,这个变化要引起我们的重视。前几年,全党学习《甲申三百年祭》,黄炎培先生对我们善意地提出"周期率"问题,值得我们警惕。这不是空穴来风,中国共产党在革命的实践过程中遇到过类似的情况。

在毛泽东的革命生涯中,有这么几件事他记忆尤深。

那是在中华苏维埃共和国临时中央政府时期,反腐的第一案就发生在身边。当时,原为暴动队队长的谢步升担任了瑞金叶坪乡叶坪村苏维埃政府主席后,贪污公款,强奸妇女;杀害部队掉队军医、占有其财物;用大斗收购群众的米、用小斗卖给政府;偷盖中央政府管理科印章;生活腐化堕落,与地主老婆通奸并把自己的妻子卖了……时任瑞金县委书记的邓小平获悉后,愤然表示:"这样的腐败分子不处理,我这个县委书记怎么向人民群众交代?"担任中央政府主席的毛泽东明确表态:"腐败不清除,苏维埃旗帜就打不下去,共产党就会失去民心!"1932年5月5日,瑞金苏维埃裁判部举行公审,"判决谢步升枪决"。5月9日,中央政府的临时最高法庭开庭终审，维持原判：把谢步升处以枪决，在三小时内执行，没收个人一切财产。（见《红色中华》1932年6月2日第21期。）第二个案子发生在苏维埃中央政府的内部。1933年10月，中央政府决定兴建中央政府大礼堂、红军烈士纪念塔等"六大建筑"，将建筑施工任务交给二苏大会基建工程所主任左祥云负责。可是，左祥云却贪污公款大洋二百四十六元，私开路条，携款潜逃；盗窃军事秘密地图献给白军；甚至企图逃到湖南组织地主民团武装进攻苏维埃。中央工农检察部根据群众举报，迅速组织力量查处了这一要案。1934年2月13日，苏维埃最高法庭举行公审，"判决左祥云处以枪决"。（见《红色中华》1934年2月18日第151期。）影响和震动较大的是于都县集体腐败案，该县军事部长刘仕祥勾结科员数人，造假账，冒领动员费，私自分赃，贪污打土豪缴获的鸦片烟土款项做非法生意；县苏维埃政府主席熊仙璧伙同县委组织部部长、财政部部长等，贪污、挪用公款，以权谋私，做投机买卖；县委书记刘洪清邀集城市工农检察委员会主席刘福元等，利用公款合伙开店卖酒，贩卖食盐、谷子，偷税牟取私利；于都城区苏维埃政府正副主席、工农检察委员会主席和六名部长，利用职权，经商牟私。这些不法行径在群众中造成极坏影响。毛泽东得知后立即委派中央政府副主席项英率领中央工作组到于都彻查，随后按法定程序，于1934年3月组成最高特别法庭，公开审判，判决县苏维埃政府军事部部长刘仕祥等五人死刑；熊仙璧监禁一年；中央党务委员会撤销县委书记刘洪清职务；其他犯有贪污腐败的党政干部，也都受到党纪政纪和法律制裁。（见《红色中华》1934年3月8日第159期。）从中华苏维埃共和国临时中央政府的成立，到红军长征离开中央苏区，三年时间里，查处的腐败案还有钟铁青腐败案、唐仁达贪污案。涉案的当事人都受到中华苏维埃共和国法律的严厉制裁。

到延安后，也出现过类似案子。

尾声　余音袅袅：以史为鉴论赶考

1937年10月，延安发生了一起令人震惊的重大案件：时任红军抗日军政大学第三期第六队队长黄克功，因逼婚未遂，在延河畔枪杀了陕北公学学员刘茜，黄克功由一个革命的功臣堕落为杀人犯。事件发生后，中共中央、中央军委、边区政府高度重视。中共中央和中央军委在毛泽东的主持下召开会议，经过慎重讨论，决定将黄克功处以死刑。

行刑那天，就在行刑队押着黄克功走到刑场边时，一匹快马在刑场外停下，一位工作人员翻身下马，径直向陕甘宁高等法院刑庭审判长雷经天走去。雷经天起来接过那位工作人员送上来的一件东西。主席台上先传出声音："信，毛主席的信。"

雷经天向大家宣读了毛泽东的这封信：

雷经天同志：

你及黄克功的信均收阅。黄克功过去斗争历史是光荣的，今天处以极刑，我及党中央的同志都是为之惋惜的。但他犯了不容赦免的大罪，以一个共产党员、红军干部而有如此卑鄙的，残忍的，失掉党的立场的，失掉革命立场的，失掉人的立场的行为，如赦免他，便无以教育党，无以教育红军，无以教育革命者，并无以教育做一个普通的人。因此中央与军委便不得不根据他的罪恶行为，根据党与红军的纪律，处他以极刑。正因为黄克功不同于一个普通人，正因为他是一个多年的共产党员，是一个多年的红军，所以不能不这样办。共产党与红军，对于自己的党员与红军成员不能不执行比一般平民更加严格的纪律。当此国家危急革命紧张之时，黄克功卑鄙无耻残忍自私至如此程度，他之处死，是他自己的行为决定的。一切共产党员，一切红军指战员，一切革命分子，都要以黄克功为前车之鉴。请你在公审会上，当着黄克功及到会群众，除宣布法庭判决外，并宣布我这封信。对刘茜同志之家属,应给以安慰与体恤。

毛泽东

1937年10月10日

(《毛泽东文集》第二卷第39—40页)

还有陕甘宁边区贸易局副局长萧玉璧,战功赫赫,身上的伤疤就有九十多处。他到清涧县张家畔税务所担任主任后,居功自傲,贪污受贿,甚至利用职权,把根据地奇缺的食油、面粉卖给国民党部队。事发后,边区法院依法将其判处死刑。萧不服判决,写了一封信,托边区政府主席林伯渠向毛主席求情。

毛泽东问林伯渠:"你还记得黄克功案件吗?"

林伯渠回答:"忘不了。"

毛泽东说:"那么,这次和那次一样。我完全拥护法院判决!"

…………

在一个不太长的时间陆续冒出来的这些腐败案,引起了中国共产党高层领导的警觉。环境稍稍好一点,物质生活稍有所改善,腐败就像苍蝇一样追逐而来,这样的腐败最终会断送我们的事业。这样的例子,中国从古到今太多了。

作为无产阶级的政党,我们靠什么来遏制这些腐败,能不能战胜这样的腐败?马上就要进京了,应该向同志们敲敲警钟了!

于是,在七届二中会上,毛泽东用他那独特的湘音,发出了一个重要提醒:

我们很快就要在全国胜利了。这个胜利将冲破帝国主义的东方战线,具有伟大的国际意义。夺取这个胜利,已经是不要很久的时间和不要花费很大的气力了;巩固这个胜利,则是需要很久的时间和要花费很大的气力的事情。资产阶级怀疑我们的建设能力。帝国主义者估计我们终久会要向他们讨乞才能活下去。因为胜利,党内的骄傲情绪,以功臣自居的情绪,停顿起来不求进步的情绪,贪图享乐不愿再过艰苦生活的情绪,可能生长。因为胜利,人民感谢我们,资产阶级也会出来捧场。敌人的武力是不能征服我们的,这点已经得到证明了。资产阶级的捧场则可能征服我们队伍中的意志薄弱者。可能有这样一些共产党人,他们是不曾被拿枪的敌人征服过的,他们在这些敌人面前不愧英雄的称号;但是经不起人们用糖衣裹着的炮弹的攻击,他们在糖弹面前要打败仗。我们必须预防这种情况。夺取全国胜利,这只是万里长征走完了第一步。如果这一步也值得骄傲,那是比较渺小的,更值得骄傲的还在后头。在过了几十年之后来看中国人民民主革命的胜利,就会使人们感觉那好像只是一出长剧的一个短小的序幕。剧是必须从序幕开始的,但序幕还不是高潮。中国的革命是伟大的,但革命以后的路程更长,工作更伟大,更艰苦。这一点现在就必须向党内讲明白,务必使同志们继续地保持谦虚、谨慎、不骄、不躁的作风,务必使同志们继续地保持艰苦奋斗的作风。我们有批评和自我批评这个马克思列宁主义的武器。我们能够去掉不良作风,保持优良作风。我们能够学会我们原来不懂的东西。我们不但善于破坏一个旧世界,我们还将善于建设一个新世界。(《毛泽东选集》第四卷第1438—1439页)

毛泽东的这段重要讲话内容,被概括为"两个务必",后来的中共领导人反复向全党作为警示提出。

听到这段话,会想起黎巴嫩诗人纪伯伦的那句诗:"也许我们走得太远，以至于忘记了为什么出发。"

毛泽东则很清醒，他以超前的思维告诫全党：我们还只是万里长征走完了第一步，前面的路还很长，千万不要忘记为什么出发。

开完七届二中全会后，1949年3月23日，中央机关、中央军委和中国人民解放军总部从西柏坡出发，向北平进发。《中国共产党新闻网》2019年9月22日刊发了一篇文章《不忘初心继续前进——西柏坡纪念馆文物背后的故事》，文章中提及毛泽东从西柏坡出发前的一个细节："1949年3月23日上午，吃过早饭后，毛泽东率中央机关准备起程向北平进发。在这个历史性的时刻，机关大院里站满了激动不已的人。此时，毛泽东却仍安坐在那张半旧的躺椅上看书。在秘书叶子龙的催促下，毛泽东站起身，不舍地将手中的《甲申三百年祭》交给叶子龙，'这本书你带上吧。'"

《毛泽东年谱》也记录了这一划时代的历史时刻：

> 和周恩来乘汽车离开西柏坡前往北平。出发时，对周恩来说，今天是进京的日子，进京赶考去。周笑答，我们应当都能考试及格，不要退回来。毛泽东说，退回来就失败了。我们决不当李自成，我们都希望考个好成绩。(《毛泽东年谱》第470页)

毛泽东在这里借用了一个词"赶考"。

"赶考"一词原指古代学子赶赴考场参加科举考试，是中国科举文化的一个通俗用词。毛泽东在这里借用这一词，表达中国共产党人准备迎接一场全新工作内容的考验，将这个传统文化的专用词语赋予了新的内涵。现在，这个词已成为中国共产党的一个常用政治词语，以提醒全党不忘初心、牢记使命，继续前行。

毛泽东在西柏坡的讲话和思考是多余的吗？事实不久就证明：并非多余。

1951年，新中国成立才两年。这一年11月12日至12月1日，中共河北省委第三次代表会议在省会保定举行。在这次会议期间，刘青山、张子善的严重贪污行为被揭发出来，省委建议，立即将刘青山、张子善予以逮捕。

刘青山，1914年生，雇工出身。1931年6月加入中国共产党，曾任中共天津地委书记，被捕前任中共石家庄市委副书记。张子善，1914年生，学生出身。1933年10月加入中国共产党，曾任中共天津地委副书记、天津专区专员，被捕前任中共天津地委书记。他们过去在党的培养教育下，为党为人民做过很多有益的工作，无论是在抗日战争还是在解放战争中，都曾进行过英勇的斗争，建立过功绩。但在和平环境中，却经不起资产阶级腐朽思想和生活方式的侵蚀，逐渐腐化堕落，成为人民的罪人。

经揭发查证，1950年至1951年，刘、张二人在担任天津地区领导期间，盗窃地方粮款、防汛水利专款、救灾粮款、干部家属救济粮款，克扣修理机场民工供应补助粮款，赚取治河民工供应粮款，倒卖治河民工食粮从中渔利；此外还以修建为名，骗取银行贷款从事非法经营。以上共计一百五十五亿四千多万元（作者注：此为旧币，一万元合新币一元。下同）。他们还借给机关生产名义，进行非法经营，送四十九亿巨款给奸商倒卖钢材，损失国家资产十四亿元。还派人员冒充解放军，用救灾款套购木材四千立方米，严重影响了灾民的生产和生活。在获非法暴利、大量贪污之后，二人任意挥霍，过着极度腐化的生活。刘青山甚至吸食毒品成瘾。经调查核实，刘青山贪污达一亿八千四百万元，张子善贪污达一亿九千四百万元。

刘、张二人的贪污腐败事实惊动了中央。12月1日，《中共中央关于实行精兵简政、增产节约、反对贪污、发对浪费和反对官僚主义的决定》颁发，文件中指出："自从我们占领城市两年至三年以来，严重的贪污案件不断发生，证明一九四九年春季党的二中全会严重地指出资产阶级对党的侵蚀的必然性和为防止及克服此种巨大危险的必要性，是完全正确的。现在是全党动员切实执行这项决议的紧要时机了。再不切实执行这项决议，我们就会犯大错误。"

刘、张二人最后被依法处以死刑，成为新中国成立后最早被判死刑的党的高级领导干部。

截至1952年1月，全国共查出贪污旧币1000万元以上的贪污犯10万余人，判处有期徒刑9942人，判处无期徒刑67人，判处死刑42人，判处死缓9人。另有23.8万人被开除党籍。（《赶考：西柏坡的历史回响》第131页）

严肃查处贪污腐败干部，目的是教育更多的党员、干部。"我们决不当李自成"——毛泽东在西柏坡的告诫言犹在耳，警钟长鸣。

2021年7月1日，是一个不寻常的日子。这天上午，庆祝中国共产党成立100周年大会在北京天安门广场隆重举行。

北京天安门广场是举行新中国开国大典的地方。新中国成立后，在这里举行过多次重大庆典活动。中国共产党的百年庆典大会在这里举行，最合适。

习近平总书记在庆祝大会上发表重要讲话，回顾中国共产党百年奋斗的光辉历程，展望中华民族伟大复兴的光明前景。

总书记在讲话中说："过去一百年，中国共产党向人民、向历史交出了一份优异的答卷。现在，中国共产党团结带领中国人民又踏上了实现第二个百年奋斗目标新的赶考之路。"

习近平总书记多次在重要讲话中提及"赶考"：

——2020年1月8日，习近平在"不忘初心、牢记使命"主题教育总结大会上的讲话中指出：各级领导机关和领导干部要带头增强"四个意识"、坚定"四个自信"、做到"两个维护"，团结带领各族人民勇于战胜前进道路上的各种艰难险阻，以"赶考"的心态向党和人民交出一份满意的答卷。

——2021年12月27日至28日，习近平在中央政治局党史学习教育专题民主生活会上讲话指出：在新的赶考之路上，我们能否继续交出优异答卷，关键在于有没有坚定的历史自信。一百年来，我们党致力于为中国人民谋幸福、为中华民族谋复兴，致力于为人类谋进步、为世界谋大同，天下为公，人间正道，这是我们党具有历史自信的最大底气，是我们党在中国执政并长期执政的历史自信，也是我们党团结带领人民继续前进的历史自信。今天，我们完全可以说，中国共产党没有辜负历史和人民的选择。

——2022年1月30日，习近平在2022年春节团拜会上讲话强调：一百年来，党和人民取得的一切成就都是团结奋斗的结果，团结奋斗是中国共产党和中国人民最显著的精神标识。百年奋斗历史告诉我们，团结就是力量，奋斗开创未来；能团结奋斗的民族才有前途，能团结奋斗的政党才能立于不败之地。百年奋斗历史还告诉我们，围绕明确奋斗目标形成的团结才是最牢固的团结，依靠紧密团结进行的奋斗才是最有力的奋斗。我们靠团结奋斗创造了辉煌历史，还要靠团结奋斗开辟美好未来。只要14亿多中国人民始终手拉着手一起向未来，只要9500多万中国共产党人始终与人民心连着心一起向未来，我们就一定能在新的赶考之路上继续创造令人刮目相看的奇迹！

——2022年3月5日，习近平在参加十三届全国人大五次会议内蒙古代表团审议时讲话强调：全面从严治党是党永葆生机活力、走好新的赶考之路的必由之路。办好中国的事情，关键在党、关键在全面从严治党。

2022年10月16日，又是一个注定要进入中国历史的不寻常日子：全中国期盼、世界瞩目的中国共产党第二十次全国代表大会在北京人民大会堂隆重开幕，习近平总书记代表十九届中央委员会向大会作报告。习近平总书记在报告的开头部分就向全党提出告诫：中国共产党已走过百年奋斗历程。我们党立志于中华民族千秋伟业，致力于人类和平与发展崇高事业，责任无比重大，使命无上光荣。全党同志务必不忘初心、牢记使命，务必谦虚谨慎、艰苦奋斗，务必敢于斗争、善于斗争，坚定历史自信，增强历史主动，谱写新时代中国特色社会主义更加绚丽的华章。

总书记在报告中宣告：我们开展了史无前例的反腐败斗争，以"得罪千百人、不负十四亿"的使命担当祛疴治乱，不敢腐、不能腐、不想腐一体推进，"打虎"、"拍蝇"、"猎狐"多管齐下，反腐败斗争取得压倒性胜利并全面巩固，消除了党、国家、军队内部存在的严重隐患，确保党和人民赋予的权力始终用来为人民谋幸福。经过不懈努力，党找到了自我革命这一跳出治乱兴衰历史周期率的第二个答案，自我消化、自我完善、自我革新、自我提高能力显著增强，管党治党宽松状况得到根本扭转，风清气正的党内政治生态不断形成和发展，确保党永远不变质、不变色、不变味。

习近平总书记在报告中谆谆告诫：全党必须牢记，坚持党的全面领导是坚持和发展中国特色社会主义的必由之路，中国特色社会主义是实现中华民族伟大复兴的必由之路，团结奋斗是中国人民创造历史伟业的必由之路，贯彻新发展理念是新时代我国发展壮大的必由之路，全面从严治党是党永葆生机活力、走好新的赶考之路的必由之路。这是我们在长期实践中得出的至关紧要的规律性认识，必须倍加珍惜、始终坚持，咬定青山不放松，引领和保障中国特色社会主义巍巍巨轮乘风破浪、行稳致远。

中国共产党的赶考之路迈上新征程。

中国和世界都感受到中国共产党总书记讲话的丰富内涵和澎湃力量。

"不学李自成""赶考"——以史为镜，可以知兴替。中国共产党人有着强大的学习能力，纠错机制；善于从历史经验教训中吸取营养，革故鼎新；敢于直面自身存在的问题，勇于自我革命，不断前行。

我们从历史走来，历经苦难辉煌；

我们向未来走去，中华民族将实现伟大复兴！

民族复兴，任重道远。

世界听到了中华民族新时代的铿锵步伐。

2021年11月初稿于深圳

2022年1月二稿于深圳

2022年6月三稿于南昌

2022年10月定稿于深圳

参考书目

[1] 张廷玉等. 明史 [M]. 北京：中华书局，1974.

[2] 谷应泰. 明史纪事本末 [M]. 北京：中华书局，1977.

[3] 邓雪妍. 明史全鉴 [M]. 北京：红旗出版社，2012.

[4] 黄仁宇. 万历十五年 [M]. 北京：生活·读书·新知三联书店，2006.

[5] 吴晗. 大明王朝三百年 [M]. 北京：华文出版社，2020.

[6] 计六奇. 明季北略 [M]. 北京：中华书局，1984.

[7] 孙文良，张杰. 甲申风云录：崇祯十七年 [M]. 北京：故宫出版社，2013.

[8] 郭沫若. 甲申三百年祭 [M]. 北京：人民出版社，2004.

[9] 中共中央文献研究室. 毛泽东年谱 [M]. 修订本，北京：中央文献出版社，2013.

[10] 清实录 [M]. 中华书局影印本. 北京：中华书局，1986.

[11] 李春雷. 赶考：西柏坡的历史回响 [M]. 南昌：江西高校出版社，2021.

[12] 毛泽东. 毛泽东选集 [M]. 北京：人民出版社，1991.

[13] 上官丰. 禁宫探秘 [M]. 北京：中国文学出版社，1997.

[14] 金冲及. 毛泽东传 [M]. 北京：中央文献出版社，1996.

后 记

我关注明亡、闯王李自成短暂成功但很快失败身亡这段历史已久，可以追溯到20世纪80年代上大学期间。姚雪垠先生的历史小说《李自成》第一部、第二部我断断续续看完，对书中气势恢宏的战争场面、跌宕起伏的闯王命运、生动鲜明的人物刻画，印象深刻。90年代，在《毛泽东传》中，读到毛泽东在1944年延安整风运动时，看到郭沫若先生的史学论文《甲申三百年祭》，立即将此论文作为整风文件发至全党学习，让大家从中吸取历史教训。而且在1949年3月，毛泽东率中央机关离开西柏坡前往北京，临行前，毛泽东提出了"进京赶考""不学李自成"的论断，进一步引发了我对明亡、李自成失败这一段历史的关注。2004年，时值明亡和闯王李自成失败、清朝入主中原360年之际，我请一位历史学家从网上下载打印出郭沫若先生的《甲申三百年祭》一文仔细研读，对这段独特的历史基本脉络有了一个初步了解，并感慨不已。

图书市场虽有不少这种题材的书，我也看过几本，但觉得还是有些问题未能阐释清楚，尤其是在当今时代背景下，梳理、反思那段历史，会有新的认识。

史书上评价崇祯是一个想把国家治理好的皇帝，但为什么偏偏在他手上把一个延续了270多年、曾经辉煌的庞大明朝给弄得灭亡了？是天灾还是人祸？是内乱还是外患？是官员腐败无能还是崇祯决策失误？

李自成的闯王义军浴血奋战十多年终于攻进北京城做了皇帝，他的成功有什么特点？但为什么仅待了四十二天就被打出京城仓皇出逃，最后败死九宫山？是偶然战败还是必然灭亡？

一直偏居东北一隅的清军又是如何趁势而起，以区区十几万军队进入北京，最后迁都北京？为什么成为新霸主的清朝一开始生机勃勃，后来却在强盛时期屡屡"挨打"最后也亡了，未能走出封建朝代更替兴亡的怪圈？

甲申1644年，大明、大顺、大清，三个朝代走马灯似的快速更替，以令人眼花缭乱的形式，完成了延续二千多年的中国封建社会的最后一棒交接，其兴亡历史，对后世产生了怎样的深远影响和值得研究借鉴的经验教训？

1944年，郭沫若先生的史学论文《甲申三百年祭》在重庆发表后，为什么国民党组织文人写文章打压，而共产党领袖毛泽东看到后极其重视，批转为整风文件发至全党？

1949年3月，在党中央机关从西柏坡迁至北京时，毛泽东又为何郑重地提出"进京赶考""不学李自成"？

进入新时代，习近平总书记又为何多次在重要讲话中重提"赶考"命题？

写历史书应该给当下的读者以怎样的启示？

这些问题推动我进入这段历史，从"以史为鉴，可以知兴替"出发，探究这段历史留给后世的疑问、教训、经验。这是我写这本书的缘由。

我不是从事历史研究的，虽知自己功力欠缺，但创作动力尚在，不愿让一个有价值的图书选题长久搁置，就边学习边创作，历经两年，完成了这部书稿。创作一部局面错综复杂的历史著作，其困难与艰辛之程度，只有亲历者才能咀嚼品味。

后记

在书稿写作过程中，得到诸多专家、学者和领导、同仁的帮助支持：南昌大学研究生院常务副院长、教授、博士生导师黄志繁先生参与了图书选题策划，担任本书历史顾问审读书稿，提出了详细的书面意见，并安排他的助手周立兴、胡忠珂、程珍妮等，提供了相关历史资料；江西省方志馆副馆长邓静、编辑赵丹为我查阅馆藏史籍资料提供方便；江西人民出版社副总编辑、王一木博士对书稿提出了中肯意见，并热情推荐给江西师范大学教授、明史专家方志远先生作序；方志远先生欣然为本书写下了《历史是多彩的，感觉有些沉重——为〈历史的岔路口：甲申1644〉序》；浙江文艺出版社副总编邱建国对书稿提出了建设性意见；江西江教之声文化传播有限责任公司总经理詹斌、江西高校出版社社科图书出版中心主任邓玉琼、江西高校出版社社科图书出版中心副主任曾文英、本书责任编辑张佳兵等，为图书的选题确定和编辑出版给予了大力支持，在此一并向帮助、支持我完成书稿创作、图书出版的专家、学者和领导、同仁表示衷心感谢！

一部历史著作，涉及的史料和研究资料浩如烟海，本人掌握了解有限，因此对明末清初这段跌宕起伏、错综复杂的历史认识有限，书中难免有不当或错讹之处，还望广大读者予以批评指正。

作者

2022 年 10 月